职业院校“十四五”规划教材
职业教育课程改革规划创新教材

市场营销基础

陈虹波◎主　编
余思维　李　慧◎副主编

中国石化出版社
HTTP://WWW.SINOPEC-PRESS.COM
中国经济出版社
CHINA ECONOMIC PUBLISHING HOUSE

内 容 提 要

本教材系统地介绍了市场营销理论的基本框架和内容，详细阐述了市场营销学的最新理论及其发展实践。全书共分九章，主要内容包括市场营销概述、市场营销环境、市场购买行为分析、市场营销调研、目标市场营销战略、产品策略、价格策略、分销策略、促销策略。本教材的编写尽量从职业院校学生的学情以及认知角度出发，深入浅出，循序渐进，使学习内容逐步深化。

本教材适合职业院校市场营销专业学生使用。

图书在版编目(CIP)数据

市场营销基础／陈虹波主编．—北京：中国石化出版社，2021.6(2024.7 重印)
ISBN 978-7-5114-6304-3

Ⅰ．①市… Ⅱ．①陈… Ⅲ．①市场营销学 Ⅳ．①F713.50

中国版本图书馆 CIP 数据核字(2021)第 105382 号

中国石化出版社出版发行

地址：北京市东城区安定门外大街 58 号
邮编：100011　电话：(010)57512500
发行部电话：(010)57512575
http://www.sinopec-press.com
E-mail:press@sinopec.com
北京富泰印刷有限责任公司印刷
全国各地新华书店经销

*

787×1092 毫米 16 开本 14.5 印张 363 千字
2021 年 7 月第 1 版　2024 年 7 月第 3 次印刷
定价：45.00 元

《市场营销基础》
编 委 会

前　言

市场营销学是一门建立在经济学、行为科学、现代管理理论基础之上，研究市场营销活动及其规律性的综合性应用科学。市场营销学研究的是企业在动态市场上如何有效地管理其市场营销活动，提高企业的经济效益，求得生存和发展，实现企业的目标。因此，市场营销学的全部研究都是以产品适销对路和扩大市场销售额为中心而展开的，并为此提供理论、思路和方法。市场营销活动是在一定思想观念和理论的指导下进行的，所以我们要准确地把握市场营销的核心概念，正确认识市场营销管理的实质和任务，全面理解现代市场营销观念和理论的内涵，只有这样才能做好市场营销工作。

本教材系统地介绍了市场营销理论的基本框架和内容，详细阐述了市场营销学的最新理论及其发展实践。每章开头有案例导学、学习目标，正文部分增加了案例赏析、知识链接、思考与讨论环节，每章结尾有本章小结、课后习题以及课后实训等内容，使各章内容的应用性、实践性、可读性更加突出。

由于市场营销是一门发展迅速、新成果层出不穷的学科，因此，本书从市场营销的实际案例入手，引出各章的重要概念、基本原理和运作程序，并从理论和实践环节进行详细阐述，使学生能准确了解所学的知识，既注重了理论的系统性和规范性，又突出了实用性和灵活性。在营销案例的选取上，既有学科经典案例，也有体现时代特色的新兴案例。内容上既体现了市场营销战略的国际化，又体现了策略的本土化。

《市场营销基础》一书是在编者多年教学经验和营销实践基础上，并参阅了诸如《营销管理(第15版)》(菲利普·科特勒、凯文·莱恩·凯勒著)、《市场营销学》(吴健安主编)、《市场营销基础》(赵俊芳主编)、《市场营销实务》(文腊梅主编)、《市场营销基础》(张润琴主编)、《苹果橘子营销学》(方秒英主编)、《市场营销实务》(李海琼主编)、《向科特勒学营销》(薛波主编)、《中国著名企业营销案例评析》(郭朝阳等编著)、《链传播：一场互联网营销革命：案例版》(邵鹏主编)等国际国内一些具有参考价值的营销著作后编写而成的。同时也引用了中国营销传播网等经典网站的系统资料，在此一并表示衷心的感谢。

本教材由长沙财经学校陈虹波老师担任主编，编写了第一、四、五、八、九章，长沙高新工程技术学校佘思维老师编写了第三、七、八章，长沙财经学校李慧老师编写了第二、六章。

由于编写者水平的限制和工作的疏忽可能会造成教材的纰漏，敬请广大读者批评指正。

目　　录

第一章　市场营销概述 ……………………………………………… （ 1 ）
第一节　什么是市场 ……………………………………………… （ 3 ）
第二节　市场营销的含义及相关概念 ……………………………… （ 8 ）
第三节　营销观念的演变及新发展 ………………………………… （ 13 ）
第二章　市场营销环境 ……………………………………………… （ 24 ）
第一节　宏观营销环境 …………………………………………… （ 25 ）
第二节　微观营销环境 …………………………………………… （ 37 ）
第三章　市场购买行为分析 ………………………………………… （ 46 ）
第一节　消费者市场购买行为分析 ………………………………… （ 47 ）
第二节　组织市场购买行为分析 ………………………………… （ 60 ）
第四章　市场营销调研 ……………………………………………… （ 68 ）
第一节　市场营销调研概述 ……………………………………… （ 68 ）
第二节　调查问卷的设计 ………………………………………… （ 78 ）
第三节　数据处理及调研报告的撰写 ……………………………… （ 82 ）
第五章　目标市场营销战略 ………………………………………… （ 87 ）
第一节　市场细分 ………………………………………………… （ 88 ）
第二节　目标市场选择 …………………………………………… （ 97 ）
第三节　市场定位 ………………………………………………… （104）
第六章　产品策略 …………………………………………………… （118）
第一节　产品与产品组合 ………………………………………… （119）
第二节　产品生命周期 …………………………………………… （123）
第三节　品牌与商标 ……………………………………………… （126）
第七章　价格策略 …………………………………………………… （138）
第一节　定价原理 ………………………………………………… （138）
第二节　定价方法 ………………………………………………… （144）
第三节　定价策略 ………………………………………………… （150）
第八章　分销策略 …………………………………………………… （157）
第一节　分销渠道概述 …………………………………………… （157）
第二节　分销渠道的设计和管理 ………………………………… （163）

第三节　分销渠道模式 …………………………………………………………………（177）
第九章　促销策略 ……………………………………………………………………………（188）
第一节　促销组合 ……………………………………………………………………………（190）
第二节　人员推销 ……………………………………………………………………………（195）
第三节　广告 …………………………………………………………………………………（202）
第四节　公共关系 ……………………………………………………………………………（210）
第五节　营业推广 ……………………………………………………………………………（215）

第一章 市场营销概述

案例导学

把梳子卖给和尚

N 个人去参加一招聘，主考官出了一道实践题目：把梳子卖给和尚。众多应聘者认为这是开玩笑，最后只剩下甲、乙、丙三个人。主持人交代：以十日为限，向我报告销售情况。

十天一到，主试者问甲："卖出多少把?"答："1 把。""怎么卖的?"甲讲述了历尽的辛苦，游说和尚应当买把梳子，无甚效果，还惨遭和尚的责骂，好在下山途中遇到一个小和尚一边晒太阳，一边使劲挠着头皮。甲灵机一动，递上木梳，小和尚用后满心欢喜，于是买下一把。

主试者问乙："卖出多少把?"答："10 把。""怎么卖的?"乙说他去了一座名山古寺，由于山高风大，进香者的头发都被吹乱了，他找到寺院的住持说："蓬头垢面是对佛的不敬。应在每座庙的香案前放把木梳，供善男信女梳理鬓发。"住持采纳了他的建议。那山有十座庙，于是买下了 10 把木梳。

主试者问丙："卖出多少把?"答："1000 把。"主试者惊问："怎么卖的?"丙说他到一个颇具盛名、香火极旺的深山宝刹，朝圣者、施主络绎不绝。丙对住持说："凡来进香参观者，多有一颗虔诚之心，宝刹应有所回赠，以作纪念，保佑其平安吉祥，鼓励其多做善事。我有一批木梳，您的书法超群，可刻上'积善梳'三个字，便可作赠品。"住持大喜，立即买下 1000 把木梳。得到"积善梳"的施主与香客也很是高兴，一传十，十传百，朝圣者更多，香火更旺。

然而故事并没有结束。一挑战者——丁，找到主持人说，卖给和尚 1000 把梳子算什么?我可以让和尚源源不断地买我的梳子，至少也得上千万吧，以一年为限。许多人都认为开玩笑。

他还是找到了那个住持，问他："您这边每天大概能赠出多少把梳子呢?"住持回答："差不多 50 把。"他继续问："您觉得这与您所获得的香火钱相比是不是也是成本呢?"住持回答："是的，虽然是赠，但是也是钱啊。佛门本来就没有什么钱。"他又问："你有没有想过收费呢?"住持回答："怎么收费?"他说："到您这来的人有达官贵人，也有平民百姓。总之是什么样的人都有吧，您可以在梳子上下点工夫，让您的梳子在价格上有了价值的区别，卖给不同的人。您再准备几把梳子，取名为'开光梳'，千金不卖，只赠送有缘人。然后把您的梳子再命名为'智慧梳''姻缘梳''流年梳''功名梳'。一方面您的收入增加了，另一方面您的寺庙的档次也就体现出来了。"这个住持一听，觉得有点道理，于是就说好，这事就交给丁来办。

丁很快就请了几个记者来宣传了一下这家寺院，然后造了一批梳子，举行了一个盛大的"开光梳"仪式。当地的政府要人、各界明星都来了。当天就卖出了 10000 把梳子。寺院的名气一下子上去了。丁又请人给这个寺院杜撰了一些历史故事。很快，这个寺院成了当地的历史文物。来的香客越来越多，梳子的销量越来越好。人们也不在乎掏钱买把梳子。丁又出了一个策略：有的梳子掏钱也不卖，有的梳子必须掏钱才卖。

过了一段时间，寺院挣了不少钱。住持很佩服丁。这个时候，丁找到住持说：你有没有发现前来的香客您都没有记录。据我观察，有的香客都来了好几次了。您是不是应该对经常来的香客提供一些纪念性的梳子呢？住持一听，觉得也是，于是很快就让小和尚开始记录前来拜佛的香客。很快，小和尚发现，前来的人太多了，毛笔根本记不住。住持又问丁有什么办法？丁说，我可以给你解决这个问题，但是从今以后你必须听我的。我保证你的住持能够当得比现在还风光，寺院的香客更多。住持想了一想，还是相信了他。

丁购买了一些电脑，在寺院内很隐蔽地架构了一个局域网，并安装了一套 CRM 系统，又设置了硬件设备，在梳子里面植入了 FIRD 芯片。只要香客一进入寺院，关于这个香客的详细记录就全部在 CRM 系统里面展现出来。住持看到这么个东西大吃一惊。丁开始月 CRM 来分析来寺院香客的详细资料。经常有香客刚来到寺院，就被突然告之今天是他生日。香客们非常感动，香火钱更多了。从那以后，香客们逢年过节的时候总能收到寺院寄的小礼品。梳子已经成为人们心中的神圣的神物。只要去那家寺院的至少要为自己和家人带几把梳子，给远方的亲人、朋友带几把梳子。一旦梳子用坏了，就自然想到了那家寺院。

又过了一段时间。丁通过 CRM 发现，有些香客来得少了。一打听，原来不远处也有一家寺院采取了同样的赠送梳子的方式。相当的一部分香客去了那家寺院。住持开始着急。恰逢国外一重要人物来到本地。于是丁通过各种渠道请这个重要人物来到了这家寺院。其中有一把制作精美的开光梳送给了这个国外友人。国内外 *N* 多记者记录了这一时刻。寺院的知名度再次提升。丁制作了 *N* 把类似送国外友人的开光梳，不过是微型的，出售给前来的香客，让这些人挂在脖子上、钥匙扣上作纪念。这个寺院随着国外的重要人物一下子名声大震，旁边的那家小寺院一下子就没有了香客。

寺院扩建了一些，香客太多了，住持又招了一些小和尚，住持告诉了这些和尚怎么样接待香客，什么样的香客该出售或赠送什么样的梳子。刚好这个时候，国外请这个住持去讲学，住持不放心寺院里新来的小和尚，想让丁来帮他教小和尚。丁给了住持一台笔记本电脑说：每天抽时间上网就可以指点你的小和尚了。于是，住持虽然在国外，但是通过 CRM 系统依然能知道寺院的运营情况，及时地指点小和尚。

当地香客 80%都到这家寺院来了，住持发现，虽然对香客进行信息分类管理，但是由于接待香客的和尚素质不一样，经常出现出售错了梳子，住持找到了丁。丁根据 CRM 里的跟进记录以及每个和尚接待香客的数量、次数、被香客投诉的次数将现在的和尚进行了分类，不同的和尚接待不同的香客。香客发现这些和尚们更能了解他们的心思了，满意度大大提高了。

寺院运营真的很不错。丁每个月都能通过 CRM 系统来预测下一阶段能卖出多少梳子，寺院发展蒸蒸日上。一年过去了，丁不知道卖出了多少把梳子。他已经成了寺院的股东之一，他所挣的钱已经很多很多。

故事还没有结束。

一天丁找到寺院的住持说：你看，我们卖梳子挣了不少钱，你有没有想过卖其他的东西呢？有没有想过在其他地方开设分院呢？有没有想过举办一个佛学院，培养后备人才？有没有想过攫取更多的梳子的使用者，然后在梳子上做广告，然后在 NASDAQ 上市，成为中国第一家在国外上市的寺庙呢?

讨论：从这个市场营销典型案例中，我们想到了什么?

学习目标

1. 理解市场的概念，了解市场的分类。
2. 掌握市场营销的含义及相关概念。
3. 掌握市场营销观念的演变，了解营销观念的新发展。

第一节　什么是市场

要研究市场营销，首先就要了解市场。市场是社会分工和商品生产的产物，哪里有社会分工和商品交换，哪里就有市场。市场起源于古时人类对于固定时段或地点进行交易的场所的称呼，词中的“市”指的并非“城市”，而是古时的“买卖”“交易”之意。最开始是“物物交换”，交易较为分散，尚未形成集中的市场。当社会分工开始出现，特别是货币的出现，商品交换逐渐发展到一定程度，集中的市场逐渐形成。

随着社会的进步和经济的发展，各式各样的市场开始形成。商品市场、金融市场、服务市场、房地产市场等与我们的生活紧密相连、息息相关。从不同学科的角度来看，市场有着不同的含义。

一、市场的含义

（一）经济学角度

1. 狭义的理解

市场是商品交换的场所。

这是对市场狭义的理解，强调的是市场的空间含义，指出市场是商品交换的某一具体场所、空间、地点。提到狭义市场，我们想到的是某一具体的地方，如北京新发地市场、上海南京路步行街等。

知识链接

中国最古老的市场

陕西省武功县是中华农耕文明始祖后稷的故里，相传上古时期每年春季，后稷在教稼台前教农稼穑，授民于农耕技术。每年农历十一月初七，四方百姓聚集在咸阳武功镇漆水河东河滩教稼台下，纷纷带来各自的收获以答谢后稷，并开始以物易物，中国最早的市场即发端于此，已经持续千年，至今仍然红火。

《周易·系辞》就市场的起源写道：“神农日中为市，致天下之民，聚天下之货，交易而退，各得其所。”司马光在《资治通鉴》中也说：“神农日中为市，致天下之民，聚天下之货，交易而退，此立市始。”这两种说法都认为原始市场是从神农氏的时代开始出现的。但神农是传说中的上古帝王，不一定实有其人。不过有一点可以肯定，我国古代社会进入农业时期，社会生产力有了一定发展后，先民们就开始有了少量剩余产品可以交换，因而产生了原始市场。

2. 广义的理解

市场是商品交换关系的总和。

市场一词不仅仅只是场所，还包括了在此场所进行交易的行为。随着社会经济的发展和互联网的不断普及，商品交换越来越不受时间和空间的限制。如电商平台、社区团购等线上购买成为很多消费者的消费方式。买卖双方无须在特定的时间、地点进行交易，电脑、电话、手机都可以成为购物的工具，一天当中任何时间点都可营业，办公室、客厅等任何地方都可成为购物的地点。这时，市场上的交易已不再有时间和空间的概念，只要存在商品的交换关系，就形成了市场。因此谈论到市场大小时，并不仅仅指场所的大小，还包括了消费行为是否活跃。广义上，所有产权发生转移和交换的关系都可以成为市场。

思考与讨论：产品与商品有什么区别？哪个概念的范围更广泛？

（二）市场营销学角度

市场是人口、购买力和购买欲望三要素的综合，三者缺一不可。

市场营销学主要从需求的角度来理解市场，认为市场是由那些有特定需要、愿意且有能力通过交换来满足其需求的顾客组成。人口是构成市场的第一要素，人口一般与市场容量的大小成正比例关系；购买力是指的消费者的现实或潜在的购买能力；购买欲望是指的消费者对某种产品的需要及想要购买的愿望。市场的这三个要素相互制约、缺一不可，只有三者结合才能构成现实的市场。

市场营销学主要研究作为销售者的企业的市场营销活动，即研究企业如何通过整体市场营销活动，适应并满足买方的需求，以实现经营目标。站在销售者市场营销的立场上，同行供给者即其他销售者都是竞争者，而不是市场。销售者构成行业，购买者构成市场。

思考与讨论：从市场的三要素分析，瑞士、美国、印度哪一国的市场最大？

案例 1.1　联合利华的农村贫民攻略

印度斯坦利华公司是世界上最大的日用品生产商荷兰联合利华公司(Unilever)在印度的下属企业。在班加罗尔附近这个小城，一般家庭的平均年收入仅有103美元。大部分人都在附近的水塘里或公共自来水龙头旁洗衣服洗澡。他们即使使用香皂，通常选用的也是最便宜的品牌。他们喜欢既能用来洗澡又能洗头和洗衣的香皂。在这个国家里，对品牌的注重和品牌忠诚度转瞬即逝。但是，凭着天才的创意、不懈的精神和对文化的敏感，印度斯坦利华公司正在改变着这种情况。在过去的二十年里，公司建立了行之有效的分销系统，把香皂和洗涤剂等产品送到了印度的每一个角落。现在，他们又开始以此作为坚实的基础，将目标瞄准了数量巨大却被人忽视的消费群体：农村贫民。

印度斯坦利华公司的主管 Keki Dadiseth 说："其实人人都需要品牌。世界上的穷人远远多于富人。要想成为国际级企业，获得全球市场份额，就必须积极进入每一个市场。"作为一个大型企业，怎样才能了解遥远市场里的贫穷顾客的心理？面对数以亿计、分布广阔、与世隔绝并且几乎没有任何可支配收入的人们，企业的销售怎样才能保证有利可图？在这样的环境里，世世代代的人们即便有钱买东西，也只是挑最廉价的或积压处理的商品。如何才能在这样的市场里培养品牌忠诚度呢？在其他企业视为畏途的地方，印度斯坦利华公司却开创出了一片市场。

以印度妇女和她们的头发为例。印度的人口占世界人口总数的16%，而由于众多印度妇女终生不剪头发，印度人的头发总量却占全世界的28%。在印度文化环境中，对头发的梳理保养成为大多数妇女唯一的奢侈。即使她们身穿褪色的旧沙丽，也没有什么珠宝首饰，出门时也决不肯蓬头垢面。这就意味着妇女不会放过任何保养头发的机会。针对这种心理，出现了两个产品研发战略：其中一个针对消费者中普遍存在的用香皂洗头和身体的习惯；另一个针对那些不习惯使用洗发香波的妇女。

利华公司的调查表明，半数以上的消费者，尤其是低收入消费者，每天都用香皂清洗头发和身体。销售人员没有尝试改变这种习惯，而决定以此作为商机。因此，出现了廉价香皂的创意，它既可以用来清洁身体，又能用来洗头。产品研发人员在实验室里花费了一年的时间，才找到正确的配方。

当时，市场营销人员已经树立起Breeze这一廉价香皂品牌的良好形象。现在，他们可以使这一品牌更进一步。新的香皂取名为Breeze二合一，销售对象定位在小城市和乡村地区。个人洗涤业务部经理说："这是一个产品销售人员分析归纳、突破创新的典型。"另一个产品开发战略针对的是那些不习惯使用洗发香波的妇女，她们觉得使用香波不舒服。销售人员与这种观点针锋相对。广告宣传中把使用香皂后干涩纠结的头发与使用香波后的柔顺发质作了对照。

在发动宣传的同时，公司还推出了袋装的力士(Lux)香波。这一产品利用了现成的力士香皂品牌，价格远低于其他的袋装香波。一般的袋装香波售价两卢比，而力士香波只售半卢比。广告的视觉效果和袋装香波的实惠异常诱人，在安得拉邦的试点销售中，仅仅3个月之内，香波的总体销售量就蹿升了50%。

案例思考：印度斯坦利华公司是如何赢得市场的？

二、市场的分类

按照不同的标准，市场可以划分为不同的类型。

（一）按照流通区域来划分

可以分为国内市场和国际市场，也可分为城市市场和农村市场。国内市场又可以按区域的不同级别划分为不同地域范围的各级市场。

（二）按照流通时间来划分

可以分为现货交易市场和期货交易市场。现货交易市场是指买卖双方以现款和现货进行交易，一手交钱一手交货的市场。期货交易市场是指先达成交易，然后在规定的时间进行钱货交付的市场。它是以现货交易为基础，以远期合同交易为雏形而发展起来的一种高级的交易方式。一般是为转移市场价格波动风险，而对那些大批量均质商品所采取的，通过经纪人在商品交易所内，以公开竞争的形式进行期货合约的买卖形式。

（三）按竞争程度来划分

可以分为完全竞争市场、垄断竞争市场、寡头垄断市场和完全垄断市场四种市场类型。

1. 完全竞争市场

这是一种极端的市场条件，完全竞争市场中有极多的买主和卖主，二者之间不必固定买卖关系；单个买主与卖主之间的交易量同市场全部交易量比起来都很小；市场上交易的产品或服务都完全一样，没有任何差别；任何企业掌握的市场信息都是对等的、充分的。

完全竞争市场特点在于：

(1) 产品完全相同;

(2) 企业进退自由;

(3) 生产同一种产品的企业很多;

(4) 每个企业在市场中的份额都微不足道，任何一个企业增加或减少产量都不会影响产品的价格。

2. 完全垄断市场

也是一种极端条件的市场，企业数目只有一个，进入受到限制或完全受阻，产品是独一无二的，企业对价格有着强大的控制力。除少数专利技术或国家垄断经营的产品或行业之外，这种市场也很少存在。

形成垄断的原因有:

(1) 技术壁垒，如祖传秘方，若不外传便具有垄断性;

(2) 资源独占，如故宫只有一个，这就形成旅游业的垄断市场;

(3) 政府特许。由于垄断者控制了进入市场的种种障碍，因此它能完全控制市场价格。

3. 寡头垄断市场

寡头垄断市场是介于完全垄断和垄断竞争之间的一种市场模式，是指某种产品的绝大部分由少数几家大企业控制的市场。每个大企业在相应的市场中占有相当大的份额，对市场的影响举足轻重。企业数目少，进入受到一定的限制，产品属性有差别。

4. 垄断竞争市场

垄断竞争市场是指许多厂商生产相近、但不同质量的商品，是介于完全竞争和完全垄断的两个极端市场结构的中间状态。企业数目若干或很多，进入不受限制，产品有差别，企业对价格有一定的控制能力。

(四) 按照产品形态来划分

可以分为有形商品市场和无形商品市场。

有形商品市场是指的一般形态的商品市场，如生鲜市场、服装市场、家电市场等。无形商品市场是指为了满足人们对服务等方面的需要而提供的各种无形的商品交易的市场，包括金融市场、人才市场、技术市场、信息市场等。

案例 1.2　亚马逊的“信息公司”

如果全球哪家公司从大数据发掘出了最大价值，截至目前，答案可能非亚马逊莫属。亚马逊也要处理海量数据，这些交易数据的直接价值更大。

作为一家“信息公司”，亚马逊不仅从每个用户的购买行为中获得信息，还将每个用户在其网站上的所有行为都记录下来：页面停留时间、用户是否查看评论、每个搜索的关键词、浏览的商品等。这种对数据价值的高度敏感和重视，以及强大的挖掘能力，使得亚马逊早已远远超出了它的传统运营方式。

亚马逊推荐：亚马逊的各个业务环节都离不开“数据驱动”的身影。在亚马逊上买过东西的朋友可能对它的推荐功能都很熟悉，“买过 X 商品的人，也同时买过 Y 商品”的推荐功能看上去很简单，却非常有效，同时这些精准推荐结果的得出过程也非常复杂。

亚马逊预测：用户需求预测是通过历史数据来预测用户未来的需求。对于书、手机、家电这些东西——亚马逊内部叫硬需求的产品，你可以认为是“标品”——预测是比较准的，甚至可以预测到相关产品属性的需求。但是对于服装这样软需求产品，亚马逊干了一多年都没有办法预测得很好，因为这类东西受到的干扰因素太多了，比如：用户对颜色款式的喜好，穿上去合不合身，爱人朋友喜不喜欢……这类东西太易变，买的人多反而会卖不好，所以需要更为复杂的预测模型。

亚马逊测试：你会认为亚马逊网站上的某段页面文字只是碰巧出现的吗？其实，亚马逊会在网站上持续不断地测试新的设计方案，从而找出转化率最高的方案。整个网站的布局、字体大小、颜色、按钮以及其他所有的设计，其实都是在多次审慎测试后的最优结果。

亚马逊记录：亚马逊的移动应用让用户有一个流畅的无处不在的体验的同时，也通过收集手机上的数据深入地了解了每个用户的喜好信息；更值得一提的是 Kindle Fire，内嵌的 Silk 浏览器可以将用户的行为数据一一记录下来。

以数据为导向的方法并不仅限于以上领域，亚马逊的企业文化就是冷冰冰的数据导向型文化。对于亚马逊来说，大数据意味着大销售量。数据显示出什么是有效的、什么是无效的，新的商业投资项目必须要有数据的支撑。对数据的长期专注让亚马逊能够以更低的售价提供更好的服务。

（五）按购买的目的来划分

1. 消费者市场

是指为满足消费者个人或家庭的生活需要而购买产品或服务所形成的市场。

营销小故事：聪明的报童

某一地区，有两个报童在卖同一份报纸，两个人是竞争对手。第一个报童很勤奋，每天沿街叫卖，嗓子也很响亮，可每天卖出的报纸并不很多，而且还有减少的趋势。

第二个报童肯用脑子，除了沿街叫卖，他还每天坚持去一些固定场合，一去了后就给大家分发报纸，过一会再来收钱。地方越跑越熟，报纸卖出去的也就越来越多，当然也有些损耗。而第一个报童能卖出去的也就越来越少了，不得不另谋生路了。

营销启示：

第二个报童的做法大有深意：

第一，在一个固定的地区，对同一份报纸，读者客户是有限的。买了我的，就不会买他的，我先将报纸发出去，这个拿到报纸的人，是肯定不会去再买别人的报纸。等于我先占领的市场，我发得越多，他的市场就越小。这对竞争对手的利润和信心都构成了打击。

第二，报纸这个东西不像别的消费品有复杂的决策过程，随机性购买多，一般不会因质量问题而退货。而且钱数不多，大家也不会不给钱，今天没有零钱，明天也会给。文化人嘛，不会为难小孩子。

第三，即使有人看了报，退报不给钱，也没有什么关系，一则总会有积压的报纸，二来他已经看过了报纸，肯定不会再买同一份了。还是自己的潜在客户。

这个故事我们会学到许多关于消费者、市场占有、潜在消费者、忠诚客户等营销名词。

2. 生产者市场

是指为满足生产者生产和加工的需要而购买产品或服务所形成的市场。

3. 转卖者市场

是指为了转售赚取利润而购买产品或服务的中间商所形成的市场。

4. 政府市场

是指各级政府为了开展日常政务活动或为公众提供服务，在财政的监督下，以法定的方式、方法和程序，通过公开招标、公平竞争，由财政部门直接向供应商付款的方式，从国内市场为政府部门购买货物、工程、劳务的行为。

同一种产品由于不同的购买目的可以归属为不同的产品市场。比如，同样是面粉，在不同的条件下属于不同类型市场的产品。王大妈家包饺子在沃尔玛超市买的 5 斤面粉属于消费者市场的产品，思念公司采购的 10 吨面粉属于生产者市场的产品，沃尔玛超市采购的 1 吨面粉属于转卖者市场的产品，而某城市救助站购买的 100 斤面粉属于政府市场的产品。

三、卖方市场和买方市场

经济学中从市场上商品所处的供求关系状态来定义卖方市场和买方市场。

卖方市场是指商品供不应求，买主争购，卖方在市场上占据主导地位的市场。由于市场商品供不应求，消费者争先恐后抢购，降低购买条件，对卖方十分有利，他们可限售、惜售，也可调高价格出售引起市场商品价格上涨。

买方市场是指商品供过于求，卖主之间竞争激烈，买方在市场上占据主导地位的市场。市场商品供给量超过需求量，卖方要想方设法将自己的商品销售出去，相对而言这对买方更有利，买方对商品有充分的选择余地。

第二节　市场营销的含义及相关概念

在我们的生活中，市场营销无处不在。除了企业、商家每天都在开展市场营销活动外，大到一个国家，一个城市，小到一个机构组织，一个个人，都在做与市场营销相关的工作。那么到底什么是市场营销呢?

一、市场营销

“市场营销”是由英文“Marketing”一词翻译而来。这里包含了两层含义：一是作为一项经营活动，称为“市场营销”，即企业调查和了解消费者的需求，生产出适销对路的产品来满足消费者需求的一系列经营活动；二是作为一门学科，“Marketing”称为“市场营销学”。

19 世纪中叶，随着以“生产过剩”为特征的大规模经济危机的开始，每约十年左右就会出现一次经济危机，从而使企业不得不关注市场、研究市场。企业界在经营观念和经营策略上的变化，引起了学术界的注意，19 世纪末开始，一些学者开始了相关研究，20 世纪初已有学者比较系统地提出“市场营销”及其理论。1978 年，“市场营销学”被引入中国大陆，随着改革开放的进程，它被越来越多的企业和学者所重视。

关于什么是市场营销，国内外学者和机构给过多种不同的定义，企业界也有各自不同的看法。其中，市场营销学的权威代表，美国西北大学教授菲利普科特勒认为：市场营销是指个人和集体通过创造、提供出售并同别人交换产品和价值，从而满足消费者需求和欲望的一种社会和管理过程。对这个概念的理解，我们要强调以下两点：

（一）市场营销是综合性的经营活动

一提到市场营销，还有不少人把其等同于推销，我国不少企业的营销部的任务也只是将企业已经生产出来的产品销售出去，而不能对企业的全部经营活动发挥主导作用。市场营销的含义是广泛的，它重视销售，更强调企业在对市场进行充分分析和认识的基础上，以市场需求为导向，规划从产品设计开始的全过程。

（1）它始于产品未生产之前，在开发、生产产品前，企业就必须回答下列问题：

- 市场是什么？如何对市场进行细分？
- 每个细分市场的需要、欲望和需求是什么？
- 竞争对手是谁？
- 如何确定目标市场？
- 哪种产品能满足目标市场需求？

有许多企业，在产品开发与市场开发上存在着极不协调的现象：产品开发人员热衷于“闭门造车”，销售人员对新产品却不感兴趣。原因很简单：产品开发人员按照“我能开发什么就开发什么”的思路去开发，而开发出来的产品，市场却不需要；销路不好，销售人员付出了双倍努力却拿不到相应报酬，当然也就没有积极性。

案例 1.3　地瓜洗衣机

一位海尔的客户突发奇想：“洗衣机既然能洗衣服，为什么不能洗地瓜呢?”于是就用洗衣机洗起地瓜。没想到地瓜还真的洗干净了，但是洗衣机却不转圈了，因为洗衣机的下水道太细、泥土把下水道堵死了。海尔的一位维修人员把洗衣机修好后，回到办事处把此事当作笑话讲，办事处主任却因此受到启发：“为什么不能开发既能洗衣服，又能洗地瓜的洗衣机?”他把这一想法及时向总部汇报。总部经过研究，及时开发出“海尔大地瓜洗衣机”，马上形成抢购热潮，从此，“大地瓜洗衣机”的故事传开来，成为“自己做个蛋糕自己吃”“创造需求、引导消费”等理念的最好注脚。海尔根据这样的思路，开发出了“小小神童洗衣机”“彩电冰箱”，适应西部开发的“沙漠型空调器”，适应恶劣环境的“耐热”“耐冷”空调器，适应水资源紧缺的“节水型洗衣机”等。

思考：地瓜洗衣机的案例充分体现了市场营销的哪种思想?

（2）产品销售后市场营销并未结束。

从传统意义上说，企业与顾客的关系仅仅是买和卖的关系。然而，据美国盖洛普组织1986 年对美国企业 8 项经营要素的重要性进行的调查，发现服务质量重要性超过产品质量而居榜首。从纵向关系看，售后管理是企业营销的一个环节，是企业对消费者应尽的义务，而不是额外的赐予；从横向关系看，现代企业竞争不仅仅是产品的竞争，也是各种售后服务质量的竞争，要赢得消费者“青睐”，必须为消费者解除一切后顾之忧，企业能否生存和发展，客观上也取决于售后管理的质量。因此，对售后服务的质量，任何企业都不能等闲视之。

案例 1.4

荣事达集团是我国大型洗衣机生产企业，全国高新技术百强，全国轻工企业百强前列。荣事达集团在售后服务方面有独特的举措。组织高素质的服务队伍。要成为维修队伍中的一员，首先必须在厂内所有的生产部门见习，对各道工序有了基本了解后，再集中进行上岗培训。培训内容一为职工道德教育和思想品德教育，以端正服务态度；二是维修技术培训，包括各种洗衣机的安装、使用、工作原理、故障排除等，经过实际操作过程，考试合格后，发给上岗证书，方可上岗。

配备现代化的维修硬件。荣事达在全国有 400 多个维修网点，范围大、任务重。荣事达宁可对其他部门压缩开支，也要保证维修部门的器材装备现代化，保证服务工作反应快，机动强和效率高。

制订了严格的服务标准。对服务工作的技术要求、服务水平等细节问题都作出了明晰的规定，比如他们规定：洗衣机从报故到排故，市内不超过 3 天，省内不超过 7 天，省外不超过15天，无论在什么情况下都要执行这项规定，至于为此付出的费用，则无须多作考虑。

加强对售后服务人员的管理。厂里规定，维修人员一不准接受用户礼品，二不准接受用户请吃，三不准以任何借口刁难用户，四不准以任何形式滥收费用。上门维修时须穿整洁工作服，送上歉意信，穿上自备的“登门鞋”，无污染无噪音地修理。若有违反，轻则调离岗位，重则停职待岗。

建立用户档案。对所有服务对象建立档案，及时联络，把使用中可能出现的问题消灭在萌芽状态。所有用户来信，归档保存，保证回信率为100%。对用户发放咨询表，并将意见反馈给公司，作为新产品开发的依据。

讨论：请谈谈售后服务的重要性。

（二）除了满足需求，企业还应创造需求

传统营销理论认为，需求源于消费者自身心理、生理的各方面的需要，企业以发展和满足市场需求为营销活动的核心。但随着现代市场经济的迅猛发展，市场需求从形式到内容愈来愈复杂多变，企业若仅仅停留在满足市场需求上，不仅使企业局限于静态市场和原有市场而因循守旧，而且还往往使企业疲于应付不断变化的需求而晕头转向，无所适从。有时还会因某种消费热潮而形成误导，使众多企业一哄而上，造成社会资源浪费。因此，现代企业欲领先市场，不仅要满足市场需求，还应致力于创造市场需要，主动引导市场消费潮流。其策略有如下几点：

（1）开发新产品直接创造市场。开发新产品是创造市场最直接、最重要的策略，国内外许多企业都十分重视新产品的研究和开发，有的还建立研发部门，通过开发新产品创造市场，取得优势地位。为了使顾客获得高品质的服务和最大程度的满足，公司所做出的每一项决定都必须有足够的信息。正如人们所共知的：好的产品和营销计划都是建立在对顾客需要充分的理解的基础之上。

（2）改变消费环境创造市场。影响消费的环境因素较多，通过改变阻碍、限制需求的环境因素，也可以有效地引导需求、创造需求，开拓市场。

（3）通过消费教育创造市场。一定的价值观念和生活方式又是在特定的社会经济、文化教育环境中逐渐形成的，具有相对的稳定性。市场营销本身也是一种价值体系和一种文化，消费者购买产品之前首先要接纳产品内涵的观念，营销过程就是沟通的过程，就是宣传某种观念、某种生活方式，说服教育消费者接受某种观念和生活方式的过程。

坚持不懈地营销宣传和促销努力会产生潜移默化的作用，使消费者在不知不觉中改变价值观念和生活方式，从而改变消费者需求偏好，创造市场。

案例1.5　从满足需求到创造需求

曾经在iPhone新产品发布会上，身着紧身牛仔裤的乔布斯指着自己的窄小裤兜说，“如果我们想在裤兜里塞进去一个产品，那它应该是什么？”紧接着，乔布斯拿出了iPhone：“没错，就是它！”这是典型的乔布斯式的提问方式，即：站在消费者的角度，提出一个耐人寻味的问题！

虽然乔布斯只是漫不经心地自问自答，但一点都不妨碍他对于消费者的启发和诱导：第一，iPhone精致小巧，适合装进窄小的裤兜里；第二，时尚的外观加完美的体验，足以令我们一见倾心；第三，也是最重要的部分，iPhone其实是网络时代可以移动的个人掌上电脑，而不仅仅是传统意义上的通话手机。当时的诺基亚有上百款机型，而且每年都会推出数十款机型满足各类消费者不同的需求。整个世界都觉得消费者们不会对手机有任何新的需求了。但当乔布斯身穿黑色高领衫站在旧金山莫斯康展览中心的舞台上，从牛仔裤兜里掏出第一代 iPhone 时，世界上每一个看发布会的人都会惊讶地发现，原来自己对手机的需求还远未被满足。

乔布斯曾说过这样一句话："消费者并不知道自己需要什么，直到我们拿出自己的产品，他们就发现，这是我要的东西。"事实上，就像乔布斯从消费者角度定义 iPhone 一样，将产品镶嵌在消费者生活方式中，才是产品畅销的制胜法宝！一般来说，消费者常常这样表达他们期望中的一种生活方式："假如产品……这样而不是那样……就好了"，我们把它转换成内部管理者的语言，就变成了乔布斯提出的"消费者裤兜里，应该装进怎样的产品"，这才是真正意义上的创造需求！第一，满足需求仅仅局限于原有产品的改善或持续改善，而创造需求则是"无中生有"，通过新产品创造出新需求；第二，满足需求通常发生在工业品质量以及服务业的满意度上，创造需求则是来自消费者期望中的一种生活方式。其实，诺基亚的产品多达 1000 多个型号，从满足顾客需求的角度出发，诺基亚足以将各个类型的消费者一网打尽，但这也导致了诺基亚倒退到工业生产时代的老路上，生产而不再创造。事实上，当移动互联网时代来临的时候，顾客要的并不是改良性的设计，而是革命性的创新。显然，按照传统产品的设计方式，无法创造出令顾客"喜出望外"的产品。因此，真正意义上的创造需求，必定是"无中生有"。

二、市场营销的相关概念

（一）需要、欲望和需求

需要是指没有得到某些基本满足的感受状态；欲望是指对具体满足物的愿望；需求是指有购买能力的对某个产品的欲望。需要、欲望和需求是市场营销思想的出发点，也是市场交换活动的基本动因。理解人类的需要、欲望和需求的区别与联系，必须掌握以下几个要点：

（1）对需要、欲望和需求要加以必要的区分。人类为了生存和发展，需要各类食品、衣服、住所及精神产品。由于消费者所处的地理条件等社会环境不同，所接受的文化教育、价值观念不同，因而他们对商品的品种、数量、价格等都有所不同，任何一个企业都不可能生产出满足所有这些需求的商品。为此，根据一定的标准把消费者的需求、欲望和需要加以区分是十分必要的。

比如说，"我饿了"，这是一种需要；美国人饿了想吃汉堡牛排，中国人饿了想吃米饭和菜，这是欲望；当我们对这些具体满足物有足够的购买力时，欲望便会转化为需求。

（2）需要、欲望和需求是分层次的。美国心理学家马斯洛认为，人们的需求是多层次的，由低级到高级按一定的顺序排列（见图 1-1 和表 1-1）。

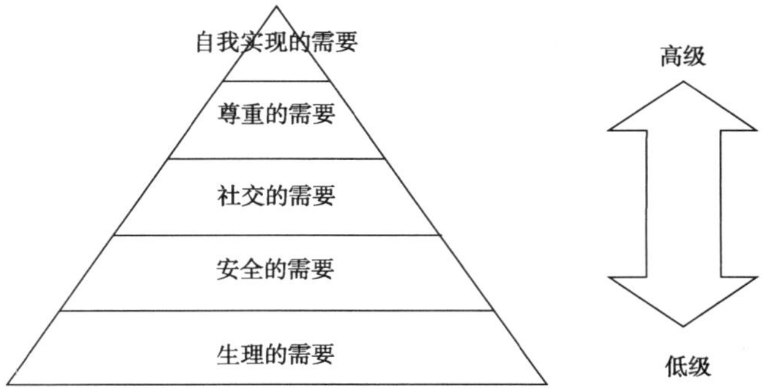

图 1-1　马斯洛需求层次金字塔图

表 1-1 马斯洛需求层次模式

第五层	自我实现需要	想要取得事业上的成功，实现自我发展目标	心理需要
第四层	被尊重需要	要求受到尊重，获取名誉	
第三层	社交需要	希望得到友谊等情感	
第二层	安全需要	从长远生存利益考虑希望有安全、稳定环境	生存需要
第一层	生理需要	满足起码的生存条件	

马斯洛认为，人们随着收入和环境的变化，需求也会发生变化，只有当较低层次的需要得到部分满足后才会向往高一级的需要。但当较低级的需求受到威胁时，也会向相反的方向发展，如当遇到灾荒时，就可能牺牲较高级的需要去追求衣食等。

（3）需要、欲望和需求是动态的。在经济不发达阶段，生存需要占主要地位。当人们生活水平提高后，由于衣食和安全一般已不成问题，人们就追求满足更高级的需要。

案例 1.6

一个消费者在市场上寻找钻头时，人们一般以为这个人的“需要”似乎就是钻头。其实，这个人的需要是打一个“洞”，他是为了满足打洞的需要才购买钻头的。作为企业，如持有前者看法充其量只能在提供更多更好的钻头上去动脑筋，这样并不能保证企业在市场上占有绝对的竞争优势，而持有后者看法的企业，也许能创造出一种比钻头更好、更便宜的打洞工具，从而有可能使企业在市场上占据更有利的竞争地位。总之，消费者购买的是对某种需要、欲望和需求的“满足”而不仅仅是产品。

（二）产品(商品、服务、品牌)

一个产品由三个因素组成：实体商品、服务与品牌。例如，一家快餐店供应商品(汉堡包、软饮料、鸡块)、服务(环境、安全、清洁)及品牌(麦当劳或肯德基)。其中，商品实体不仅仅指形态、式样、品质等，更主要在于它能提供基本效能与益处：买自行车是为了代步，买洗衣粉是为了去污，买微波炉是为了更方便地煮食。因而，实体商品只是基本效能与益处的载体和具体物质外形。当然，商品实体也很重要，一件商品的基本效能与益处只有通过实体才能体现出来，这两者相辅相成，缺一不可。

理解产品整体概念，仅仅从以上两个层次来认识是不够的，还必须提供售前、售中、售后服务，注重树立品牌形象。

（三）交换和交易

交换和交易是两个既有联系又有区别的概念，前者是以提供某物作回报而与他人换取所需产品的行为，而后者是指买卖双方在自愿让渡的前提下，比较双方彼此提供的让渡的商品或货币，并在双方达成完全一致意见的基础上进行的交换活动。

在市场经济条件下，人们要获得产品，主要通过交换方式。为此，交换成了市场营销的核心，研究需求、开发产品都是为了促使市场潜在交换的实现。

为了促使交换成功，营销者必须分析参与交换各方各自希望给予什么和得到什么，而交易则是通过谈判寻找一个各方均满意的方案。

（四）市场营销组合(4Ps)

市场营销组合是指企业根据目标市场的需要，全面考虑企业的任务、目标、资源以及外部环境，对企业可控制因素加以最佳组合和应用，以满足目标市场的需要，实现企业的任务和目标。

1960 年，麦卡锡（E. J. McCarthy）在《基础营销》一书中提出了著名的 4P 组合。麦卡锡认为，企业从事市场营销活动，一方面要考虑企业的各种外部环境，另一方面要制定市场营销组合策略，通过策略的实施，适应环境，满足目标市场的需要，实现企业的目标。这四个可控要素是：产品（Product）、渠道（Place）、价格（Price）、推广（Promotion），即 4P 组合。

产品策略（product）：

企业提供给消费者，能满足消费者需求的所有事物。包括产品的特性、质量、外观、附件、品牌、商标、包装、担保、服务等。

价格策略（price）：

企业为产品制定不同的价格策略。

分销策略（place）：

企业使商品顺利到达消费者手中的途径和方法。

促销策略（promotion）：

企业研究如何促进顾客更多购买商品以实现扩大销售的策略。包括广告、人员推销、宣传、营业推广、公共关系等。

市场营销组合讲述了企业要做的四项基本工作，即生产什么样的产品、制定怎样的价格、将产品放在何处销售以及如何促使产品销量更大。

第三节　营销观念的演变及新发展

市场营销是一种有意识的经营活动，是在一定的观念指导下进行的。市场营销观念是指企业在开展市场营销活动过程中，处理企业、消费者、社会等关系之间的关系时所依据的指导思想和行为准则，是企业的经营哲学和商业理念。市场营销观念随着时代背景和市场环境的变化而变化，从市场营销发展的过程来看，市场营销观念发生了如下的历史演变。

一、营销观念的演变

（一）生产观念

生产观念是指导销售者行为的最古老的观念之一。这种观念产生于 20 世纪 20 年代前。当时的西方国家生产力落后，消费者收入较低，市场上大多数商品处于供不应求的状态。生产观念认为，消费者喜欢那些可以随处买得到而且价格低廉的产品，企业应致力于提高生产效率，扩大生产，降低成本，来获取更多的利润。美国汽车大王亨利·福特曾傲慢地宣称："不管顾客需要什么颜色的汽车，我只有一种黑色的。"显然，生产观念是一种重生产、轻市场营销的商业哲学。企业经营哲学，它不是从消费者需求出发，而是从企业生产出发。其主要表现是"我生产什么，就卖什么"。

生产观念是在卖方市场条件下产生的。在物资短缺、市场产品供不应求的年代，生产观念具有合理性。企业通过单一产品生产来扩大生产规模、降低单位产品成本，使企业处于垄断地位，最大限度获取利润。

案例 1.7

1903 年亨利·福特打造出了福特历史上的第一款车型——A 型车。他立志要做出世界上所有人都买得起的车。在福特的努力下，福特 T 型车仅仅售价 850 美元，远低于当时的其他汽车，上市之初就掀起了一股风潮。由于T型车的低价，订单络绎不绝，产能也随之出现不足，而福特本人并不满足于简单地扩大生产，在经过考察之后，亨利·福特创造性地将流水线工艺加入了汽车制造产业，创建了世界上第一条汽车生产线。产能大大提升的同时生产成本也大幅度降低，一辆车的价格甚至降到了360美元。

这么低廉的价格几乎是任何有工作的美国人都能够负担起的。T型车在20年内销量超过了1500万辆，几乎每一个美国家庭都有一辆T型车。1921年，福特T型车的产量已占世界汽车总产量的56.6%。

然而令人遗憾的是，随着低端市场的饱和，美国人不再喜欢千篇一律的福特T型车，希望福特公司能够推出新的车型，哪怕只是换个颜色。然而这个要求却被亨利·福特拒绝，“我不管你们喜欢什么车，我只生产T型车；不管你们喜欢什么颜色，我的福特只有黑色。”很快，竞争对手通用汽车公司推出了新式样和颜色的雪佛兰汽车，转而在汽车的舒适化、个性化和多样化等方面大做文章，以产品的特色化来对抗廉价的福特汽车，大获成功。直接抢占了福特T型车大量市场份额。然而亨利·福特继续坚持大批量生产，结果造成巨大的库存积压。亨利·福特也不得不承认失败。T型车最终停止了生产。福特公司经历惨败，自身也降为美国第三大汽车公司，失去了领导地位。然而福特公司所开创的历史，以及1500万辆的销售记录依旧使所有人铭记。

（二）产品观念

产品观念也称为产品导向观念，是指以产品为中心的营销观念。是与生产观念几乎同时出现、同时流行、同时消失的古老营销观念之一。也是一种“以产定销”的观念，表现为重产品生产轻产品销售、重产品质量轻顾客需求。“酒香不怕巷子深”“一招鲜，吃遍天”就是这一观念的反映。

产品观念追求“以质取胜”，不管时代怎么发展，注重产品质量永远是企业更好发展的必备条件，但是如果只是盯着产品质量而忽视顾客需求，或是忽视顾客真正需要的是什么，这样容易导致“市场营销近视症”。

案例 1.8

美国爱尔琴钟表公司自1869年创立到20世纪50年代，一直被公认为是美国最好的钟表制造商之一。该公司在市场营销管理中强调生产优质产品，并通过由著名珠宝商店、大百货公司等构成的市场营销网络分销产品。1958年之前，公司销售额始终呈上升趋势。但此后其销售额和市场占有率开始下降。造成这种状况的主要原因是市场形势发生了变化：这一时期的许多消费者对名贵手表已经不感兴趣，而趋于购买那些经济、方便、新颖的手表；而且，许多制造商迎合消费者需要，已经开始生产低档产品，并通过廉价商店、超级市场等大众分销渠道积极推销，从而夺得了爱尔琴钟表公司的大部分市场份额。爱尔琴钟表公司竟没有注意到市场形势的变化，依然迷恋于生产精美的传统样式手表，仍旧借助传统渠道销售，认为自己的产品质量好，顾客必然会找上门。结果企业经营遭受重大挫折。

思考：爱尔琴钟表公司持有什么样的营销观念？

（三）推销观念

推销观念产生于20世纪20年代末至50年代，此观念认为“我卖什么，顾客就买什么”。这种观念认为，顾客通常有购买迟钝或抗拒购买的表现，若听其自然，顾客通常不会购买本企业太多的产品。企业必须大力开展推销和促销活动，刺激顾客更多地购买本企业的产品。企业很少研究顾客的需求是什么，只重视运用推销术和广告术，以大力销售其产品，让顾客接受。推销观念在现代市场经济条件下被大量运用于非渴求物品，如保险等，这些行业适于使用各种方法来寻找顾客，并用各种推销技巧来说服顾客使他们接受产品和服务。

知识链接

1929~1933 年，资本主义世界爆发了空前严重的经济大危机。这次经济危机首先爆发于美国，1929 年 10 月 24 日纽约股票市场价格在一天之内下跌 12.8%，大危机由此开始。紧接着就是银行倒闭、生产下降、工厂破产、工人失业。之后席卷整个资本主义世界，涉及范围特别广、持续时间比较长、破坏性特别大。资本家盲目生产导致生产相对过剩，很多企业感到：即使有物美价廉的产品，消费者也未必会来买，企业必须重视广告和推销术，注重推销工作和推销技巧。

案例 1.9

脑白金是珠海巨人集团旗下的一个保健品品牌，该品牌创立于 1994 年，由于其成功的市场营销策略，在数年时间内，脑白金成为中国大陆知名度最高和身价最高的保健品品牌之一，年均利润可达(3.5~4)亿人民币，2005 年春节期间的销售额更是达到 8.2 亿人民币。它的营销策略中重要的组成部分就是广告，“孝敬咱爸妈”“今年过节不收礼，收礼只收脑白金”曾被评为“十大恶俗广告”，但是其多年重复式播放的洗脑效果，却给企业带来了连续十多年的巨大的销量。但是从 2015 年开始，其产品成分遭受质疑，整个保健品行业也被频频曝光各种问题，消费者也越来越理智。曾经的保健品神话也早已不如之前风光。

（四）市场营销观念

市场营销观念产强调“以顾客为中心”，认为顾客是企业营销活动的起点和终点，即“顾客需要什么，就生产什么”。它产生于 20 世纪 50 年代以后，此时社会生产力迅速发展，资本主义世界基本进入供过于求的买方市场，居民收入迅速提高。

这种观念认为：实现企业各项目标的关键，要正确确定目标市场的需要和欲望并比竞争者更有效地传递目标市场所期望的物品或劳务，进而比竞争者更有效地满足目标市场的需要和欲望。

企业要以市场为出发点，仔细辨别目标市场范围，对每一个目标市场制定出恰如其分的营销计划，并尽可能将优势资源集中在这些目标市场。企业无论大小都应以顾客为中心，要从顾客的立场出发，来仔细辨别顾客的需要。

市场营销观念的出现，是营销观念演变史上的一次变革，它不仅从形式上，更从本质上改变了企业营销活动的指导原则，使企业的经营哲学由以产定销变成了以销定产，第一次摆正了企业与顾客的关系和位置。

案例 1.10

戴尔公司于 1984 年由迈克尔·戴尔创立，他的理念非常简单：按照客户要求制造计算机，并向客户直接发货，使戴尔公司能够有效和明确地了解客户需求，继而迅速做出回应。

这个直接的商业模式消除了中间商，这样就减少了不必要的成本和时间，让戴尔公司更好地理解客户的需要。这种直接模式允许戴尔公司能以富有竞争性的价位，为每一位消费者定制并提供具有丰富配置的强大系统。通过平均四天一次的库存更新，戴尔公司能够把相关技术带给消费者，而且远远快于那些运转缓慢、采取分销模式的公司。致力于倾听客户需求，提供客户所信赖和注重的创新技术与服务。

（五）社会营销观念

社会营销观念产生于20世纪70年代后期，是对市场营销观念的补充。随着全球环境破坏、资源短缺、人口爆炸等问题日益严重，要求企业顾及消费者整体与长远利益即社会利益的呼声越来越高。社会营销观念认为企业生产经营不仅要考虑消费者需要，而且要考虑消费者和整个社会的长远利益，它要求企业在开展市场营销活动时，要统筹兼顾消费者利益、企业利益和社会长远利益三方面。

二、现代营销新发展

随着营销思想的发展，一系列营销新观念也在不断涌现，并为社会各界所接受。其中，代表性的观念有以下几个。

（一）关系营销

关系营销是指企业与其顾客及中间商等相关各方建立、保持并加强关系，通过互利交换及共同履行诺言，使有关各方实现各自目的的营销活动。企业与顾客之间的长期关系是关系营销的核心。关系营销突破了传统营销理论的局限，是对传统营销理论的延伸和创新。了解“关系营销”含义，要把握以下要点：

（1）关系营销的核心是顾客满意。市场营销的根本在于满足顾客需要，市场竞争的实质就是争取顾客的竞争。美国哈佛商业杂志的一份研究报告指出，重复购买的顾客可以为公司带来25%~85%的利润，固定客户数每增长5%，企业利润则增加25%。另外，一位满意的顾客引发8笔潜在的生意，其中至少一笔成交；一位不满意的顾客会影响25个人购买欲望。越来越多的企业已经认识到，发展与顾客长期友好关系，并把这种关系当作企业宝贵的资产，已成为当今市场营销的重要趋势。

（2）关系营销的关键是建立并发展与相关组织和个人的良好关系。关系营销注重消除企业和相关组织和个人之间为了各自目标和利益而产生的对立性关系，促使双方为共同的利益和目标而相互支持、相互配合、相互合作，力求建立双边和多边的协同合作关系。营销者应与顾客、分销商、供应商、合作伙伴以及政府等建立和谐的关系。

（3）关系营销的重要特征是双向沟通。关系营销强调双向沟通，不仅仅是企业向社会简单地传递信息，还要收集来自顾客及相关组织的反馈信息，通过双向交流促进信息的扩张和情感的发展（见表1-2）。

表1-2　关系营销与传统营销的比较

	传统营销	关系营销
时间跨度	短期导向	长期导向
决策因素	经济变量为主	经济变量、非经济变量并重
营销目标	销售	关系/销售
双方目标	不同	一致
成交含义	完成交易	建立、发展关系
产品策略	产品	产品/关系
促销策略	产品/企业	强调双方满意
分销策略	至少不亏本	双赢
定价策略	竞争/成本	顾客满意/企业利益
资源投入	看成成本	看成投资
质量、服务	符合顾客要求	关系营销关键因素之一

（二）绿色营销

绿色营销是指企业在绿色消费的驱动下，从保护环境、充分利用资源的角度出发，通过研制开发绿色产品、保护自然、变废为宝等措施，来满足消费者的绿色需求，从而实现营销目标的全过程。其主要内容是：

（1）开发绿色产品。绿色产品开发必须遵循以下原则：节省原料和能源；减少非再生资源的消耗；容易回收、分解；低污染或者没有污染；不对使用者身心健康造成损害；产品包装符合国家有关规定。

（2）绿色促销策略。绿色形象构成了企业形象和产品形象不可缺少的内容。为此，一些企业积极参与环保事业，采取绿色策略，大打“绿色营销牌”。“绿色”已成为企业促销热门主题之一。

（3）绿色分销策略。减少运输过程中的包装物使用，更换运输中易对环境造成污染的包装物；优化分销渠道，降低分销中运输、存储等的能源消耗；做好废旧部件和包装物的回收和循环使用。

绿色消费需要必须符合“三 E”和“三 R”原则：

- （Economic）讲究经济实惠；
- （Ecological）讲究生态效益；
- （Equitable）符合平等、人道原则；
- （Reduce）减少非必要的消费；
- （Reuse）修理旧物；
- （Recycle）提倡使用再生资源制造的产品。

值得指出的是，人们往往以为实行绿色营销会加大企业成本，如对环境进行检测、治理、保护等均需要大投入，因而对绿色营销抱消极的态度。其实，一方面，由于消费者愿意使用绿色产品，“绿色企业”往往能树立形象，扩大销售领域，增加销售量，形成一定的经济规模来获得更多的利润。据美国农业部对 62 种绿色产品调查，1991 年这些厂家产量增长了 17.1%，产值增长 24%，利润增长了 80%以上。另一方面，“绿色营销”又是一个巨大的商机，善于把握这一时机的企业，可以获得更多市场机会。曾有一份全球性的调查报告显示，66%的英国消费者愿意付更高的价格购买绿色食品，80%的德国人和 67%的荷兰人在购物时考虑环境问题，有 77%的美国消费者愿意为绿色包装多付钱，而且这部分消费者的比例正在日益扩大，可见绿色产品备受青睐。另外，由于绿色产品在开发研制过程中用于环保的投入增加了，其成本也高于普通产品，具有较高的技术含量和环保价值，又有益于消费者的身心健康，因而价格可以定得高些。以绿色食品为例，芬兰政府允许其价格比一般食品高 30%，日本则允许高出 20%左右。但这种策略不能作为企业长期的定价策略，为了企业的长足发展，应在环保技术的开发研究上下功夫，不断革新技术，降低成本。可以预料谁拥有先进的环保技术和环保产品，谁就能在激烈的市场竞争中赢得胜利。

案例 1.11

日本横滨本田车销售公司总裁青木勒在每天外出和上下班的途中发现，汽车在行驶中排出的大量废气不仅直接污染城市空气，还影响街道绿化树的生长，构成对环境的破坏。青木勒为此深感内疚，决心为环境保护尽一份义务，于是规定公司“今后每卖一辆车就在街道两侧种一棵纪念树”。随后又决定将销售利润的一部分转为植树费用，以减轻越来越多的汽车废气对城市环境的破坏。这种别出心裁的营销策略，使本田汽车的销售量与“绿”俱增。

中国的矿泉水市场竞争非常激烈，早有“娃哈哈”与“乐百氏”的双雄争霸，后有雀巢、康师傅等的混战，农夫山泉能够异军突起名列三甲，与其长期开展绿色营销是分不开的。其广告词“农夫山泉有点甜”向消费者传达了健康饮用水的信息，其“千岛湖等八大水源地”“大自然的搬运工”的广告陈述，又准确描述了其源自大自然、保护大自然、亲近大自然的营销理念。其中的成功真谛，值得玩味。

（三）服务营销

服务营销是企业在充分认识满足消费者需求的前提下，为充分满足消费者需要在营销过程中所采取的一系列活动。它起因于企业对消费者需求的深刻认识，是企业市场营销观的质的飞跃。随着社会分工的发展、科学技术的进步以及人们生活水平和质量的提高，服务营销在企业营销管理中的地位和作用也日益重要。对服务营销，不能仅仅解释为“服务业的营销”，事实上，服务营销理论可以应用于各行各业。服务营销的内容一般包括以下几个组成部分：

（1）产品服务。为分销商举办产品介绍会和培训销售人员，使他们深入了解公司的产品和经营宗旨。

（2）销售服务。帮助分销商改进销售方法。

（3）管理服务。协助分销商拥有现代化的信息处理与沟通手段，提高经营管理水平。

（4）宣传促销服务。帮助分销商吸引客户、扩大销售等。

（5）售后服务。处理由于产品或服务引起的任何问题。

服务的内容是多样的。当前服务消费已经进入了追求名牌服务产品消费的阶段。因此，服务产品也要提倡创名牌。

一个企业对市场的供应通常包含某些服务在内，这种服务成分可能是全部供应中的一小部分，也可能是占很大部分。据这种解释，服务供应可分为5种类型(见图1-2)。

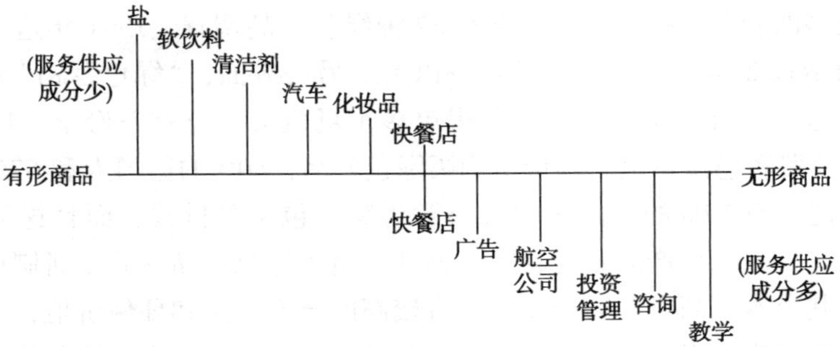

图1-2　服务供应类型

第一种类型，纯有形商品。它主要是有形物品，如盐、毛巾、牙刷等，这些有形产品的营销没有伴随明显的服务。

第二种类型，伴随服务的有形产品。它是伴随着能提高顾客购买率的服务，尤其是技术复杂的高科技产品，在营销中更强调服务的重要性，如果没有服务，其销售就会萎缩。

第三种类型，混合物。它是有形物品和无形服务相互掺半的供应物。如快餐店不仅提供汉堡包，还提供一流的环境和服务。

第四种类型，伴随有形物品的服务。指人们在享用服务的同时还会接受某些附加的辅助物品，如乘客在航空旅行中，航空公司还会提供一些简便的食品与饮料。

第五种类型，纯无形服务，如心理咨询等。

为了搞好服务营销，必须注意以下几个原则：

（1）服务营销中的差别性策略。在竞争激烈的市场中，如果没有服务差异，企业将无法脱离低层次的价格竞争模式。仅靠价格竞争，企业也无法树立良好的企业形象和独特的品牌，也不会有对企业长久忠诚的顾客。

服务营销中实施差别性策略，就要发展差别供应、差别交付和差别形象。差别供应就是开发特色产品、开展特色服务，从而使自己提供的服务有别于他人。差别交付指在服务交付质量的能力和培育可信赖的顾客方面的差异化。差别形象指企业通过标志和品牌来建立差别形象，如当人们一看到"√"标志就会联想到"耐克"品牌，它集中地表达了国际一流体育用品的质量、形象和实力，给人以安全感。

（2）服务营销中的服务质量策略。在激烈的市场竞争中，企业要超过竞争对手，除了服务差异外，还必须有高于对手的服务质量。企业服务质量的优劣要由顾客和社会来评价。

影响服务质量有五大因素：人(服务人员素质)、设施(现代化的设施设备)、材料(包括有形物质材料和信息等无形材料)、时间(服务规范经受时间的考验)、环境。

服务营销中的服务生产率策略。服务成本的飞速增长给企业造成巨大的压力，要求企业提高服务生产率，其基本途径是：提高服务人员的技能并培养其积极的工作态度；在某种程度下可适当降低服务标准来增加服务数量；通过增加设备和标准化生产来实现；服务"工业化"(如麦当劳的快餐装配线)；设计更有效的服务方式代替原来的生产效率很低的服务方式；鼓励顾客自助；利用技术的力量。

案例 1.12

如果问你认为餐饮品牌中哪家服务最好，大部分消费者会回答"海底捞"。消费者能够在海底捞享受的优质服务有：代客泊车、免费擦车；等客区提供擦鞋、美甲等免费服务；根据不同人群提供围裙、手机袋、眼镜布、橡皮筋和发卡、靠垫、玩具、化妆品等物品；每桌配有一名服务员，搭配酱料，添菜；熟悉顾客名字；服务员可利用权力为顾客换菜、送菜、打折、免单等等。相对于其他餐饮品牌而言，海底捞的服务公认是最好的。它将顾客的就餐环节分为餐前、餐中、餐后，并做出用心、充满情怀的服务，餐前针对顾客等位这一情况，设置服务设施空间让消费者打发时间；用餐环节，服务员帮助顾客添菜等。海底捞提供超出一般餐饮服务范围、非常主动并且无微不至的服务，让顾客真正感到宾至如归。海底捞主打优质的服务营销，做到了服务至上的经营理念。

（四）整合营销

整合营销概念首先由美国著名学者舒尔兹在20世纪90年代初提出，它运用系统论与权变论解释营销学，提出了系统化的动态营销概念。所谓系统化就是把企业、顾客、环境作为一个和谐的整体来考虑，它们之间互相联系、互相适应。所谓动态，就是一切产品和服务要紧跟顾客需求的变化而灵活应变，不应有固定模式。

整合营销的主要内容有：

（1）企业整合营销理论打破了传统营销只作为企业经营管理的一项功能这一框架，而强调企业所有活动都应该整合和协调起来，共同努力为顾客服务，营销要成为各部门的工作。

（2）整合营销强调运用更科学的方法研究消费需求，建立完善的消费者资料库，把握消费需求，建立和消费者更为牢固和密切的关系。为此，整合营销提出了"4C"理论：

● 消费者(Customer)。消费者饥不择食的年代已经过去了，消费者比过去更加挑剔，企业应把自己产品原有优点暂时搁至一边，重点研究消费者的需求与欲望。

● 成本(Cost)。企业对固有的定价策略、价格竞争应以一种新的视角去重新考虑。真正重要的是要研究消费者为了满足需求与欲望，肯出多少成本价格。

● 便利(Convenience)。尽最大努力为消费者提供方便，而不仅仅是强调企业自己制定出来的繁复程序和规定。

● 沟通(Communication)。在激烈竞争的市场上，唯有好的商品、好的服务、好的品牌的价值存在于消费者心中，这才是真正的企业价值。而要做到这一点，沟通至关重要。

(3) 改变从静态角度分析市场的做法，强调从动态观念主动迎接市场挑战，把握市场发展规律和方向，发现新的潜在市场，努力创造新的市场。

(五) 网络营销

网络营销实质是以计算机互联网技术为基础，通过顾客在网上直接订购的方式，向顾客提供产品和服务的营销活动。与传统营销相比，网络营销有其不可取代的优势：

(1) 网络营销全新时空优势，克服了产消“时间矛盾”“空间矛盾”。网络营销的范围大大突破了传统营销的销售范围和消费群体，也冲破了原定的销售半径。产品订货会没有了地点和时间的概念，取而代之的是一个网址和客户所希望的任何时间。

(2) 网络营销全方位展示商品，互动式信息供需模式，大大优于传统营销单向式介绍信息的模式。在一些经济发达国家，越来越多消费者乐于进入互联网浏览自己所需要的信息。同时，个性化需求变得越来越明显，消费者可以从网络空间搜集出他们感兴趣的任何东西。并且，企业可以全方位、低成本地层示商品，消费者也能在最大范围内对商品性能、价格进行比较，大大节约了商品搜寻成本，进而降低成本提高利润。

(3) 网络营销的直接交易缩短了分销环节。网络营销被称之为“直接经济”，生产商和消费者可以通过网络直接进行商品交易，使产需更加直接、面对面和自由化。消费者可以直接对商品款式、价格、功能等提出要求，他们直接参与了生产和流通，减少了市场不确定因素，生产商也更容易掌握市场需求。

(4) 网络营销低成本运作模式。网上交易避开了建立有形网点的征地费、动迁费等巨大开支；信息制作、发布、更新、传送的低成本；实现无纸化贸易，减少商务活动中的材料消耗；配送实物可以通过优化运输，减少费用。对于数字化商品，如信息、资料查询、视听产品、联机服务(网上预订服务等)可以直接通过网络传送。

案例 1.13

随着网络营销的飞速发展，营销形式不断创新，近几年微商、社区团购、直播营销、视频营销等多种形式层出不穷。如电商与社交的“联姻”。越来越多的电子商务企业重视消费者将产品信息在其社交网络上分享。许多社交服务平台不仅提供了通信和娱乐功能，同时还很大程度上影响着消费者的行为。社交和购物交织在一起，使得很多消费者把朋友甚至是陌生人的评价、推荐与否作为自己是否购买的重要依据。几年前，许多商户就将直销模式移植到移动平台上。

再比如近几年抖音、小红书等线上营销平台各品类渗透率不断攀升，特别是2020年“新冠”疫情暴发的背景下，商品线上渗透率整体提升明显，甚至对传统网络营销模式造成了一定的冲击，也提供了一些借鉴。

随着移动通信网络技术的不断强大，互联网营销领域的营销方式与模式或将带来一场新的变革，互联网的内容传播体验更强，超高清的视频画质让消费者观看更具吸引力与冲击感，视频营销与传播不仅局限于图文，而是能亲身感受的直观视频。以视频为主的内容营销与传播会成为网络营销领域主阵地。

（六）大数据带来的精准营销

精准营销就是在精准定位的基础上，依托现代信息技术手段建立个性化的顾客沟通服务体系，实现企业可度量的低成本扩张之路。

随着社交网络、云计算、移动互联网等新信息技术的广泛运用，大数据呈现出前所未有的爆发式增长。在互联网时代，消费者在网上留下的任何蛛丝马迹都能被大数据技术采集，通过对其分析和合理利用，能够准确地判断消费者的购买心理以及购买习惯、购买行为特征，从而能够制定更精准的营销策略，为其进行个性化服务。企业能实现对目标市场不同消费者群体的营销沟通。

在过去，企业的宣传推广活动都有很强的主观盲目性，有许多广告是浪费的，这主要是企业缺少消费者特征数据的支撑及详细准确的分析。大数据的整理和分析，可以使企业更精准地了解消费者的需求，从而实现精准营销。

案例 1.14

美团网成立了专门的数据中心，分析每一位消费者的个性化消费习惯，为其定点推送更为准确的信息。美团网针对每一位消费者的个性化需求进行定制推送，使消费者接收到更准确、更适合自己的信息。

有数据显示，每一天上网高峰期主要集中在中午 12 点之后和晚上的 12 点之前。研究人员发现，出现这种“怪现象”的原因是因为现代人普遍睡觉前都有上网的习惯，于是有些淘宝商家就利用消费者这种“强迫症”在晚上 12 点进行促销秒杀活动，带动销量的倍增。

本章小结

要研究市场营销，首先就要了解市场。本章首先介绍了市场的含义及分类，再阐述了市场营销的含义以及相关概念，最后介绍了自企业开展市场营销以来，营销观念的演变以及新的发展、新的趋势。

课后习题

一．单项选择题

1. 买方市场是指(　　)的市场态势。

A. 供不应求　B. 供大于求　C. 供求平衡　D. 产品不足

2. 把消费者利益、环境利益和企业利益结合起来的营销观念是(　　)。

A. 推销导向观念　B. 市场导向观念　C. 绿色营销观念　D. 社会导向营销观念

3. 美国福特汽车公司的创始人亨利福特的“大量生产、降低价格”经营哲学是(　　)

A. 生产观念　B. 产品观念　C. 推销观念　D. 市场营销观念

4. 市场导向营销观念是一种以顾客需要和欲望为导向的观念，是在企业市场营销管理中的体现(　　)。

A. 生产为中心　B. 企业为中心　C. 企业主权论　D. 消费者主权论

5. 为了适应社会对于环境保护的要求，许多企业主动采取绿色包装以降低白色污染。这种做法反映了企业的(　　)。

A. 社会导向营销观念　　B. 推销导向观念

C. 市场导向观念　　D. 生产导向观念

6. 产品观念认为(　　)。

A. 生产者应该以消费者需求为中心

B. 生产者应该把注意力放在扩大规模上

C. 消费者喜欢质量好功能多的产品

D. 在生产高质量产品的同时，要防止污染，应兼顾社会长远利益

7. 生产观念强调的是(　　)。

A. 以量取胜　　B. 以质取胜　　C. 以廉取胜　　D. 以形象取胜

8. 4C 观念要求更新和强化以(　　)为中心的营销组合。

A. 生产　　B. 产品　　C. 消费者需求　　D. 成本

9. 关系营销的核心概念是建立(　　)的长期关系。

A. 企业与顾客　　B. 企业与供应商

C. 企业与分销商　　D. 企业与经销商

二、简答题

1. 市场营销学关于市场的含义是怎样的?

2. 简述市场营销观念的演变过程?

3. 简述市场营销组合。

4. 请谈一谈对马斯洛需求层次理论的认识。

5. 什么叫做绿色营销?

6. 4C 和 4P 有什么区别?

课后实训 1　市场营销观念演变

一、实训目的：了解市场营销观念的演进，理解传统营销观念与现代营销观念的区别，掌握现代营销观念的本质。

二、实训资料

露华浓香水因您而变

法国露华浓公司是世界首屈一指的大型化妆品及香水生产企业，以其出产的一系列高品质产品在世界香水市场中享有很高声誉。

20 世纪 70 年代初，公司方面在一次销售调研中发现，当时的女性正刻意表现自己独特的个性。针对这一市场变化，露华浓公司很快就为 70 年代新女性推出了一种名为“查理”的香水，并将这种香水称为世界上第一种“生活方式”型香水。产品推出之后，很快便引起了强烈反响。数以千计欲标榜自身独立的女性消费者争相购买“查理”香水。“查理”香水很快就成为当时世界最为畅销的香水，且历经五六年不衰。

70 年代末期，公司在销售调研过程中发现，女性正逐渐摆脱以往的独立感而期望重新表现出女性化。对此，露华浓公司又适时地生产出“琼特”香水以取代“查理”香水。

三、实训内容与要求

对露华浓公司的营销活动进行市场营销观念分析。运用市场营销观念理论，分析：

1. 露华浓公司成为香水业巨头，并始终保持领先地位的根本原因是什么？
2. 露华浓公司的经营活动体现了什么样的营销观念？
3. 露华浓公司是如何有效运用这一营销观念的？
4. 如果你是该公司的营销策划人员，结合当今市场状况，你会如何开发香水的新产品？

四、实训组织方法及步骤

1. 学生进行分组，6~7 人一组。
2. 小组讨论分析，重点讨论第四题。
3. 班级讨论。每个小组派代表汇报小组讨论意见。
4. 教师讲评。

五、实训时间

1 小时

第二章　市场营销环境

案例导学

不要小看“入乡随俗”的重要性

商海沉浮，世事难料。1973 年 9 月，香港市场的肯德基公司突然宣布多间家乡鸡快餐店停业，只剩下四间还在勉强支持。肯德基家乡鸡采用当地鸡种，但其喂养方式仍是美国式的。用鱼肉喂养出来的鸡破坏了中国鸡的特有口味。另外家乡鸡的价格对于一般市民来说有点承受不了。在美国，顾客一般是驾车到快餐店，买了食物回家吃。因此，在店内是通常不设座的。在中国香港市场的肯德基公司仍然采取不设座位的服务方式。为了取得肯德基家乡鸡首次在香港推出的成功，肯德基公司配合了声势浩大的宣传攻势，在新闻媒体上大做广告，采用该公司的世界性宣传口号“好味到舔手指”。凭着广告攻势和新鲜劲儿，肯德基家乡鸡还是火红了一阵子，很多人都乐于一试，一时间也门庭若市。可惜好景不长，3 个月后，就“门前冷落鞍马稀”了。到 1975 年 2 月，首批进入香港的美国肯德基连锁店集团全军覆没。

在世界各地拥有数千家连锁店的肯德基为什么唯独在香港遭受如此厄运呢? 经过认真总结经验教训，发现是中国人固有的文化观念决定了肯德基的惨败。

10 年后，肯德基带着对中国文化的一定了解卷土重来，并大幅度调整了营销策略。广告宣传低调，市场定价符合当地消费，市场定位于 16 岁至 39 岁之间的人。1986 年，肯德基家乡鸡新老分店的总数在香港为 716 家，占世界各地分店总数的十分之一强，成为香港快餐业中，与麦当劳、汉堡包皇、必胜客薄饼并称四大快餐连锁店。

案例分析

1. 肯德基公司 70 年代为什么会在香港全军覆没?
2. 80 年代该公司为什么又能取得辉煌的成绩?

学习目标

1. 充分认识市场营销环境分析的重要意义;
2. 理解并能阐述宏观营销环境、微观营销环境的主要内容及其对企业市场营销的影响。
3. 掌握在动态环境中企业求得生存和发展的基本原理和企业对环境影响采取的对策。

引言:

如果把企业比作一艘船，那么市场营销环境就是水。市场营销环境作为影响企业影响活动的重要因素，为越来越多的企业所关注。它不断地为企业创造着机会，同时也不断地给企业带来威胁。“水能载舟亦能覆舟”，能否密切地注视环境、始终不断地顺应环境的变化，是事关企业生死的问题。如何认识企业及其与市场营销环境之间的关系，使企业及时、准确地把握营销环境的动态，并采取适当的对策，是研究市场营销决策管理的基础。

第一节　宏观营销环境

市场营销环境指影响企业市场经营活动与成效的企业外部的所有因素和力量的集合。按影响范围划分为宏观营销环境和微观营销环境。宏观营销环境，也称总体环境或间接环境，是影响企业营销活动的社会性力量与因素，一般包括人口环境、经济环境、社会文化环境、政治法律环境以及科技环境等因素；微观营销环境，又称个体环境或直接环境，它是指直接影响和制约企业营销活动的参与者和影响力，包括企业本身、供应商、营销中介、竞争者、公众等因素。

一、人口环境

（一）人口数量分析

一般情况下，市场需求量与人口数量是成正比的，人口越多，潜在市场就越大，营销机会就越多。在收入水平一定的条件下，总人口数量决定市场需求总量，特别是基本生活资料的需求。在统计一个地区的人口总量时，不仅要统计常住人口的数量，而且要考虑到流动人口的数量。随着科学技术进步、生产力发展和人民生活条件的改善，世界人口平均寿命延长，死亡率下降，全球人口持续增长。据联合国估计，世界人口每年将以 8000 万~9000 万的速度增长。

同时，世界人口的增长呈现出极端不平衡。发达国家的人口出生率下降，有些国家人口甚至出现负增长。人口增长最快的是发展中国家，世界人口的 80% 在发展中国家，而且人口增长最快的往往是那些落后、欠发达的国家。

人口的急剧增长，对企业营销有重大意义。一方面，人口增长意味着市场需求的增长，如果人们有足够的购买力，则人口增长表示市场的扩大。另一方面，如果人口的增长对各种资源的供应形成过大的压力，生产成本就会上升而利润则下降，发达国家出生率下降，则导致儿童市场萎缩，旅游、娱乐、餐饮、休闲等市场则相应扩大。

（二）人口结构分析

人口结构决定市场需求的结构，有性别结构、年龄结构、家庭结构、社会结构、民族结构。一般我们主要分析的是性别结构、年龄结构和家庭结构。

1. 性别结构

人口的性别构成与市场需求的关系密切，由于两者在生理与心理上存在着差异，决定了他们不同的消费内容和特点。一些产品有明显的性别属性，但随着社会的发展，男女性别角色也在悄然变化，使市场需求也随之变化，市场上也出现了女性香烟、女性牛仔服、女性领带，男性香水、男性化妆品等商品。

2. 年龄结构

指一定时期不同年龄构成。不同年龄层次的消费者因为生理和心理特征、人生经历、收入水平和经济负担状况的不同，他们的消费需要、兴趣爱好和消费模式也就存在不同的特征。以年龄结构为例：

（1）儿童阶段(0~6 岁)。其生理需要是基本的，主要消费品是婴幼食品、尿布、童装、简单玩具等。儿童期消费不能算作能够进行独立购买决策的消费，其消费一般通过儿童亲戚的消费行为得以反映。一般来讲，儿童期消费行为有三个特征：第一，从纯粹生理需要开始向具有社会内容的需要发展，其消费行为中逐渐加入了意识的成分。第二，从消费情绪极不稳定向稍有稳定性转变，即随着年龄的增长和对外界事物认识的提高，儿童控制自己情感的能力有所增强。第三，从模仿性消费开始向具有个性特点的消费过渡。

(2) 少年阶段(7~14 岁)。除生理需要之外，也具有一定的心理需要，消费品也有了显著变化。这一阶段的主要消费品有营养食品、新颖服装、较为复杂的玩具(如电子游戏机、启迪性的文化娱乐品、书籍等)。少年阶段消费者，无论是其生理，还是心理特征，都处在急剧变化状态中。具体特征是：第一，强烈渴望自己在消费过程中不断提高独立性和自觉性，渴望具有成人的消费决策地位和权利。但是由于主客观条件的限制，他们还不能摆脱消费方面的依赖性。第二，购买行为的态度趋向稳定，有意识的消费行为明显增多。第三，消费的社会内容明显增多，所受社会影响也日益增强。

(3) 青年阶段(15~25 岁)。这一阶段生理需求和心理需求各占一半，主要消费品为有时代感的服装、发型、装饰品、饮料、学习用品、运动器械、书报杂志，影视娱乐等。其特征是：第一，追求新颖。代表潮流，对传统观念敢于挑战。第二，消费过程中追求独立的个性显示，自我意识强，喜欢独立自主地支配自己。第三，消费过程中情感色彩浓厚，选购商品中，感情作用大于理智，受商品的心理功能因素和商业推销宣传的影响较明显，容易出现冲动性购买行为。

(4) 成年阶段(26~60 岁)。这一时期其心理需求更加旺盛，生理需求的差别化特征也日趋明显。第一，消费者个人消费行为一般是自主的、独立的，外在因素虽可以施加一定影响，但其影响作用有限。第二，消费目的性明显，当消费价值观和定势形成后，消费行为具有一定的持续性。

(5)老年阶段(61 岁以上)。这一阶段的消费特征是：第一，需要范围缩小，结构有所改变，由于精力、体力上的衰退，使他们的活动范围变得狭小，消费行为更加集中。第二，追求消费的方便和实用，强调舒适和安全，不追求华而不实的东西。第三，相信消费经验，习惯性强，对于不了解的商品不愿轻易购买和使用。国际上把 60 岁以上人口占总人口的 10%，或 65 岁以上人口占总人口的 7%的国家和地区称为老龄社会，我国目前已经进入老龄社会。中国目前 60 岁以上老年人口已达 1. 26 亿，占世界老年人口的五分之一，居世界第一位，截止到 2015 年，老年人口高达 2. 16 亿，约占总人口的 16. 7%，老年人的养老服务问题日益突出。据统计，目前中国老年人各项收入和家庭资助合计约有 3200 亿~4000 亿元的购买力，到 2025 年将达到 14000 亿元购买力。这个巨大的潜在消费市场无疑是今后扩大内需的一个经久不衰的经济增长点。

3. 家庭结构

有些商品不是以个人为销售对象，而是以家庭为销售对象的，譬如电冰箱、洗衣机、电视机、微波炉、家具等。据美国人口理事会的一项调查表明，进入 20 世纪 90 年代中期，世界普遍呈现家庭规模缩小的趋势，这意味着家庭单位数量在不断增加。调查还表明，越是经济发达地区，家庭规模也越小，如欧洲、北美国家的家庭规模基本上维持在 3 人左右，亚非拉地区的发展中国家每户家庭人口平均在 5 人左右。这一趋势一方面引起对家庭用品总需求的增加，另一方面，产品的规格、结构不同于几世同堂大家庭对产品的要求，企业应对此作出积极的反应。

（三）人口分布与流动分析

人口分布是指人口在不同地区的密集程度。各地人口密度不同，市场大小不同、消费习惯不同、购买行为也不同。我国人口分布的变化，对各地市场的影响作用是不同的。人口流动是指人口在不同地区的短期转移。任何一个国家和地区的人口分布绝不是均匀的，我国的人口分布主要集中在东南沿海一带，人口密度向西北逐渐递减。

人口的地理分布一般表明了不同的消费习惯及需求特征。我国不同地区的食物结构就有很大的不同，如南方人以大米为主食，北方人以面粉为主食，江、浙人喜甜，四川、湖南人喜辣即为一例。

人口的地理分布是一个动态概念，从全球范围看，人口流动有这样的趋势：

（1）向阳光地带迁移。以美国为例，1980~1990 年的十年中，西部人口增长 17%，南部人口增长 14%。英国企业认为，如果这样的趋势加剧的话，御寒用品、取暖设备需求下降，而制冷产品的需求则会上升。

（2）从农村向城市迁移。这一趋势已经持续了一个多世纪，这是由于都市生活具有交通方便、收入较高、文体活动丰富、易得到商品和服务等优势，对乡村人口形成一定的吸引力。城市人口、农村人口对商品交换的依赖程度是不同的，城市人口所需商品几乎全部依赖到市场购买，而农村人口则有一部分需求可以通过自给来解决。所以，在人口总量不变的条件下，城市人口比重的增加，往往会加大市场需求量。

知识链接

中国春运

春运，即春节运输，是中国在农历春节前后发生的一种大规模的高交通运输压力的现象。以春节为中心，共 40 天左右，每年农历腊月十五到次年正月廿五。由国家发改委统一发布，交通运输部、民航局按此进行专门运输安排的全国性交通运输高峰叫做春运。一般意义上的春运，是指中国大陆的城际交通，不包括中国大陆与香港、澳门和台湾之间的交通以及国际交通。

“春运”一词最早出现于 1980 年的《人民日报》。改革开放以来，随着对人员流动限制的放宽，越来越多的人选择离乡外出务工、求学。诸多人群集中在春节期间返乡，形成了堪称“全球罕见的人口流动”的春运。近 30 多年来，春运大军从 1 亿人次增长到 2015 年的 37 亿人次，相当于让非洲、欧洲、美洲、大洋洲的总人口搬一次家。

2020 年春运火车票将于 2019 年 12 月 12 日开始发售，铁路春运自 2020 年 1 月 10 日开始，2020 年 2 月 18 日结束，共 40 天，节前 15 天，节后 25 天。

2020 年 1 月 10 日~27 日，全国铁路、道路、水路、民航累计发送旅客 12.02 亿人次，比去年同期下降 4.3%。

（3）向城市郊区迁移。由于市中心拥挤、空间小、污染重，而郊区清新的空气、安静的生活环境对市民有一定的吸引力，加上交通日趋方便，导致城市人口流向郊区。近些年来，我国一些大城市市中心百货商场等零售机构销售额下降，而处在城郊结合部的一些商业机构销售额剧增，这种状况证实了这一趋势。

二、经济环境

（一）消费者收入

1. 国民生产总值（GDP）

国民生产总值是衡量一个国家经济实力与购买力的重要指标。国民生产总值增长越快，对商品的需求和购买力就越大，反之，就越小。

知识链接

近几年中国 GDP

年　份	国民总收入/亿元	国民生产总值/亿元
2015	686255.7	688858.2
2016	743408.3	746395.1
2017	831381.2	832035.9
2018	915887.3	919281.1
2019	988458.1	990865.2

消费者收入水平决定了购买力的大小，这是分析市场规模的一个不可忽视的因素。要理解消费者收入水平，必须准确理解以下问题：

2. 个人总收入、个人可支配收入和个人可任意支配收入

名词解释

- 个人总收入：包括工资、奖金、津贴、股息、利息、红利、租金等一切货币收入。
- 个人可支配收入：个人总收入中扣除税金后的剩余部分。
- 个人可任意支配收入：个人可支配收入中减去用以日常生活支出（食品、衣服、支付房租及其他必需品支出）后的剩余部分。

显然，个人可任意支出越多，购买非必需品（如奢侈品、旅游、文化娱乐、智力投资等）的支出就会增加。

3. 家庭收入的高低会影响很多产品的市场需求

一般来讲，家庭收入高，对消费品需求大，购买力也大；反之，需求小，购买力也小。

（二）消费者支出

1. 消费结构

随着消费者收入的变化，消费者支出会发生相应变化，继而使一个国家或地区的消费结构也会发生变化。消费结构是指在消费过程中人们所消耗的各种消费品及服务的构成，即各种消费支出占总支出的比例关系。国际通用衡量指标是恩格尔系数。当收入水平很低时，主要用于食品等生活必需品的购买；随着收入增加，食品结构开始改善；随着收入再增加，食品等生活必需品在总消费中的比重开始下降，而用于衣着、娱乐、汽车、教育等高档产品和消费的支出增长。当这些消费已经满足后，储蓄很快增长。

恩格尔系数＝家庭食物支出/家庭消费总支出×100%

知识链接

恩格尔系数：联合国判别生活水平的标准

恩格尔系数/%	生活水平	恩格尔系数/%	生活水平
30 以下	景富裕	50~60	勉强度日
30~40	富裕	60 以上	绝对贫困
40~50	小康		

2. 消费者储蓄

大部分消费者储蓄目的是为购买房屋、汽车和大件家电产品而准备，也有一部分是备意外急用，或投资于孩子的未来教育，或是为了自己退休以后的养老生活。消费者储蓄比较受利率影响：银行利率愈高，居民储蓄倾向愈强，影响社会购买力的下降。反之亦然。

3. 消费者信贷

所谓消费者信贷，就是消费者凭信用先取得商品使用权，然后按期归还贷款，以购买商品。这实际上就是消费者提前支取未来的收入，提前消费。西方国家盛行的消费者信贷主要有：(1)短期赊销；(2)购买住宅分期付款；(3)购买昂贵的消费品分期付款；(4)信用卡信贷等几类。信贷消费允许人们购买超过自己现实购买力的商品，从而创造了更多的就业机会、更多的收入以及更多的需求；同时，消费者信贷还是一种经济杠杆，它可以调节积累与消费、供给与需求的矛盾。当市场供大于求时，可以发放消费信贷，刺激需求；当市场供不应求时，必须收缩信贷，适当抑制、减少需求。消费信贷把资金投向需要发展的产业，刺激这些产业的生产，带动相关产业和产品的发展。我国现阶段的信贷消费还主要是公共事业单位提供的服务信贷，如水、电、煤气的交纳，其他方面，如教育、住宅建设以及一些商家的信用卡消费正在逐步兴起。目前，我国的住房、汽车等大额商品一般是依靠消费信贷购买的。

三、社会文化环境

每个人都生长在一定的社会文化环境中，并在一定的社会文化环境中生活和工作，他的思想和行为必定要受到这种社会文化的影响和制约。市场营销学中所说的社会文化因素，一般指在一种社会形态下已经形成的信息、价值、观念、宗教信仰、道德规范、审美观念以及世代相传的风俗习惯等被社会所公认的各种行为规范。企业的市场营销人员应分析、研究和了解社会文化环境，以针对不同的文化环境制定不同的营销策略。

有人认为，在营销环境的诸多因素中，文化因素对市场营销的影响相对要小一些。其实，文化因素的影响深度和广度要超过其他因素。

知识链接

各国社会风俗习惯漫谈

不同的国家、民族对图案、颜色、数字、动植物等都有不同的喜好和不同的使用习惯。像中东地区严禁带六角形的包装，英国忌用大象、山羊作商品装潢图案；中国、日本、美国等国家对熊猫特别喜爱，但一些阿拉伯人却对熊猫很反感；墨西哥人视黄花为死亡，红花为晦气，而喜爱白花，认为可驱邪；德国人忌用核桃，认为核桃是不祥之物；匈牙利人忌“13”单数；日本人忌荷花、梅花图案，也忌用绿色，认为不祥；南亚有一些国家忌用狗作商标；在法国，仙鹤是蠢汉和淫妇的代称，法国人还特别厌恶墨绿色。这是基于对二次世界大战的痛苦回忆；日本人在数字上忌用“4”和“9”，因在日语发音中“4”同死相近，“9”同苦相近；港台商人忌送茉莉花和梅花，因为“茉莉”与“末利”同音，“梅花”与“霉花”同音。我国是一个多民族国家，各民族都有自己的风俗习惯。如蒙古族喜穿蒙袍、住帐篷、饮奶茶、吃牛羊肉、喝烈性酒；朝鲜族喜食狗肉、辣椒，穿色彩鲜艳的衣服，食物上偏重素食，群体感强，男子地位较突出。

（一）传统文化

传统是文化环境中一个重要组成部分，它是在长期的历史过程中逐步形成和发展起来的。它作为一个相对稳定的环境因素，对人们的消费心理和消费行为都有着不可低估的影响。例如在我国，每逢农历新年都要进行大扫除，除旧迎新，并大量购买过年用的各种商品。西方人每逢 12 月 25 日就大量购买圣诞节用品（如圣诞树），互送圣诞卡等。在一定的文化传统影响下，人们形成一定的风俗习惯。它在饮食、服饰、居住、婚丧、节日、人际关系等方面，都表现出独特的心理特征、道德伦理、行为方式和生活习惯。中国有句古语：“入境而问禁，入国而问俗，入门而问讳。”了解目标市场消费者的禁忌、习俗、避讳、信仰、伦理等，是企业开展市场营销活动的重要前提。如日本人有独特的礼节，当他们洽谈生意时千万不可在这方面造次；和沙特阿拉伯商人谈判，绝不能问候对方的妻子；如果和墨西哥人洽谈生意，问候对方是必需的礼貌。所以，营销人员必须分析、研究和了解目标市场的历史传统和风俗习惯，因为这是市场定位和营销策略组合的基础。

（二）价值观念

价值观是指生活在某一社会环境下的多数人对事物的普遍态度、看法或评价。一般而言，生活在相同的社会环境中，人们的价值观念就相近；相反，生活在不同的环境中，人们的价值观就不同。消费者对商品的需求和购买行为深受价值观念的影响，对于不同价值观念的消费群体，市场营销就应该采取不同的策略。如对于乐于变革、喜欢猎奇、富有冒险精神的消费者，应重点强调产品的新颖和奇特；而对一些注重传统、喜欢沿袭传统消费方式的消费者，企业在制定促销策略时最好把产品和目标市场的文化传统联系起来。

案例 2. 1

过去，我国出口的黄杨木刻一向用料考究，精雕细刻，以传统的福禄寿星或古装仕女图案行销亚洲一些国家和地区。后来出口到欧美一些国家，发现他们对中国传统的制作原料、制作方法和图案不感兴趣，因为与亚洲人相比，欧美人的价值观、审美观大不一样。因此，我国工艺品进出口公司一改过去的传统做法，用一般杂木做简单的艺术雕刻，涂上欧美人喜爱的色彩，并加上适用于复活节、圣诞节、狂欢节的装饰品，很快在西方市场打开销路。

（三）教育状况

教育是按照一定目的要求，对受教育者施以影响的一种有计划的活动，是传授生产经验和生活经验的必要手段，反映并影响着一定的社会生产力、生产关系和经济状况，是影响企业市场营销的重要因素。教育状况对营销活动的影响，可以从以下几个方面考虑。

（1）对企业选择目标市场的影响。处于不同教育水平的国家或地区，对商品的需求不同。

（2）对企业营销商品的影响。文化不同的国家和地区的消费者，对商品的包装、装潢，附加功能和服务的要求有差异。通常文化素质高的地区或消费者要求商品包装典雅华贵，对附加功能也有一定要求。

（3）对营销调研的影响。企业在受教育程度高的国家和地区可在当地雇佣调研人员或委托当地的调研公司或机构完成具体项目，而在受教育程度低的国家和地区，企业开展调研要有充分的人员准备和适当的方法。

（4）对经销方式的影响。企业的产品目录、产品说明书的设计要考虑目标市场的受教育状况。如果经营商品的目标市场在文盲率很高的地区，就不仅需要文字说明，更重要的是要配以简明图形，并要派人进行使用、保养的现场演示，以避免消费者和企业的不必要损失。

（四）宗教信仰

宗教信仰对市场营销活动也有一定影响，特别是在一些信仰宗教的国家和地区，其影响更是不可低估。据统计，全世界信奉基督教的教徒有 10 多亿人，信奉伊斯兰教的教徒有 8 亿人，印度教徒 6 亿人，佛教徒 28 亿人，泛灵论者 3 亿人。教徒信教不一样，信仰和禁忌也不一样。这些信仰和禁忌限制了教徒的消费行为。某些国家和地区的宗教组织在教徒的购买决策中有重大影响。例如，在阿拉伯国家，虔诚的穆斯林教徒每日祈祷，无论居家或旅行，祈祷者都要在固定的时间面向圣城麦加祈祷。根据阿拉伯国家这一特点，比利时一家地毯厂商范德维格，巧妙地将扁平的“指南针”嵌入祈祷用的地毯上，该“指南针”始终指向麦加城。这样，伊斯兰教徒们无论走到哪里，只要把地毯往地上一铺，便可准确找到麦加城所在方向。这种地毯在阿拉伯国家一上市，立即成了抢手货。

（五）语言文字

语言文字是人类交流的工具，它是文化的核心组成部分之一。不同国家、不同民族往往都有自己独特的语言文字，即使同一国家，也可能有多种不同的语言文字，即使语言文字相同，也可能表达和交流的方式不同。语言文字的不同对企业的营销活动有巨大的影响。所以企业在进入一个新的市场时，必须考虑语言文字的运用。如江苏红豆集团的“红豆”品牌享誉国内外，一定程度上得益于中国传统文化魅力。唐代诗人王维的一首脍炙人口的小诗“红豆生南国，春来发几枝。愿君多采撷，此物最相思。”令“红豆”品牌身价倍增。无独有偶，美国知名品牌“Revlon”化妆品进入中国市场首战告捷，即与其品牌本土化策略休戚相关。李白诗云“云想衣裳花想容，春风扶槛露华浓”，美国公司采取拿来主义，将“Revlon”中国化为“露华浓”，将其与杨玉环的国色天香相提并论，中国女性对“露华浓”倍加青睐也就不足为奇了。

案例 2.2

不同国家使用不同的语言文字，语言文字的转换是信息沟通的基本前提。国际广告的撰写与翻译，涉及广告文案人员对两种语言的功底。如果不了解词汇的多种含义和文化背景，随意将广告直译为另一种语言，往往会闹出笑话。百事可乐公司有句广告口号“ComealueWith-Pepsc”被人翻译成德语却变成了“从坟墓中复活”的意思，与原意“请喝百事可乐，令君生机勃勃”大相径庭。把一种语言准确无误地翻译成另一种语言，这是语言转换的基本要求。当然，在国际广告翻译中也不乏成功的例子。可口可乐进入中国市场时，先根据 Cocacola 的英文发音，译成中文为“可渴口蜡”。产品投放中国市场销量很低，因为谁也不愿意“口渴时喝一口蜡”。在精通英文的中国专家帮助下，改译为“可口可乐”，这种翻译音准意佳，博得人们的喜爱。另外，像日本的佳能(Canon)相机、德国的奔驰(Mercedes)轿车、瑞士的铁达时(Titus)手表等都是绝妙的译法。

(六) 审美观念

审美观通常指人们对事物的好坏、美丑、善恶的评价。不同的国家、民族、宗教、阶层和个人，往往因社会文化背景不同，其审美标准也不尽一致。有的以“胖”为美，有的以“瘦”为美，有的以“高”为美，有的则以“矮”为美，不一而足。因此，不同的审美观对消费的影响是不同的，企业应针对不同的审美观所引起的不同消费需求，开展自己的营销活动，特别要把握不同文化背景下的消费者审美观念及其变化趋势，制定良好的市场营销策略以适应市场需求的变化。人们在市场上挑选、购买商品的过程，实际上也就是一次审美活动。

案例 2.3　各国佳丽的美

世界各国因审美观的不同而形成的消费差异多种多样。例如缅甸的巴洞人以妇女长脖为美；而非洲的一些民族则以文身为美；在欧美，妇女结婚时喜欢穿白色的婚礼服，因为她们认为白色象征着纯洁、美丽；在我国，妇女结婚时喜欢穿红色的婚礼服，因为红色象征吉祥如意、幸福美满。又如，中国妇女喜欢把装饰物品佩戴在耳朵、脖子、手指上，而印度妇女却喜欢在鼻子上、脚踝上配以各种饰物。

近年来，我国人民的审美观念随着物质水平的提高，发生了明显的变化。

(1) 追求健康美。体育用品和运动服装的需求量呈上升趋势。

(2) 追求形式美。服装市场的异军突起，不仅美化了人们的生活，更重要的是迎合了消费者的求美心愿。在服装样式上，青年人一扫过去那种多层次、多线条、重叠反复的造型艺术，追求强烈的时代感和不断更新的美感，由对称转为不对称，由灰暗色调转为鲜艳、明快、富有活力的色调。

(3) 追求环境美。消费者对环境的美感体验，在购买活动中表现得最为明显。

因此，企业营销人员应注意以上三方面审美观的变化，把消费者对商品的评价作为重要的反馈信息，使商品的艺术功能与经营场所的美化效果融合为一体，以更好地满足消费者的审美要求。

四、政治法律环境分析

政治与法律是影响企业营销的重要的宏观环境因素。政治因素像一只有形之手，调节着企业营销活动的方向，法律则为企业规定商贸活动行为准则。政治与法律相互联系，共同对企业的市场营销活动发挥影响和作用。

(一) 政治环境因素

政治环境指企业市场营销活动的外部政治形势和状况以及国家方针政策的变化对市场营销活动带来的或可能带来的影响。

1. 政治体制

政治体制指国家政权的组织形式及其有关制度，它包括国家结构、政治组织形式、政党体制及相关的制度体系。不同的国家结构(即中央集权制还是联邦制)、政治组织形式等，决定了不同的国家管理方式。中央集权制国家，各地方必须绝对服从中央政府的领导，全国有统一的宪法、法令，各种贸易法规、商业政策较为统一，对于市场营销策略制定较易把握。在复合制国家里，各种法规、政策琐碎、繁多，地方之间也有很大差异，具有较大的易变性和不可控性，这在一定程度上增加了营销的难度。

2. 政治局势

政治局势指企业营销所处的国家或地区的政治稳定状况。一个国家的政局稳定与否会给企业营销活动带来重大的影响。如果政局稳定，生产发展，人民安居乐业，就会给企业造成良好的营销环境。相反，政局不稳，社会矛盾尖锐，秩序混乱，这不仅会影响经济发展和人民的购买力，而且对企业的营销心理也有重大影响。战争、暴乱、罢工、政权更替等政治事件都可能对企业营销活动产生不利影响，能迅速改变企业环境。因此，社会是否安定对企业的市场营销关系极大，特别是在对外营销活动中，一定要考虑东道国政局变动和社会稳定情况可能造成的影响。

3. 方针政策

政府出于对宏观经济发展的需要，经常要制定年度计划、五年计划及更长期发展规划，为了保证各类计划完成，还得有一系列的产业结构政策、价格政策、财政—货币政策等，政府的方针政策会对企业营销产生直接或间接的重要影响。

各个国家在不同时期，根据不同需要颁布一些经济政策，制定经济发展方针，这些方针、政策不仅影响本国企业的营销活动，而且还影响外国企业在本国市场的营销活动。例如，我国在产业政策方面制定的《关于当前产业政策要点的决定》，明确提出了当前生产领域、基本建设领域、技术改造领域、对外贸易领域各主要产业的发展序列。还有诸如人口政策、能源政策、物价政策、财政政策、金融与货币政策等，都给企业研究经济环境、调整自身的营销目标和产品构成提供了依据。

就对本国企业的影响来看，一个国家制定出来的经济与社会发展战略、各种经济政策等，企业都是要执行的，而执行的结果必然要影响市场需求，改变资源的供给，扶持和促进某些行业的发展，同时又限制另一些行业和产品的发展，那么企业就必须按照国家的规定，生产和经营国家允许的行业和产品。国家也可以通过方针、政策对企业营销活动施以间接影响。例如，通过征收个人收入调节税，调节消费者收入，从而影响消费者的购买力来影响消费者需求；国家还可以通过增加产品税来抑制某些商品的需求，如对香烟、酒等课以较重的税收来抑制消费者的消费需求。这些政策必然影响社会购买力，影响市场需求，从而间接影响企业营销活动。

从对国外企业的影响来看，市场国的方针、政策是外国企业营销的重要环境因素，直接和间接影响外国企业在市场国的营销活动。随着我国改革的进一步深入和对外开放的进一步扩大，特别是对外开放政策的进一步明朗化和外贸、外商投资法律制度的进一步完善，外资看到了在华投资的前景，因而扩大投资规模，延长投资期限(由最初的1~3年，延长到5年以上，甚至10年、20年、50年)，来华投资的外国企业也越来越多。这说明，市场国的方针、政策对外来投资有非常大的影响作用。

目前，国际上各国政府采取的对企业营销活动有重要影响的政策和干预措施主要有：

(1) 进口限制。它包括两类：一类是限制进口数量的各项措施；另一类是限制外国产品在本国市场上销售的措施。政府进行进口限制的主要目的在于保护本国工业，确保本国企业在市场上的竞争优势。

(2) 税收政策。政府在税收方面的政策措施会对企业经营活动产生影响。比如对某些产品征收特别税或高额税，则会使这些产品的竞争力减弱，给经营这些产品的企业效益带来一定影响。

(3) 价格管制。当一个国家发生了经济问题时，如经济危机、通货膨胀等，政府就会对某些重要物资，以至所有产品采取价格管制措施。政府实行价格管制通常是为了保护公众利益，保障公众的基本生活，但这种价格管理直接干预了企业的定价决策，影响企业的营销活动。

（4）外汇管制。指政府对外汇买卖及一切外汇经营业务所实行的管制。外汇管制对企业营销活动特别是国际营销活动产生重要影响。例如，实行外汇管制，使企业生产所需的原料、设备和零部件不能自由地从国外进口，企业的利润和资金也不能或不能随意汇回母国。

（5）国有化政策。指政府由于政治、经济等原因对企业所有权采取的集中措施。例如为了保护本国工业避免外国势力阻碍等原因，将外国企业收归国有。

4. 国际关系

这是国家之间的政治、经济、文化、军事等关系。发展国际间的经济合作和贸易关系是人类社会发展的必然趋势，企业在其生产经营过程中，都可能或多或少地与其他国家发生往来，开展国际营销的企业更是如此。因此，国家间的关系也就必然会影响企业的营销活动。这种国际关系主要包括两个方面的内容：

（1）企业所在国与营销对象国之间的关系。例如，中国在国外经营的企业要受到市场国对于中国外交政策的影响。如果该国与我国的关系良好，则对企业在该国经营有利；反之，如果该国对我国政府持敌对态度，那么，中国的企业就会遭到不利的对待，甚至攻击或抵制。比如中美两国之间的贸易关系就经常受到两国外交关系的影响。美国经常攻击中国的人权状况，贸易上也常常采取一些歧视政策，如搞配额限制，所谓“反倾销”等，阻止中国产品进入美国市场。这对中国企业在美国市场上的营销活动是极为不利的。

（2）国际企业的营销对象国与其他国家之间的关系。国际企业对于市场国来说是外来者，但其营销活动要受到市场国与其他国家关系的影响。海湾战争后，由于联合国对伊拉克的经济制裁，使我国企业有很多贸易往来不能进行。这说明国际企业的营销对象国与其他国家之间的关系，也是影响国际企业营销活动的重要因素。

（二）法律环境因素

对企业来说，法律是评判企业营销活动的准则，只有依法进行的各种营销活动，才能受到国家法律的有效保护。因此，企业开展市场营销活动，必须了解并遵守国家或政府颁布的有关经营、贸易、投资等方面的法律、法规。如果从事国际营销活动，企业就既要遵守本国的法律制度，还要了解和遵守市场国的法律制度和有关的国际法规、国际惯例和准则。这方面因素对国际企业的营销活动有深刻影响。例如，一些国家对外国企业进入本国经营设定各种限制条件。日本政府曾规定，任何外国公司进入日本市场，必须要找一个日本公司同它合伙。也有一些国家利用法律对企业的某些行为作特殊限制。美国《反托拉斯法》规定不允许几个公司共同商定产品价格，一个公司的市场占有率超过20%就不能再合并同类企业。除上述特殊限制外，各国法律对营销组合中的各种要素，往往有不同的规定。例如，产品由于其物理和化学特性事关消费者的安全问题，因此，各国法律对产品的纯度、安全性能有详细甚至苛刻的规定，目的在于保护本国民族的生产者而非消费者。美国曾以安全为由，限制欧洲制造商在美国销售汽车，以致欧洲汽车制造商不得不专门修改其产品，以符合美国法律的要求；英国也曾借口法国牛奶计量单位采用的是公制而非英制，将法国牛奶逐出本国市场；而德国以噪音标准为由，将英国的割草机逐出德国市场。各国法律对商标、广告、标签等都有自己特别的规定。比如加拿大的产品标签要求用英、法两种文字标明；法国却只使用法文产品标签。广告方面，许多国家禁止电视广告，或者对广告播放时间和广告内容进行限制。

这些特殊的法律规定，是企业特别是进行国际营销的企业必须了解和遵循的。

从当前企业营销活动法制环境的情况来看，有两个明显的特点：

（1）管制企业的立法增多，法律体系越来越完善。西方国家一贯强调以法治国，对企业营销活动的管理和控制也主要通过法律手段。近几年来，我国在发展社会主义市场经济的同时，也加强了市场法制方面的建设，陆续制订、颁布了一系列有关重要法律法规，如《公司法》《广告法》《商标法》《经济合同法》《反不正当竞争法》《消费者权益保护法》《产品质量法》《外商投资企业法》等，这对规范企业的营销活动起到了重要作用。

（2）政府机构执法更严。各个国家都根据自己不同的情况，建立了相应的执法机关。例如，在美国，就有联邦贸易委员会、联邦药物委员会、环境保护局、消费者事务局等执法机构，日本有公正交易委员会，德国有联邦卡特尔局，瑞典有消费者行政长官处和市场法院，加拿大有市场保护委员会等。这些官方机构对企业的营销活动有很大的影响力，近年来执法更加积极、严格。我国的市场管理机构比较多，主要有工商行政管理局、技术监督局、物价局、医药管理局、环境保护局、卫生防疫部门等机构，分别从各个方面对企业的营销活动进行监督和控制，在保护合法经营，取缔非法经营，保护正当交易和公平竞争，维护消费者利益，促进市场有序运行和经济健康发展方面，发挥了重要作用。因此，企业必须知法守法，自觉用法律来规范自己的营销行为并自觉接受执法部门的管理和监督。同时，还要善于运用法律武器维护自己的合法权益。

五、科技环境

科学技术是社会生产力的新的和最活跃的因素，作为营销环境的一部分，科技环境不仅直接影响企业内部的生产和经营，还同时与其他环境因素互相依赖、相互作用，特别与经济环境、文化环境的关系更紧密，尤其是新技术革命，给企业市场营销既造就了机会，又带来了威胁。企业的机会在于寻找或利用新的技术，满足新的需求，而它面临的威胁则可能有两个方面：一方面新技术的突然出现，使企业现有产品变得陈旧；另一方面新技术改革了企业人员原有的价值观。

例如，电视机出现后，对收音机制造业是个威胁，对电影院的冲击则更为明显。据美国《设计新闻》报道，由于国内大量启用自动化设备和采用新技术，将出现许多新的行业，包括新技术培训、新工具维修、电脑教育、信息处理、自动化控制等，这样就引起了市场需求的变化，给饮食业、旅游业、航空公司、旅馆业等行业创造了新的市场营销机会。

（一）科技发展新趋势

（1）技术变革步伐加快。今天市场上供应的许多商品是前几年闻所未闻的，新构思与成功应用之间的时间差正在迅速缩短，技术引入期至生产高峰之间的时间差正在大大缩短。

（2）科技开发的范围大大扩大。科研人员正在从事范围惊人的新科技研究。二战以后，微电子技术、电子计算机技术、生物技术、激光技术、航天技术等都在一定程度上摧毁旧市场和创造新市场。

（3）科研研究与开发预算越来越大。由于科技的意义远较我们所感受到的更为广泛和深刻，因而各国政府和有远见的企业都花巨资从事科研与开发。据上海市外经委对发达国家和跨国公司的调查，美国每年在研究与开发方面的投入约 740 亿美元，日本也达到 300 亿美元；欧美跨国公司在研究与开发方面的投入，基本上都达到其销售额的 10%以上。

（4）对科技的各种规定越来越多。随着产品越来越复杂，消费者需要在产品使用中能保证安全。因而，政府在安全、健康、环境保护等方面有了一系列的新规定和条例，用于监督和防范企业行为。

（二）科技环境对市场营销的影响

科技环境的迅猛发展，给企业营销提出了新的要求，营销人员不仅要通晓科技，而且要清楚科技给营销带来什么影响。

（1）由于科学技术迅猛发展，一些旧行业受到冲击、新产品不断涌现，新的市场替代旧市场，如激光唱盘技术夺走了磁带市场，复印机伤害了复写纸行业等等，营销人员要注意寻找新科技源，寻找新的市场机会。

（2）在一些经济发达国家，越来越多的消费者更乐于进入互联网空间浏览自己需要的信息。同时，个性化需求变得越来越明显，他们可以从网络间搜寻他们感兴趣的任何东西。电子商务技术的发展，使新的传播促销方式出现成为可能。营销人员应认真研究沟通效率，降低促销成本，研究更新的促销组合方案。

（3）人们工作、生活方式变化和科技进步，使分销策略发生巨大变化。因为人们生活方式、购物行为变化，消费者直接对商品款式、价格、功能等提出要求，使部分商品的分销环节变得更短，一些生产企业必须加强直复营销。即使通过中间商进行分销的商品，也要求中间商提供方便、舒适的购物条件。因而，各种超级市场、快餐店、便利店、大卖场等得到足够发展。另外，由于新技术的发展，引起物流的一系列革命，快速、低成本、高服务的物流方式和技术被越来越多的企业所接受。

（三）新技术引起的企业市场营销策略和经营管理的变化

1. 新技术引起的企业市场营销策略的变化

新技术给企业带来巨大的压力，同时也改变了企业生产经营的内部因素和外部环境，而引起以下企业市场营销策略的变化。

（1）产品策略。由于科学技术的迅速发展，新技术应用于新产品开发的周期大大缩短，产品更新换代加快。在世界市场的形成和竞争日趋剧烈的今天，开发新产品成了企业开拓新市场和赖以生存发展的根本条件。因此，要求企业营销人员不断寻找新市场，预测新技术，时刻注意新技术在产品开发中的应用，从而开发出给消费者带来更多便利的新产品。

（2）分销策略。由于新技术的不断应用，技术环境的不断变化，使人们的工作及生活方式发生了重大变化。广大消费者的兴趣、思想等差异性扩大，自我意识的观念增强，从而引起分销机构的不断变化，大量的特色商店和自我服务的商店不断出现。例如，20 世纪 30 年代出现的超级市场，40 年代出现的廉价商店，60、70 年代出现的快餐服务、自助餐厅、特价商店、左撇子商店等。同时也引起分销实体的变化，运输实体的多样化，提高了运输速度，增加了运输容量及货物储存量，使现代企业的实体分配出发点由工厂变成了市场。

（3）价格策略。科学技术的发展及应用，一方面降低了产品成本使价格下降，另一方面使企业能够通过信息技术，加强信息反馈，正确应用价值规律、供求规律、竞争规律来制订和修改价格策略。

（4）促销策略。科学技术的应用引起促销手段的多样化，尤其是广告媒体的多样化，广告宣传方式的复杂化。如人造卫星成为全球范围内的信息沟通手段。信息沟通的效率、促销组合的效果、促销成本的降低、新的广告手段及方式将成为今后促销研究的主要内容。

2. 新技术引起的企业经营管理的变化

技术革命是管理改革或管理革命的动力，它向管理提出了新课题、新要求，又为企业改善经营管理、提高管理效率提供了物质基础。目前发达国家许多企业在经营管理中都使用电脑、传真机等设备，这对于改善企业经营管理、提高企业经营效益起了很大作用。现在，凡是大众化的商品，在商品包装上都印有条纹码，使得结账作业迅速提高，大大提高了零售商店收款工作效率，缩短了顾客等候收款时间，提高了服务质量。

3. 新技术对零售商业和购物习惯的影响

自动售货机的出现，使销售形式得到改变，这种方式对卖方来说，不需要营业人员，只需少量的工作人员补充商品，回收现金，保养、修理机械；对买方来说，购货不受时间限制，在任何时间都可以买到商品和提供的服务。

案例 2.4

日本田中制造所给该公司的每一个推销员都配上传真机，每天早晨公司通过传真机把当天的任务传给每一个推销员，推销员只根据传来的指令推销商品，每周向公司汇报一次，这样就节省了上班挤车的时间和交通费，这家公司的实践表明，1983 年订货额比上年同期增加了 40%，行政费用却减少了 30%。日本神户制钢所和竹中公务店等公司 1984 年二月开始租用日本电信电话公司研制成功的“电视会议系统”。这种系统是通过专用电话线把东京、名古屋、大阪和神户四大城市的会议室联接起来，出席会议的人都显示在屏幕上，可以相互交谈，就像在一个办公室开会一样。日本神户制钢所每月大约有 1500 人去东京和大阪出差，每人每天的出差费用 30000 日元，租用电话会议系统每月只需 150 万日元，不仅节省了时间，而且节省了费用。

第二节　微观营销环境

市场营销微观环境也称直接环境，是指那些对市场营销直接起影响与制约作用的环境因素。市场营销微观环境对企业的影响虽然不像宏观环境那样全面和广泛，但它的影响却是更迅速和直接。一般地讲，在一定范围内任何企业的宏观营销环境是相同的，而微观营销环境则是不完全相同的。

一、企业本身

企业是组织生产和经营的经济单位，是一个复杂的整体，它包括了企业的最高管理层以及与营销相关的其他的职能部门。企业内部各个部门、各个管理层次之间是否分工科学、配合是否得当、目标是否一致等，这些内部环境条件共同决定着企业状况，市场营销工作的成败从根本上来说将取决于企业的综合素质和整体工作状况。一般来说，企业的最高管理层由董事会、董事长、总经理以及其他的办事机构组成，是企业最高领导核心，负责制定企业的目标和政策。那么，与营销相关的其他职能部门主要是指财务、采购、研究与开发、制造、仓储等部门。营销部门的业务活动和其他部门的业务活动息息相关，如新产品的设计开发离不开研发部门，生产所需的原材料离不开采购部门。

二、供应商

供应商是向企业提供生产产品和服务所需资源的企业或个人。

（一）供应商对企业营销活动的影响

企业要从事生产和经营活动，没有原材料、资金、能源、人力、设备等资源的输入是无法正常运转的。所以，供应商是营销直接环境的重要因素。供应商对企业营销活动的影响主要体现在以下几个方面：

(1) 供货的及时性和稳定性。现代市场经济中，市场需求千变万化且变化迅速，企业必须针对瞬息万变的市场及时调整计划，而这一调整又需要及时地提供相应的生产资料，否则，这一调整只是一句空话。企业为了在时间上和连续性上保证得到适当的货源，就应该和供应商保持良好的关系。

(2) 供货的质量水平。任何企业生产的产品质量，除了严格的管理以外，与供应商供应的生产资料本身的质量好坏有密切的联系。当然，供货的质量还包括各种服务，尤其是一些机器设备的供应，如果没有配套的服务(如装备、调试、零部件供应等)，供货的质量就成了空话。

(3) 供货的价格水平。供货的价格直接影响产品的成本，最终会影响产品在市场上的竞争能力。企业在营销中应密切注意供货价格变动的趋势，特别要密切注意对构成产品重要部分的原材料和零部件的变化，使企业应变自如，不至于措手不及。

(二) 企业对供应商的协调

(1) 树立双赢观念。现代社会经济交往中的主要原则是“双赢原则”，即通过互惠互利的交往，交易双方均是胜利者。企业和供应商虽有竞争的关系，但更应该是合作伙伴，更应注意建立长期的稳定的伙伴关系和供应链，使外部交易成本下降，避免两败俱伤。

(2) 加强双向信息沟通。处理与供应商关系的重要手段是加强信息沟通。企业应及时将自身经营状况、产品调整情况、企业对供应货物的要求(价格、供货期限、质量要求等)告诉供应商，以便协调双方立场。

(3) 对供应商进行分类管理。根据供应商供应货物的重要程度、稀缺程度、供应量大小等标准划分不同等级，以便重点协调，兼顾一般。

(4) 使供应商多样化，企业过分依赖一个或几个供应商，会导致供应商任何的细微变化都会过分影响企业的正常经营运作，也会加大供应商的砍价能力。为此，企业应使供应商多样化，使企业始终处在一个有利的位置。当然，在确定这一原则时还必须与一些主要供应商保持良好关系，处理好多样化和特殊性的关系。

案例 2.5

2014 年 7 月 20 日，麦当劳、肯德基等洋快餐供应商上海福喜食品公司被曝使用过期劣质肉而被调查。2014 年 7 月 22 日，上海市食药监局表示，初步调查表明，上海福喜食品有限公司涉嫌有组织实施违法生产经营食品行为，并查实了 5 批次问题产品，涉及麦乐鸡、迷你小牛排、烟熏风味肉饼、猪肉饼，共 5108 箱。上海市食药监局和市公安局等部门已经成立了“720”联合办案指挥部，初步调查表明，上海福喜涉嫌实施有组织违法生产经营行为。上海市食药监局局长代表国家食药监总局再次约谈福喜工厂中国区的负责人。福喜公司被要求 3 天内给出一份详细的书面报告。

上海公安局对 22 家下游食品流通和快餐连锁企业进行紧急约谈，麦当劳、必胜客、汉堡王、德克士等连锁企业，以及上海真心食品销售有限公司普陀分公司等九家企业已经封存福喜公司产品约 100 吨。食药监局还通报，初步查明，麦当劳、必胜客、汉堡王、棒约翰、德克士、7-11 等连锁企业及中外运普菲斯冷冻仓储有限公司、上海昌优食品销售有限公司、上海真兴食品销售有限公司普陀分公司等 9 家企业使用了福喜公司的产品。

2014 年 7 月 30 日，汉堡王美国宣布，该公司全面停止向美国福喜集团中国子公司的采购。

2018年6月21日，上海市第三中级人民法院首次发布危害食品药品安全刑事案件审判白皮书和十件典型案例，福喜案入选。

三、营销中介

营销中介是指为企业营销活动提供各种服务的企业的总称。任何企业的营销活动都离不开营销中介，有了营销中介提供的服务才使企业的产品顺利地到达目标消费者手中，所以营销中介对企业营销活动产生直接的影响。

（一）中间商

中间商是把产品从生产者流向消费者的中间环节，专门从事商品流通的经济组织，主要包括批发商和零售商两大类。

1. 中间商的地位和作用

关于中间商的地位和作用，社会上有一种“中间商衰退论”的说法。

这一观点认为，随着科技的进步和社会的发展，生产商和最终消费者的直接交易已成趋势，中间商将逐渐衰亡。其理由是：

（1）电子商务被称之为“直接经济”，生产厂商和最终消费者可以通过网络直接进行商品交易，使产需更加直接和自由化。电子商务的直接网上交易，使消费者可以直接对商品款式、价格、功能等提出要求。消费者直接参与了生产和流通，减少了市场不确定因素，生产者也更容易掌握市场需求。这一过程的推进，会使传统商业部分职能逐步弱化。

（2）电子商务全新时空优势，大大突破了传统商业的销售范围和消费群体，也冲破了原定的地理半径和交通条件划界的营销模式。产品订货会没有了地点和统一时间的概念，取而代之的是一个网址和客户所希望的任何时间，传统商业克服产需时空矛盾的部分职能被剥夺。

（3）电子商务的交货链突破了传统商业的“等客上门”模式，在消费者希望的时间、地点把所需商品送到消费者手中。

（4）生产厂商为了直接了解市场信息，加大推销力度，提供面对面的服务，也为了摆脱流通企业的控制，纷纷跳过中间商，构筑销售直通道。生产厂商自销的范围和深度都在加大，并且已成趋势，不可逆转。

尽管如此，在整个经济生活中，批发商和零售商的地位仍然不可缺少，它们仍是企业营销中重要的环境因素和分销系统的一个重要环节。

这是因为：

（1）适合电子商务系统的商品和服务有限，不可能覆盖一切领域。

表2-1　适合电子商务的商品

商品类别	营销方式	实例
实物商品	网上产品目录浏览和订货，厂方送货上门	• 消费品(服装、食品) • 电脑及设备
数字化商品	提供信息	• 数据检查、金融信息查询 • 网上新闻、杂志 • 研究报告、论文
	销售数字化服务产品	• 电脑游戏、软件下载 • 书籍、视产品下载

续表

商品类别	营销方式	实例
联机服务	网上预订服务	• 航空、音乐会订票 • 电子彩票 • 医院挂号、预约
	交互式服务	• 电脑游戏 • 法律、医疗咨询

表2-1表明，无形服务产品的生产过程和消费过程一般是同时进行的，不存在物流过程，这类产品很适合网上销售。对于知识产品和高科技产品而言，一般消费者在购买决策时无需对商品进行尝试和直接观察，即商品的物理外表无关紧要，其内容可以用其品牌来代理，消费者只需在网上了解它们的品牌和内容即可作出购买决策。对于实物产品而言，一般要符合下述条件才能在网上销售，即价格优势、物流能及、超越现有技术要求的感官要求。在上述三类产品之外的大量的市场空间，传统商业大有活动余地。

(2) 网络销售的优势在于能够提供网上附加价值，包括有更多的选择品种、价格更便宜、物流更方便等。当消费者无法获得上述附加价值时，他们宁可去百货商场和超市购买商品，其实实在在的挑选、比较、试穿、触摸等，是网上购物所不能取代的。而且，对于不少消费者来说，逛商场也是一种休闲的好方式。

(3) 生产厂商在选择销售渠道时，并非一味选择直销，而是要综合考虑市场因素、产品因素、竞争因素等。当生产厂商在比较诸方面因素时，有时会感到利用中间商更有利。事实上，包括通用机械公司、美孚石油公司、联合利华公司等著名跨国公司主要是依靠中间商来分销其产品的。

2. 对中间商的协调

一般地说，与供应商相比，中间商更为重要。这是因为中间商处在一种十分灵活和可以选择的地位，当一种商品滞销时，中间商可以转向另一家生产厂商进货。尤其在供大于求的市场态势下，对于许多生产厂商而言，中间商关系的协调仍是十分紧迫的。

与中间商的协调是一个复杂的系统工程，包括中间商的选择、激励、监督、调整、评价等等。这些内容将在以后有关章节详细介绍，这里不再赘述。

(二) 其他营销中介

包括广告公司、财务公司、咨询公司、金融机构、物流企业等。这些机构提供的专业服务对企业营销活动产生直接影响。一些大企业可以通过建立有关机构来承担上述功能，但对于大多数企业来说，这些机构是不可缺少的。

思考与讨论：你认为中间商是否重要？销售产品是否不需要中间商？

四、顾客

(一) 顾客的作用

顾客就是企业的目标市场，是企业服务的对象，也是营销活动的出发点和归宿点，企业的一切营销活动都应以满足顾客需要为中心。

（二）企业的目标市场类型

（1）消费者市场：个人和家庭购买商品及劳务以供个人消费。

（2）工业市场：组织机构购买产品与劳务，供生产其他产品及劳务所用，以达到赢利或其他的目的。

（3）转售商市场(转卖者市场、中间商市场)：组织机构购买产品及劳务用以转售从中赢利。

（4）政府市场：政府机构购买产品及劳务以提供公共服务或把这些产品及劳务转让给其他需要它们的人。

（5）国际市场：买主在国外，这些买主包括国外消费者、生产厂、转售商及政府。

（三）顾客对企业营销活动的影响

顾客是企业服务的对象，是企业营销活动的出发点和归宿点，企业只有认真了解顾客市场的需求变化，才能根据变化了的需求，不断调整企业的营销方向，从而促进企业营销活动和营销决策的顺利进行。

案例 2.6

美国著名的福特汽车公司，每年拥有近250万顾客，为了了解他们的需求，公司定期邀请一些顾客、产品设计人员和汽车推销员讨论产品及销售服务等问题，并专门设计了一种软件数据系统，供各部门经理和雇员详细了解并掌握顾客的意见。一次有位顾客抱怨说，乘坐福特汽车不愿意坐在后排，因为空间小，不舒服。听到这个意见后，公司立即对前排座位下部进行了调整改进，加宽了前后排的距离。这一举动赢得了顾客的普遍称赞，使福特汽车在后面5年里成为美国加利福尼亚州最畅销的汽车。

五、竞争者

（一）竞争者的类型

（1）从企业立场来划分：同行业竞争者，非同行业竞争者。

（2）从消费需求的角度划分：

1）愿望竞争者是指提供不同的产品以满足顾客不同需要的竞争者。比如：一个消费者既想买电视机，又想买一台电脑或摩托车，那么提供电视机、电脑和摩托车的各个企业之间就在这一部分市场上形成了竞争关系。

2）普通竞争者又称一般竞争者或者平行竞争者，是指提供不同的产品以满足顾客相同需要的竞争者。比如：自行车、摩托车、电动车、小汽车都可用作家庭的交通工具，这四种产品的生产经营者之间必定存在一种竞争关系，他们就互相成为各自的平行竞争者。

3）产品形式竞争者，是指提供相同产品满足相同需要，但规格、型号、款式不同的竞争者。比如消费者想买一辆自行车，他会考虑买哪种型号的自行车？是轻便的还是加重的？变速的还是一般的？

4）品牌竞争者是指提供相同产品满足同种需要且规格、款式、型号相同，但品牌不同的竞争者。

比如购买手机时，会考虑买哪种品牌的手机，华为、苹果、还是Oppo，这些就是品牌竞争者。

（二）竞争者对企业营销活动的影响

企业全面掌握各类不同竞争者的情况，尤其是主要竞争对手的情况，有利于企业有针对性地开展自己的营销活动，从而在竞争中取胜。

案例 2.7　可口可乐与百事可乐的争霸之战

被誉为“清凉饮料之王”的可口可乐，在全世界最为流行，是当今世界上最大的饮料公司。然而，自百事可乐诞生后，可口可乐就无一宁日，半个多世纪以来，这两家公司一直进行着激烈的竞争。他们在开拓市场、寻求机遇、变不利因素成为有利因素、实施切实可行的营销战略等方面都取得巨大成功，成为举世瞩目的市场营销竞争范例。

可口可乐的诞生完全是一种意外的机遇。1886 年，美国亚特兰大市的一位叫约翰·潘巴顿的药剂师，配制了一种用于强身壮体的饮料——法国古柯酒，放在自己经营的药房里出售。这是一种用微量的古柯与咖啡因、食油、香料等原料调和的浓糖浆，用水冲淡即可饮用。一天，有一位客人进店来要买“法国古柯酒”，店员到调剂室想把浓糖浆冲淡时，却一时找不到蒸馏水，于是，这位懒散的店员就拿了调剂台的一瓶苏打水来代用。不久，客人又回来想要再买，并且说：“今天喝的法国古柯酒味道太棒了！”这就是最原始的可口可乐。约翰·潘巴顿利用这一偶然发现，经过检验，认定它是一种有益于人体健康的饮料，于是专门投资生产这种饮料，并且命名为（COCACOLA）（可口可乐）。由于该公司技术及配方保密，经营有方，产品迎合了广大消费者的口味，由此一直统治着世界许多国家的饮料市场。

百事可乐最早是以 Me too（我也是）的策略进入市场的：你是可乐，我也是可乐。COCA-COLA 的命名是取可乐倒入杯里，“喀拉喀啦”的声音，PEPSICOLA 的命名则是取打开盖可乐冒气“拍嘘一”的声音，两种可乐音同而首字不同。为了 COLA 一词，可口控告百事盗用其商品名称，两家为此纠缠多年，最后法院判决 COLA 为一般名称，而非专利名词。于是，百事可乐争得了与可口可乐共存市场的权利。

百事可乐另一个成功策略是抓住了“新一代”。1960 年以前，百事可乐的广告重点是以社交场合饮用为主，到了 60 年代以后修正为针对年轻一代。1963 年，百事可乐作出了长期占领市场的战略决策，成功地掀起了一场称之为“百事新一代”的市场营销运动。他们将重点放在用户需求上，一方面努力改进自身产品在市场上的占有额，另一方面又特别注重改进这些产品在人们头脑中的占有额。公司认为，与其艰难地吸引可口可乐饮料的忠实用户，让他们变换口味改饮百事可乐，不如努力赢得尚未养成习惯而又有迫切需求的目标顾客。当时整个世界充满了十几岁左右的少年儿童，他们对于老品牌忠诚度较低，具有叛逆个性，不喜欢和大人做同样的事。就在这时，百事可乐来到他们身边，获得了他们的广泛青睐，市场份额持续增大。百事可乐公司的这种勇于开拓新目标市场的战略，就连其竞争对手们也不得不承认这是明智与果断之举。

针对这一不利局势，可口可乐公司于 1985 年宣布改变沿用了 99 年之久的老配方。而采用研究成功的最新配方，并声称，要以新配方再创可口可乐公司在世界饮料行业的新纪录。但是，当新配方的可口可乐推出后，市场上却掀起了轩然大波，公司每天收到无数封抗议信件和多达 1500 次以上的抗议电话，抗议他们“背叛”了自己和忠实的顾客。这种情景当然乐坏了百事可乐公司的老板，他们认为这是“百事”的最大机遇。于是，花费巨资做广告，企图吸引可口可乐的老顾客。然而，可口可乐公司面对可能失去市场的危机，于3个月后的1985年7月10日决断宣布，恢复老配方的可口可乐生产，同时继续生产新可口可乐，双管齐下，一时间，新老可口可乐的销售都比上年同期上升8%。可口可乐大难不死，转危为安。

六、公众

（一）公众的含义

是指对一个组织完成其目标的能力有着实际或潜在兴趣或影响的任何团体。

（二）公众的类型

（1）金融公众：指银行、投资公司、股东等，他们影响企业的获得资金的能力。

（2）媒体公众：指电视、报纸、杂志、广播等传递信息的大众媒体。

（3）政府公众：指对企业的经营活动有相当影响的有关政府机构。这些机构就产品的安全性、广告的真实性等方面进行监督。

（4）市民团体：指消费者组织、环境保护组织、少数民族团体等市民团体。

（5）地方公众：指企业当地的居民和社区团体和地方政府。

（6）一般公众：企业需要知道一般公众对其产品和活动的态度，企业在一般公众中的形象直接影响他们是否购买本企业的产品。

（7）内部公众：包括企业内部的所有员工，因为在许多情况下企业的形象是靠企业的员工传达给外部顾客的，特别是服务性企业。

（三）公众对企业营销活动的影响：

社会公众的活动，会直接或间接影响企业营销活动，给企业的营销活动带来促进或阻碍作用，因此企业应处理好与这些公众的关系。

案例 2.8

美国著名企业家亚科卡善于处理与新闻界的关系，他说：“当某一个人因某事受到谴责时，新闻界马上给予公布，而当事实证明他无辜时，新闻界的报道则很迟缓；要跨越这一差距，靠的就是和新闻界人士的良好关系。”亚科卡的经验是：善于与新闻界人士接触，无论是在顺境中还是逆境中。坚持每季召开记者招待会，不论是好结果，还是坏结果。讲真话，坦率诚实地对待新闻界人士。当记者陷入困境，给他们提供真心实意的帮助。对故意刁难的记者不必恼怒和发火，故意不理睬他就可以了。

亚科卡的忠告是：“一个得不到新闻界信任和好感的企业，是不可能有大发展的。能得到新闻界的信赖，是一个企业最重要的财富。”

本章小结

市场营销环境是企业赖以生存和发展的场所，它能够提供一系列机会，也可能给企业营销造成威胁。企业的营销环境有宏观环境和微观环境、长时环境和短期环境等多种分类方法。

企业营销的宏观环境包括六大因素：自然地理、人口、经济、社会文化、政治法律和科学技术环境。

企业营销的微观环境包括供应商、营销中介、顾客、竞争者、公众等。

课后习题

一、单项选择题

1. 恩格尔系数是根据恩格尔论述消费支出中食物支出与总支出之间的比例关系，一般来说，(　　)。

A. 恩格尔系数越小，生活水平越高　　B. 恩格尔系数越小，生活水平越低

C. 恩格尔系数越大，生活水平越高　　D. 恩格尔系数不变，生活水平越高

2. 根据恩格尔定律，随着家庭收入的增加，用于食物支出的比例会(　　)。

A. 上升　　B. 下降　　C. 大幅上升　　D. 保持不变

3. 企业营销人员分析研究某一地区消费者的风俗习惯、伦理道德观等方面的特点，这实际上是在研究(　　)。

A. 政治法律环境　　B. 经济环境　　C. 自然环境　　D. 文化环境

4、“捷安特”自行车公司是“桑塔纳”轿车生产厂的(　　)。

A. 愿望竞争者　　B. 普通竞争者

C. 产品形式竞争者　　D. 品牌竞争者

5. 下列属于公众的是(　　)。

A. 政府机构　　B. 代理商　　C. 批发商　　D. 零售商

6. 下列不属于政治法律环境的是(　　)。

A. 居民收入　　B. 西部大开发

C. 大力发展第三产业　　D. 投资政策的改变

7. 有人从报纸上看到对某企业的报道后，认为报道失实，向该企业提出质疑，此人应属于企业营销环境因素中的(　　)。

A. 供应者　　B. 顾客　　C. 竞争者　　D. 公众

8. 对于化妆品厂商来说，那些生产食品、服装、电器等的企业是(　　)。

A. 普通竞争者　　B. 产品形式竞争者

C. 品牌竞争者　　D. 愿望竞争者

9. 现在有越来越多的消费者通过互联网来订购车船机票和购买产品，这要求企业在制定市场营销战略时还应当着重考虑(　　)。

A. 人口环境　　B. 技术环境

C. 经济环境　　D. 社会文化环境

二、简答题

1. 人口环境对企业的市场营销活动有什么影响?

2. 经济环境对企业的市场营销活动有什么影响?

3. 社会文化环境对企业的市场营销活动有什么影响?

4. 营销中介单位由哪些机构组成？它们对企业营销活动有什么影响?

5. 常见的竞争者类型有哪些？如何对它们进行区分?

6. 顾客与公众对企业营销活动各有什么影响?

课后实训　营销环境分析

一、实训目的：了解市场营销环境的各个要素，理解营销环境各要素对企业营销活动的影响。

二、实训资料

中国某公司向科威特出口冻北京鸭 200 箱，合同规定，屠宰鸭要按伊斯兰教的用刀方法。该公司销往其他地区的冻鸭，一般要求外体完整、洁白、无毛。为了达到这个目的，一般从鸭的口内进刀，以保持外体美观完整。但是，这种方法对伊斯兰地区却不适用。货到科威特后，冻鸭外体完整，颈部无任何刀痕，进口当局认为违反伊斯兰教的用刀方法，因此科威特的进口商拒绝收货，并要求退回货款。

三、实训内容与要求

分析此案例，讨论该公司没有考虑到宏观环境还是微观环境的影响，具体是哪个要素，该要素会给企业营销活动造成什么影响？

四、实训组织方法及步骤

1. 学生进行分组，6~7 人一组。
2. 小组讨论分析，得出答案。
3. 上网搜索伊斯兰教教徒的生活习惯、消费习惯等，上台阐述。
4. 教师点评。

五、实训时间

2 小时

第三章　市场购买行为分析

案例导学

阿雅买车

阿雅终于攒够了钱，兴冲冲地来到一家经营汽车的大公司，她看中了那里出售的海蓝色“菲菲”牌小轿车。尽管价格贵一点，但她喜欢这种车的颜色和款式，而且“菲菲”这个牌子她也很喜欢。不巧，销售员正要去吃饭。他对阿雅说，如果她愿意等待30分钟的话，他很乐意立即赶回来为她服务。阿雅心想：总不能不让人吃饭啊，就是再加上30分钟也没关系，要紧的是她特意挑今天这个日子来买车，无论如何都必须把车开回去。她走出这家大公司，看见对面也是一家出售汽车的公司，便信步走了进去。

销售员是个活泼的年轻人，他一见阿雅进来，立即彬彬有礼地问：“我能为您效劳吗?”阿雅微微一笑，告诉他自己只是来看看，消磨一下时间。年轻的销售员主动地陪她在大厅参观，并主动介绍自己叫刘平。

刘平陪着阿雅聊天，很快两人便谈得很投机。阿雅告诉他，自己来买车，可惜这没有他想要的车，只好等那家的销售员回来了。刘平很奇怪阿雅为什么一定要今天买到车。阿雅说：“今天是我的生日，我特意挑选今天来买车。”刘平笑着并表示祝贺，并和身边的位同伴低声耳语了几句。不一会儿，这个同伴捧着几支鲜艳的玫瑰花进来，刘平接过来送给阿雅，阿雅的眼睛亮了，他非常感谢刘平的好意，他们越谈越高兴，什么海蓝色的“菲菲”，什么30分钟，阿雅都想不起来了。

突然，阿雅看见大厅一侧有一辆银灰色的轿车，色泽柔和诱人，他问刘平那是辆什么牌子的车。刘平热心地告诉她，并仔细地介绍这辆车的特点，尤其是价格比较便宜，阿雅觉得这就是自己想要的车。

结果，阿雅驾驶一辆自己原先根本没有想到的车子回家了，车上插着几支鲜艳的红玫瑰，阿雅的生日充满了欢乐。

讨论：1. 案例中销售员刘平是如何了解顾客喜好的?

2. 研究消费者行为对引导购买有何意义?

学习目标

1. 掌握消费者市场的含义及特点；
2. 掌握消费者购买行为的基本模式和类型；
3. 理解影响消费者购买心理和购买行为的因素；
4. 了解消费者购买决策过程。

第一节 消费者市场购买行为分析

一、消费者市场含义与特点

（一）消费者市场的含义

消费者市场又称最终消费者市场、消费品市场或生活资料市场，是指个人或家庭为满足生活需求而购买或租用商品的市场。消费者市场是市场体系的基础，是起决定作用的市场。消费者市场是现代市场营销理论研究的主要对象。

（二）消费者市场的特点

（1）分散性。社会中的每一个人都不可避免地发生消费行为或消费品购买行为，成为消费者市场的一员，因此，消费者市场人多面广。

（2）购买次多量少。消费者的购买单位是个人或家庭，由于受到消费人数、需要量、购买力、储藏地点、商品保质期等诸多因素的影响，消费者往往购买批量小、批次多，购买频繁。

（3）差异性。消费者受到年龄、性别、身体状况、性格、习惯、文化、职业、收入、教育程度和市场环境等多种因素的影响而具有不同的消费需求和消费行为，所购商品的品种、规格、质量、花色和价格千差万别。如同样是购买大米，有些消费者喜欢购买软糯的东北大米，有些消费者喜欢购买泰国香米。

（4）易变性。随着科技的不断进步，商品的品种、款式不断翻新，消费者对商品的挑选性增强，消费者的需求呈现由少到多、由粗到精、由低级到高级的发展趋势。例如，对过去未曾消费过的高档商品进行了消费；过去消费少的高档耐用品现在大量消费；过去消费追求廉价、实惠，现在追求美观、舒适等。这就要求企业在商品的品种、款式、功能等方面都能够不断创新。

案例 3.1　手机的发展史

在 20 世纪 90 年代，国内的通信工具并不发达，而固定电话成为当时人们主要的通信工具。能够在那个年代使用 BP 机可以说是让人非常自豪的。在当时 BP 机上除了会有家里人偶尔的留言，还会有工作方面的问题需要及时联系。

直到 90 年代末期，因为 BP 机厂家看到商机，加大生产量，而市场又趋于饱和，导致 BP 机的价格直线下跌。这时候，一款名为小灵通的功能机悄然出现并迅速抢占了市场。小灵通不只是比 BP 机方便实时通信，还在花费的金额上大大缩减，因此在当时许多有经济能力的人都会给自己配上一部功能机。

在短短一年的时间内，市面上又立即推出了以摩托罗拉为首的翻盖机。翻盖机这一概念在当时的销量可以说遥遥领先于直板机，国内许多手机厂商看到商机后，立即投身制作各式各样的翻盖机。随着波导手机等不同外观的翻盖机出现，BP 机和直板机被人们抛之脑后。

伴随这几年信息技术的迅猛发展，手机已俨然成为众人生活中的必备品。国内手机厂商生产的各类智能机如雨后春笋般冒出了头，甚至在当时，山寨机也在市面上横行了几年。智能机的出现让人们的生活方式丰富了起来，能够坐在家中就轻松俯瞰整个世界，不再仅仅局限于一个地方。

（5）非专业性。消费品有千千万万，消费者对所购买的商品大多缺乏专门的甚至是必要的知识，对质量、性能、使用、维修、保管、价格乃至市场行情都不太了解，只能根据个人好恶和感觉作出购买决策，多属非专家购买，受情感因素影响大，受企业广告宣传和推销活动的影响大。

（6）伸缩性。消费者购买商品，在数量、品级等方面均会随着购买水平和商品价格的变化而变化。其中，基本的日常消费品需求的伸缩性比较小，而高中档商品、耐用消费品、穿着用品和装饰品等选择性强，消费需求的伸缩性就比较大。

（7）替代性。商品的可替代性是指两种不同的商品或者劳务在使用价值上可以互相替代来满足人们的某种需要的关系。如不同品牌洗衣粉可以互相替代，毛衣与皮衣虽属不同种类也可互相替代。由于消费品具有替代性，消费者在有限购买力的约束下对满足哪些需要以及选择哪些品牌来满足需要必然慎重地决策且经常变换，导致购买力在不同产品、品牌和企业之间流动。

（三）消费品的类型

根据消费者的购买行为和购买习惯，消费品可以分为便利品、选购品、特殊品三种类型。

1. 便利品

又称日用品，是指消费者日常生活所需、需重复购买的商品，诸如粮食、饮料、肥皂、洗衣粉等。消费者在购买这类商品时，一般不愿花很多的时间比较价格和质量，愿意接受其他任何代用品。对于日用品，企业营销中应广设网点，合理安排营业时间，以方便消费者购买。

案例 3.2　7-11 的密集营销

7-11 公司是日本零售业巨头，世界最大的连锁便利店集团，创立于 1973 年 11 月，在日本和全球拥有便利店、超级市场、百便利品货公司、专卖店等。

近年来，虽然 7-11 在日本本土开新店的速度减缓，但在亚洲其他地区的店铺数量却不断增加。目前，日本本土有 20988 家，在亚洲其他地区约有 36000 家，在美国、加拿大和墨西哥等地区约有 11800 家。

2. 选购品

选购品是指消费者购买时愿意花较多时间对许多家商品进行比较之后才决定购买的商品，如服装、家电等。选购品一般较经久耐用，购买频率较低，人们在购买前大多对它们并不十分熟悉，加之这类商品单价较高，若购买不当，经济损失较大。故消费者情愿多花费一些时间、精力，多收集一些有关信息资料，对商品在质量、性能、价格、款式、花色、品种等方面进行充分比较之后，才作出购买决策。对于选购品的网点设置宜集中分布，通常设在人口流动量大的繁华商业中心地带，以便于消费者比较和挑选。

3. 特殊品

特殊品是指消费者对其有特殊偏好并愿意花较多时间去购买的商品，如某种品牌的电视机、电冰箱、化妆品等。消费者在购买前对这些商品有了一定的认识，偏爱特定的厂牌和商标，不愿接受代用品。还有一些商品由于资源有限而成为特殊品，如著名的旅游胜地、稀有的宝石或古董、已故著名作家的手稿等。企业在营销中，一方面要争创名牌，以独特的产品赢得消费者的信任；另一方面，要进行广告宣传，帮助消费者了解商品，加深消费者对产品的印象和好感。

二、影响消费者购买心理和行为的主要因素

消费者对商品的需要和欲望，消费行为和习惯，受到诸多因素的影响。这些因素分别是文化、社会、个人和心理因素。营销者要准确把握消费者的购买行为，必须分析影响消费者购买行为的相关因素，才能更加有针对性地进行营销。

（一）文化因素

文化因素主要包括文化、亚文化群和社会阶层。

1. 文化

文化指人类在社会历史发展过程中所创造的物质财富和精神财富的总和。它包括风俗习惯、行为规范、宗教信仰、生活方式、价值观念、态度体系及人们所创造的物质产品等。文化是决定人类欲望和行为的基本因素，文化对消费者的购买行为具有强烈的和广泛的影响。文化的差异引起消费行为的差异，主要表现为婚丧、服饰、饮食起居、建筑风格、节日、礼仪等物质和文化生活等各个方面的不同特点。

案例 3.3　中西文化差异引起的消费观念的差异

在天堂相遇的一个中国老太太和一个美国老太太，谈起了在人间的一生。美国老太太说："我辛苦了三十年，终于把住房贷款都还清了。"中国老太太说："我辛苦了三十年，终于攒够了买房的钱。"美国老太太在自己买的房子里住了三十年，后半生都在还款；而中国老太太后半生一直在存款攒钱，刚攒够了买房的钱，却去了天堂，无福享受自己买的新房。由此明显看出，美国人早已习惯贷款消费，而中国人大多喜欢存款消费。

在美国，贷款消费无处不在。超前消费顾名思义就是拿你将来可能挣到的钱用来今天消费。最典型、最普遍的超前消费形式就是银行贷款消费。美国人的超前消费行为是出了名的，到银行贷款就像是到邮局发封平信一样，是家常便饭。买房子贷款、上大学贷款、买汽车贷款、买台电脑贷款、甚至有人买台微波炉、买部电话都要贷款。超前消费的另外一种形式就是信用卡消费，有人就是想利用银行信用卡的30天免还期透支消费，然后用新贷还旧贷，结果背上一身卡债。

中国接受的思想是儒家的勤俭之道。"谁知盘中餐，粒粒皆辛苦"，已经成为老幼皆知，共同认可的理念，一茶一饭，当思来之不易的古训深入人心。大家在消费上量入为出，不会为了某一项消费而倾囊，特别是不是生活必需的消费，如果是住房当然另当别论。在中国人眼里，这既是固定资产投资，也是收益性投资，尤其是在现在。买房买地这是几千年中国人的治家之道。

2. 亚文化

亚文化是文化的细分，对消费者购买心理和行为有着更为直接的影响。亚文化主要包括：

（1）民族亚文化群。不同的民族有着不同的风俗习惯和文化传统。中国有56个民族，各自有着各不相同的亚文化特点，如朝鲜族人喜欢吃狗肉、辣椒，爱穿色彩鲜艳的衣服；而蒙古族人则喜欢吃牛羊肉，喝烈性酒，习惯穿蒙古袍。

思考：说一说你所了解的民族亚文化有哪些？

（2）宗教亚文化群。每个国家都存在不同的宗教，每种宗教都有自己的教规或禁忌，从而

影响教徒们的思想和行为。例如，很多佛教徒是素食主义者。

(3) 种族亚文化群。世界上有白种人、黑种人、黄种人、棕种人四个种族，不同的种族有不同的生活习惯和文化传统。比如，美国的黑人与白人相比，购买的衣服、个人用品、家具和香水较多，食品、旅游和娱乐较少。黑人购买的香水数量是白人的两倍，对橘子汁、大米、软饮料和速食土豆的消费量也要高得多。虽然他们更重视价格，但是也会被商品的质量所吸引并进行挑选，不会随便购买。他们更重视商品的品牌，更具有品牌忠诚性。

(4) 地理亚文化群。不同地域的人，由于生活环境和文化的影响，在需要、兴趣、爱好等方面表现出明显的差异。例如，北方人爱喝烈度酒，南方人爱喝果酒。

案例 3.4 康师傅方便面的地域营销

现如今，康师傅已经成为中国市场家喻户晓的方便面品牌，随着市场的扩大，康师傅方便面的口味也越来越丰富。在超市逛方便面的货架，发现康师傅方便面除了生产适合大众口味的方便面以外，更是针对一些地域的饮食习惯，推出了许多具有浓厚地方风味的方便面品种，如西南地区四川、云南、贵州的香熏腊肉风味泡椒、水煮牛肉、麻辣火锅、麻辣牛肉、酸菜牛肉等。吃西南口味最容易吃出口感，因为口味很重，酸、辣等地方口味都可以在面中吃出，让人赞不绝口。在中南地区如湖南、湖北等地有豉汁排骨、爆椒牛肉、酱香红烧肉、椒香牛肉、豉香辣排等能让人吃出美味湘菜风格的面条。在上海、宁波等东部地区有葱烧排骨、铁板牛肉、鱼香肉丝、红烧明虾、蟹粉狮子头、东坡红烧肉、八珍牛肉面等口味较为清淡但吃起来却十分爽口的方便面。而在广州、深圳则有老火褒猪骨、花旗参炖乌鸡、蟹黄鲍鱼、冬瓜褒老汤、蚝油捞面等海参、高汤类的方便面，不仅吃出海鲜风味，还能一享粤地高汤口感。

3. 社会阶层

消费者在社会中的地位，即社会阶层是由一系列复杂变量决定的，包括收入、教育、职业、家庭背景等。每个阶层内部成员都具有相近的经济利益、社会地位、价值观念、态度体系，从而有着相同或相近的消费需求和消费行为。例如，一名大学教授和一名出租车司机，在衣着打扮、娱乐消遣的方式、对价格和广告的反应、选择的产品和商店等多方面都可能存在差异。

知识链接

不同社会阶层的消费行为差异

处在较高社会阶层位置上的消费者具有较强的消费支出能力，他们往往是市场上最先接受创新的人，他们的消费追求品牌、时尚、个性化、享乐等，消费是他们内心欲望的一种表达和宣泄。然而，对于那些处在较低层次上的消费者来说，消费的实质在于获取商品的使用价值，以维持或满足最基本的生活需要。

例如，在服装、家具、娱乐和汽车等消费领域，各社会阶层通常有不同的产品和品牌喜好。奔驰、宝马汽车备受上层消费者青睐，吉利、夏利汽车则主要面向中低层消费者。各社会阶层对媒体的喜好也不同，上层消费者喜爱杂志和书籍，而下层消费者更喜欢电视。即使对电视这同一媒体，上层消费者喜欢新闻和信息，而下层消费者则喜欢电视剧和娱乐节目。

购物方式的差异。在购物场所的选择上，高阶层的消费者乐于到高档、豪华、环境幽雅、服务上乘的场所去购物，因为在这种环境里购物会使他们产生优越感和自豪感，能够得到超越购物本身的一种心理满足与认同感；较低阶层的消费者在高档购物场所则容易产生自卑感和窘迫的心理，因此，他们大多数会选择在一般的商场、超市、便利店、百货店购物。在购物支付的方式上，高阶层消费者一般是刷卡消费、信用消费或大额现金一次性消费，而低阶层的消费者往往在日常用品消费上使用现金消费，对大额资产则采用借贷消费的方式。

（二）社会因素

1. 相关群体

相关群体指能够影响消费者购买行为的个人或集体。按照对消费者的影响强度分类，相关群体可分为基本群体、次要群体和其他群体。

（1）基本群体，也称为主要群体，指那些关系密切经常发生相互作用的群体，如家庭、邻居、同学、同事等。消费者一生的消费行为都要有意无意地受到基本群体的影响。

（2）次要群体指日常接触较少的群体，如业余篮球队、跆拳道协会等。这类群体对消费者的影响强度次于主要群体。

（3）其他群体也称为渴望群体，指有共同志趣的群体，即由各界名人如文艺明星、体育明星、影视明星和政府要员及其追随者构成的群体。这类群体影响面广，但对每个人的影响强度逊于主要群体和次要群体。例如，一些年轻人把易烊千玺等明星作为自己崇拜的偶像，试图从各个方面进行模仿。因此，许多厂商请明星拍广告，做该产品的代言人，就是因为他们充分认识到了这一点。

案例 3.5　意见领袖

意见领袖是在团队中构成信息和影响的重要来源，并能左右多数人态度倾向的少数人。尽管不一定是团体正式领袖，但其往往消息灵通、精通时事；或足智多谋，在某方面有出色才干；或有一定人际关系能力而获得大家认可从而成为群众或公众的意见领袖。

福布斯中国最新发布的50位意见领袖榜梳理出了美妆、时尚、母婴、生活方式和电竞五个特定垂直领域的真正关键意见人物。他们引爆潮流，意见至上。

美妆：Oh my God，口红一哥李佳琦

涂口红世界纪录保持者，战胜马云的口红一哥，截至今年6月底，他在社交媒体平台抖音与小红书上的粉丝数分别突破2600万人和580万人，抖音点赞量过亿。

时尚：方夷敏，黎贝卡的异想世界

2019年4月，奢侈品购物平台寺库推出“Becky's Choice 黎贝卡的移动衣橱”主题展，15天内累计销量近2000万元。

母婴：仁心育学崔玉涛

崔玉涛育学园创始人，坚持在微博上分享健康育儿知识并在线答疑，吸引超过800万追随者。

生活方式：李子柒，乡愁是一道菜

李子柒以一己之力开创了一个崭新的传统文化美食短视频领域。全网粉丝量超5500万，海外粉丝超600万，视频曝光量超百亿!

电竞：中国电竞第一流量担当，简自豪

简自豪(UZI)，游戏“英雄联盟”中国区电竞职业选手，2018年度最佳ADC，中国电竞第一流量担当。

讨论：请问你和你周围的同学崇拜的偶像是谁？他(她)们代言了哪些产品？

2. 家庭

家庭是人类基本的消费单位，对消费者购买行为有着重要影响。家庭生命周期一般分为六个阶段：(1)单身期：即已长大成人，但尚未结婚者，他们往往将收入大部分用于自己的穿着、娱乐、交往、发展等方面；(2)新婚期：即指筹备新婚用品至结婚，建立起独立的家庭，他们消费主要是商品房、汽车、家电、家具、服饰、化妆品等；(3)生育期，即生育第一个孩子至最后一个孩子，这一时期的家庭开支以孩子为中心，重视儿童食品、玩具、服装等；(4)满巢期：即子女长大尚未成年时期，这一时期的家庭在教育方面投资较大，日用品、穿着、文化娱乐、户外消费支出上升；(5)离巢期：即孩子成年后相继离开家庭，自主独立消费，直到原来的家庭中只剩父母二人，离巢期的家庭在营养、身体保健、旅游等方面的支出上升；(6)鳏寡期：即夫妇两人的一方丧偶期，这一时期的家庭对保健品、养老院等社会服务类需求较多。

3. 身份和地位

消费者做出购买选择时往往会考虑自己的身份和地位，企业把自己的产品或品牌变成某种身份或地位的象征，将会吸引特定目标市场的顾客。如经济收入高的公司总经理会购买豪华的轿车，穿着比较考究的高档西服，出入豪华的酒店等。

(三) 个人因素

个人因素指消费者的经济条件、生理、个性、生活方式等对购买行为的影响。

1. 经济因素

消费者的经济状况会强烈影响消费者的消费水平和消费范围，并决定着消费者的需求层次和购买能力。消费者经济状况较好，就可能产生较高层次的需求，购买较高档次的商品，享受较为高级的消费。相反，消费者经济状况较差，通常只能优先满足衣食住行等基本生活需求。

世界各国消费者的储蓄、债务和信贷倾向不同。比如，日本人的储蓄倾向强，储蓄率为18%，而美国仅为6%，结果日本银行有更多的钱和更低的利息贷给日本企业，日本企业有较便宜的资本以加快发展。美国人的消费倾向强，债务—收入比率高，贷款利率高。营销人员应密切注意居民收入、支出、利息、储蓄和借款的变化，对价格敏感型产品更为重要。

2. 生理因素

生理因素指年龄、性别、体征(高矮胖瘦)、健康状况和嗜好(比如饮食口味)等生理特征的差别。生理因素决定着对产品款式、构造和细微功能有不同需求。消费者对产品的需求会随着年龄的增长而变化，在生命周期的不同阶段，相应需要各种不同的商品。如在幼年期，需要婴儿食品、玩具等；而在老年期，则更多需要保健和延年益寿产品。不同性别的消费者，其购买行为也有很大差异，烟酒类产品较多为男性消费者购买，而女性消费者则喜欢购买时装、首饰和化妆品等。个人健康状况也会影响人们对于商品的选择，如病人需要药品和易于吸收的食物。

案例 3.6　性别对购买行为的影响

(1) 食品方面，女性消费者会选择同一档次的价位较低的食物，通常女性会货比三家直至挑到最低价的产品。女性通常具有较强的表达能力、感染能力和传播能力，善于说服、劝告、传话。男性通常不注重价格，购买商品目的明确、迅速果断。

(2) 服装方面，女性消费者会选择不同档次的各种服装，女性消费者心思细腻，追求完美。在对美的追求的同时很注重追赶时尚潮流，女性消费着对服装的需求多。而男性消费者购买商品的范围较窄，一般多购买“硬性商品”，注重理性，较强调阳刚气质。注重商品的使用效果及整体质量，不太关注细节。因此即使在自由竞争市场下，男性仍然会选择选定的服装。

(3) 住宿方面，女性消费者偏好价位低的公寓，男性没有特别偏好。

(4) 旅游方面，女性消费者会不断地查找资料尽全力找到服务好，质量优，物美价廉的旅游景点。男性消费者则偏好程序简单，口碑好的，惊险刺激的旅游景区。在这期间，他们注重旅游的质量，不会太在乎花费多少。

(5) 培训方面，女性消费者不愿意花较多的钱在高档培训方面，她们更愿意买一些实物，比如衣服和鞋帽。男性消费者仍然会选定自己中意的培训，不轻易改变。

(6) 储蓄方面，女性消费者储蓄较多，女性习惯储蓄，储蓄率达30%。男性消费者储蓄较少，他们不太计算自己的收入支出，有时甚至入不敷出，储蓄率为16%。

3. 个性

个性指人在先天因素的基础上，在社会生活实践中形成的相对稳定的心理特征的总和。个性特征有若干类型，如外向与内向、细腻与粗犷、谨慎与急躁、乐观与悲观、领导与追随、独立性与依赖性等。不同性格的消费者具有不同的购买行为，如刚强的消费者在购买中表现出大胆自信，而懦弱的消费者在挑选商品中往往缩手缩脚；外向的人爱穿浅色衣服和时髦的衣服，内向的人爱穿深色衣服和庄重的衣服；追随性或依赖性强的人对市场营销因素敏感度高，易于相信广告宣传，易于建立品牌信赖和渠道忠诚，独立性强的人对市场营销因素敏感度低，不轻信广告宣传。

案例 3.7 “独立”“自由”“冒险”“性感”的 Levi's

世人心中，在全球销售超过35亿条的 Levi's 牛仔裤不仅是时尚潮流的引领者，更是美国精神的一个典型服饰代表，带有鲜明的符号象征意义：“独立”“自由”“冒险”“性感”等。

19世纪的淘金潮让美国成为冒险者的乐园，也间接造就了美国经济的腾飞，营造出进取、半性、自由的美式文化，这与当时讲究精致与华丽的“贵族血统”的欧洲文化截然不同。Levi's(李维斯)为粗犷不羁的全工人设计的牛仔裤，恰恰成为渴望自由、独立理想的新生活态度最直接的表现方式。因此，Levi's 牛仔裤一出现，就成了一种生活态度的象征，进而成为美式风格和欧洲大陆文化的分水岭。

随着时代和环境的演变，Levi's 被赋予了更多的精神和文化艺术气质，但最初的野性、刚毅、叛逆与美国开拓者的精神，始终是穿着 Levi's 的人最欣赏的一种生活态度。今天，牛仔裤已经成为既可以表现性感、青春、活力，又永不落伍的“时装”。在全世界所有的牛仔裤品牌中，Levi's 像一棵百年长青之树，从1873年 Levi's 牛仔裤创始人生产出第一条 Levi's 牛仔裤之日起，Levi's 牛仔裤就天然地同美国的淘金热、西部牛仔以及美国军队联系在一起，甚至成为美国历史的一部分。

世界上很难有一个服装品牌能够像 Levi's 这样历经140多年风风雨雨，从一个国家流行到全球，品牌个性始终保持如一，并成为全世界男女老幼都可以接受的牛仔和时装的领导品牌，这不能不说是 Levi's 品牌创造的一个世纪神话。

4. 生活方式

生活方式指一个人在生活中表现出来的活动、兴趣和看法的模式。不同的生活方式群体对产品和品牌有不同的需求。比如，保龄球馆不会向节俭者群体推广保龄球运动，名贵手表制造商应研究高成就者群体的特点以及如何开展有效的营销活动，环保产品的目标市场是社会意识强的消费者。西方国家的妇女服装制造商为“俭朴的妇女”“时髦的妇女”“有男子气的妇女”分别设计不同的服装。

案例 3.8　月光族

“月光”一词，在时下已不陌生，特别是现在很多年轻人，都自称自己是“月光族”，听起来既时尚又酷。“月光族”是指将每月赚的钱都用光、花光的人，所谓“吃光用光，身体健康”。同时，也用来形容赚钱不多，每月收入仅可以维持每月基本开销的一类人。“月光族”是相对于努力攒点钱的储蓄族而言的。这个词是一个中性词，没有绝对的褒贬义之分。

“月光族”一般都是年轻一代，都有较为稳定的收入，有知识、有头脑、有能力，花钱不仅表达对物质生活的热爱，更是他们赚钱的动力。他们对父辈“勤俭节约”“会赚不如会省”的消费观念痛心疾首，他们的格言是“能花多能”，喜欢追逐新潮，扮靓买靓衫，只要吃得开心，穿得漂亮，想买就买，根本不在乎钱财。“月光族”的口号：挣多少花多少。

“月光族”是信贷消费最坚定的支持者和实践者，他们感谢世界上还有一种叫“按揭”的消费方式，对“寅吃卯粮”的做法感到心安理得。但他们并不愿打肿脸充胖子，很少向别人借钱消费，大不了在信用卡里透点支，下个月回头再补上。

“月光族”是商家最喜欢的消费者，因为他们有强烈的消费欲望，会花钱；更重要的是他们有很强的赚钱能力，有钱可花。“富，富不过30天；穷，穷不了一个月”，是他们最生动的写照。

(四) 心理因素

消费者的购买行为受到需求、动机、知觉、学习以及信念和态度等主要心理因素的影响。

1. 需求

消费者需求是指消费者在一定的社会经济条件下，为了自身的生存和发展而对商品产生的一种需要和欲望。消费需求是购买行为的起点，也是市场营销的出发点。美国心理学家马斯洛(A. H. Maslow)提出了需要层次论，将人类的需要分为由低到高的5个层次，即生理需要、安全需要、社交需要、尊重需要和自我实现需要。马斯洛的需要层次论应用于市场营销中要求营销人员要分析消费者多层次的消费需要并提供相应的产品来予以满足。例如，对于满足低层次需要的购买者要提供经济实惠的商品，对于满足高层次需要的购买者应提供能显示其身份地位的高档消费品，还要注意需要层次随着经济发展而由低级向高级的发展变化。

案例 3.9　马斯洛需要层次理论在家居产品销售中的应用

家居销售顾问在与消费者沟通过程中，应通过对消费者的言行举止分析顾客存在的不同需求，运用不同的沟通语言诱导顾客，给予相应的产品推荐。

(1) 生理需要。是指人为了维持和发展个体生命而对外界条件的需要。例如，刚在异地上班的大学毕业生对家居产品的基本需要。

沟通语言：“您敲一下这板材，您能感受到结实耐用，随便您怎么搬动都不会散架，没问题的。而且我们这几天正在搞活动，价格非常实惠。”

(2) 安全需要。是指人为了保护自己的生理和心理免受伤害，获得保护、照顾和安全感的需要，例如，要求家居产品对人身的健康，安全、环保等。

沟通语言：“您给孩子买家具，相信您第一考虑的肯定是健康、安全。您看我们的家具经过了××环保认证，这您尽管放心。”

(3) 社交需要。是指人希望给予和接受别人的友情与爱情，以及得到某些社会团体的重视和容纳的需要(归属感)。例如，对家庭客厅产品的需要。

沟通语言：“您可以想象一下每次您和您的爱人一起在这张精美的木桌边用餐和交谈

时，你们夫妇所产生的那种幸福感。木制品可以使房间更温暖，您不这样认为吗?”

（4）尊重需要。是人对其自尊心、荣誉感和受人尊重及其在社会获得一定地位的需要。例如，对能代表一定消费水平、品位的高档产品、品牌家居产品的需要。

沟通语言：“想象一下这张纹理素雅的饭桌会怎样美化您的房间，流线型的设计会更好烘托出主人您的高雅艺术品位。”

（5）自我实现需要。是指满足个体把各种潜能都发挥出来的一种需要。例如，对高档次、奢侈家居品牌的消费等。

沟通语言：“一看您就是搞艺术的，这款家具我们是限量销售，并且我们是独家发售专门针对您这样的成功人士。”

思考：假设你是一位汽车公司的销售，结合本案例马斯洛需求层次在家具销售中的应用，试问你将如何与消费者进行语言沟通。

2. 动机

购买动机是指为了满足一定的需要而引起人们购买行为的愿望或意念，是推动购买活动的内在动力，是消费者购买行为的直接出发点。消费者在购买过程中，总是受到一定购买动机的支配，有时是多种动机的共同支配。例如，消费者购买一件新款的冬季服装，除了受防御寒冷的动机支配外，也受到求美动机和享受动机的支配。

3. 知觉

知觉是人脑直接作用于感觉器官的客观事物的整体反应，是消费者在感觉基础上对商品总体特征的反应。知觉的意义在于消费者知觉到某一商品的存在，并与自身需要相联系，从而产生购买决策。例如，当消费者对某件衣服的色彩、大小、手感等个别属性有所反应时，可以说对这件衣服有了感觉。当他对这件衣服形成完整的印象时，衣服是色彩、大小、手感等属性在头脑中已经有了综合的反应，这时可以说消费者有了知觉。

4. 学习

学习是驱策力、刺激物、提示物、反应和强化相互作用的结果，是一种由经验引起的个人行为相对持久变化的心理过程。是消费者通过使用、练习或观察等实践逐步获得和积累经验并根据经验调整购买行为的过程。购买之后，通过使用，如果感到满意，他就会经常使用该产品，使其对该品牌的产品的反应得到强化。反之如果不满意，就会对该品牌的产品的反应减弱。

5. 信念和态度

信念是人们对事物所持的一种描述性的想法，它在人们头脑中构成了某产品或品牌的形象，它可能建立在事实、知识或经验上，也可能是一种成见。比如有些人更倾向于买某种牌子的产品，认为该品牌的产品质量好。所谓态度是指一个人对某些事物或观念长期持有的好与坏的认识上的评价、情感上的感受和行动倾向。态度能使人们对相似的事物产生相当一致的行为。通常一个人的态度呈现为稳定一致的模式，改变一种态度就需要在其他态度方面做重大调整。企业最好使自己的产品、服务和营销策略符合消费者的既有态度，而不是试图去改变。如果改变一种态度带来的益处大于为此所耗费的成本则值得尝试。

综上所述，消费者的购买行为是文化、社会、个人和心理因素之间相互影响和作用的结果。其中很多因素是市场营销者无法改变的，但这些因素在识别那些对产品有兴趣的购买者方面颇有用处。其他因素则受到市场营销者的影响，市场营销者借助有效产品、价格、地点和促销管理，可以诱发消费者的强烈反应。

案例 3.10　汽车消费观念变化多

目前，中国已然成为全球最大的汽车消费国，近年来，消费者的购买方式、支付习惯、购车时间等都在悄然发生着变化。

首先，多种购买方式广受欢迎。随着人们消费水平的提高以及消费观念的转变，越来越多的客户接受了网购、团购等新颖的购车方式，而不再是单一地到店购车。新兴的营销方式主要有网购、团购、大市场营销(国际车展)、小市场营销(店内活动)等，这些购买方式优势在于能为经销商和消费者提供一个展示的平台和沟通的机会。以前消费者集中到店以现金的形式购买，逐渐演变成通过信贷到车展现场、城市展厅、城市大卖场完成，这在未来会是一个趋势。

其次，多种支付方式正在崛起。随着消费观念的转变，支付方式也在发生着变化。“一次性现金结清”不再是买车付款的唯一方式，按揭、信用卡分期、专业汽车金融公司贷款等方式也逐渐受到广大消费者的欢迎。购车选择多样灵活的支付方式，是超前消费人群和有金融理财要求者都会主动考虑的。

再次，购买时间向四季分散。很多经销商反映近年来车市的一大特点就是节假期间的销售表现并不突出，呈现淡季不淡、旺季不旺的局势。购车潮逐渐从节假日向四季分散开来。中致远上海大众市场部经理安宇说：“最好的购车时机就是客户最需要用车的时候。”实际上，汽车价格受到厂家政策、国家经济政策、经销商库存等因素的影响，并不是到年底或者节假日价格就会低。现在消费者的消费观念越来越理性，价格不是价值的唯一体现，消费者更注重在购车后可以享受的各种增值服务，比如 4S 店组织丰富的车主活动等。“体验式服务”是价值的一种体现方式。另外，记者从北京现代汽车云南宝龙特约销售服务店销售主管王彦博处获悉，比较沉稳的中年人依然习惯于在大假、商家促销和春节等时段购车，年轻人则认为“该买就买”，随着购买群体越来越年轻化，未来，这个转变将是汽车进入寻常百姓家的必然结果。

思考：

消费者汽车消费行为受到哪些因素的影响?

三、消费者购买行为的类型

菲利普·科特勒先生曾经以消费者购买行为的介入度和各品牌间的差异程度为基础，把消费者的购买行为划分为以下四种类型。

卷入购买程度 / 品牌差别程度	高度介入	低度介入
品牌差异大	复杂型	多变型
品牌差异小	和谐型	习惯型

(1) 复杂型购买行为。多发生在消费者初次购买电视机、照相机等单价高、品牌差别大的耐用消费品的场合。由于多数消费者不太了解这些商品的品种、规格、性能等技术细节，因此，购买时需要经历一个认识学习的过程。他们往往广泛收集各种有关信息，对供选择品牌的重要特性进行评价，先建立对每种品牌的各种特性水平的信念，然后形成对品牌的态度，再慎重地做出购买选择。

(2) 和谐型购买行为。当消费者高度介入某项产品的购买，但又看不出各厂牌有何差异时，对所购产品往往产生失调感。为了改变这样的心理，追求心理的平衡，消费者广泛地收集各种对已购产品的有利信息，以证明自己购买决定的正确性。一般文化用品如纸笔属于这一类。

（3）习惯型购买行为。常发生在价格低廉、经常购买、品牌差异小的产品购买场合。消费者有时购买某一商品，并不是因为特别偏爱某一品牌，而是出于习惯。习惯性的购买行为经常发生在产品介入程度低，而且竞争产品之间差异又很小的情况下。如购买香烟、肥皂和牙膏等便属于此类。

（4）多变型购买行为。多发生在价值低、需频繁购买、品牌有差异的产品购买的场合。此时消费者购买产品有很大的随意性，并不深入收集信息和评估比较就决定购买某一品牌，在消费时才加以评估，但在下次购买时又转换其他品牌。转换的原因是厌倦原口味或想尝试新口味，如罐头、饼干等食品属于此类。

思考与讨论：日常生活中，哪些商品的消费属于以上四种购买行为。

四、消费者购买决策的内容

在当今的市场经济中，消费者到处都会遇到各种各样的决策问题，主要表现在以下八个方面的内容。

（一）买什么（What），即确定购买对象

决定买什么是消费者最基本的任务之一。它是决策的核心和首要问题。如夏季到了，为了防暑降温，需要购买空调，必须明确空调是买分体的还是买立式的？买“春兰”牌还是买“格力”牌的？买什么颜色的？等等。

（二）为什么买（Why），即购买目的或购买动机

消费者的购买动机是多种多样的，需要明确。例如，同样买家庭轿车，有的人为了工作方便，有的人为了改善生活品质，而有的人则是为了显示自己的身份、地位和富有。

（三）为谁买和由谁买（Who），即确定消费者和购买者

为谁买，决定着购买商品的各项基本属性，如款式、包装、装潢、物理机械性能等。而消费者所使用的商品并非都由自己亲自购买，同样，消费者购买的商品也并非都由自己使用。消费者在购买决策过程中可能扮演不同的角色，主要包括：

（1）发起者，即第一个提出或有意向购买某一产品或服务的人。

（2）影响者，即其看法或建议对最终决策具有一定影响的人，如家庭成员、同事、朋友等。

（3）决策者，即对是否购买、为何购买、如何购买、何处购买等购买决策做出完全或部分最后决定的人。

（4）购买者，即执行购买决策的人。

（5）使用者，即实际消费或使用产品或服务的人。

消费者以个人为单位购买时，5 种角色可能同时担任；以家庭为单位购买时，5 种角色往往由家庭不同成员分别担任。在上述 5 种购买角色中，营销人员最关心的是决策者是谁。辨别购买决策者，有助于将营销活动有效地指向目标顾客，制定正确的促销战略，如女性一般是化妆品的购买决策者，男性在购买烟酒等产品时最具有发言权，小零食的购买者一般由儿童说了算。另外，营销人员还要关注购买者，因为他往往有权力更改购买决策，如买什么品牌、买多少、何时与何地购买等，企业应据此开展商品陈列和广告宣传活动。

思考与讨论：最近一段时间，你的家庭支出最大的一次消费是什么？在这次消费中，家庭成员都扮演了以上哪几种角色？

（四）什么价格买（How much），即确定购买价位

消费者的经济收入，在一定程度上决定了消费者的消费档次，不同的购买动机也决定了满足同样需求的商品最终的消费者的支出有很大的差别。

（五）买多少（How many），即确定购买数量

购买数量取决于消费者的实际需要、支付能力及市场的供求情况等因素。如果某种商品供不应求，消费者即使目前并不急需或支付能力不强，也可能借钱购买；反之，如果商品价格过高或供过于求，消费者既不会急于购买，也不会购买太多。

（六）何时买（When to buy），即确定购买时间

决定何时购买受消费者对某商品需求的急迫性、市场的供应情况、营业时间、交通情况、消费者自己的空闲时间等因素的影响。此外，商品本身的季节性、时令性也影响购买。市场营销者必须研究和掌握消费者购买的时间、习惯，以便在适当的时间将产品推向市场。

（七）在哪里买（Where to buy），即确定购买地点

购买地点的决定受多种因素的影响，如路途的远近、可挑选的商品品种、数量、价格及商店的服务态度等。

知识链接

据有关调查显示，相对于传统购物方式，网上购物在三个方面优势明显：53.9%的人认为送货上门比较方便，50.1%的人认为价格便宜，4.8%的人认为可以购买到本地没有的物品，正是因为具有这些优点，所以网上购物近几年的发展速度很快。

网上购物的产品主要有以下几类：书刊、音像制品类（包括CD、软件等）；日常用品；电器，计算机、通信产品类；票务及其他预定类；金融服务类；网上教育类。

（八）如何买（How to buy），即以什么方式购买

如何买涉及的是购买方式的确定，如是直接到商店选购，还是函购、邮购、预购或托人代购，是付现金、开支票还是分期付款等。企业可根据消费者购买行为的不同特点，来确实自己的经营方式。

五、消费者购买决策过程

消费者的购买决策过程由一系列相互关联的活动构成，它们早在实际购买发生以前就已经开始，而且一直延续到实际购买之后。研究消费者购买决策过程的阶段，目的在于使营销者针对决策过程不同阶段的主要矛盾，采取不同的营销措施。

购买决策过程可划分为以下五个前后相继的阶段。实际上，主要是复杂型购买才经过这样完整的五个阶段，在其他购买类型中，消费者往往省去其中的某些阶段，有时也颠倒它们的顺序。

（一）确认需要

消费者的购买行为，首先是从产生需要开始的。当消费者感觉到了一种需要而且准备购买某种商品去满足它时，对这种商品的购买决策过程就开始了。来自内部的和外部的刺激都可能引起需要和诱发购买动机。企业应了解消费者产生了哪些需要，它们是由什么引起的，程度如何，比较迫切的需要怎样被引导到特定的商品上从而成为购买动机。然后，企业可以制定适当的市场营销策略，引起消费者的某些需要并诱发购买动机。

（二）收集信息

在多数情况下，消费者在确认需要的时候，需要寻求商品信息，作为决定购买的依据，消费者收集的信息一般包括：产品质量、功能、价格、品牌，以及购买者的评价等。

为了向目标市场有效地传递信息，企业需要了解消费者获得信息的主要来源及其作用。消费者一般从以下四种来源获得信息。

（1）个人来源，即从家庭、朋友、邻居和其他熟人处得到的信息。此种方式是消费者信息收集的主要来源。

（2）商业性来源，即从广告、售货员介绍、商品展览与陈列、商品包装、商品说明书等得到的信息。

（3）公众来源，即从大众传播媒体、消费者组织、政府机构等非营利性组织获得的信息。

（4）经验来源，即通过消费者自身学习、操作、实验和使用商品的经验等获得的信息。

思考与讨论：购买手机可以从哪些渠道获得信息？他们分别属于哪种信息来源？

从消费者的角度看，由企业控制的商业性来源信息起通知的作用；其他非商业性来源信息起验证和评价的作用。在这一阶段，营销人员应当对消费者使用的信息来源仔细加以识别和研究，了解信息来源的途径，以有效地与消费者进行沟通，为营销活动服务。

（三）评价方案

消费者利用从各渠道得到的各种资料信息可能是重复的，甚至是矛盾的，因此还要进行分析、评估和选择，这是决策过程中的决定性环节。在消费者的评估选择过程中，有以下几点值得营销者注意：(1)产品性能是购买者所考虑的首要问题；(2)不同消费者对产品的各种性能给予的重视程度不同，或评估标准不同；(3)多数消费者的评选过程是将实际产品同自己理想中的产品相比较。

（四）决定购买

购买决策阶段，将会在不同方案之间形成购买意图和偏好。消费者对商品信息进行比较和评选后，已形成购买意愿，然而从购买意图到决定购买之间，还要受到两个因素的影响。(1)他人的态度，反对态度愈强烈，或持反对态度者与购买者关系愈密切，修改购买意图的可能性就愈大；(2)意外的情况，如果出现家庭收入减少，急需在某方面用钱或得知准备购买的品牌令人失望等意外情况，消费者也可能改变购买意向。

（五）购买后行为

购买后行为阶段，将会评估购买获得的价值，并通过行动表达满意或不满意等。消费者购买后的满意程度取决于消费者对产品的预期性能与产品使用中的实际性能之间的对比。购买后的满意程度决定了消费者的购后活动，决定了消费者是否重复购买该产品，还会影响其他消费者，形成连锁效应。如果感到满意，他下次就很可能购买同一品牌的产品，并常对其他人称赞这种产品，而这种称赞往往比广告宣传更有效。如果感到不满，他除了可能要求退货或寻找能证实产品优点的信息来减少心理不平衡以外，还常常采取公开投诉或私下的行动发泄不满，如向生产或经营企业、新闻单位和消费者团体反映意见，向家人、亲人和熟人抱怨，劝说他们不要购买该种产品，甚至不要购买该企业的其他产品。这势必会影响企业为使顾客满意所做的许多工作，并影响企业生产的整体形象和市场销售。

企业应采取各种措施，尽可能使顾客购买后感到满意。产品宣传实事求是并适当留有余地是途径之一。另外，企业还应该经常征求顾客意见，加强售后服务，同购买者保持联系，为他们发泄不满提供适当的渠道，以便迅速采取补救措施。

案例 3.11

某消费者看见好友开着一辆小汽车从身边驶过，心想："天气逐渐转暖，在烈日下骑车可不好受。"他觉得自己也应该购买一辆小汽车。

但他对小汽车不了解，也不熟悉。况且小汽车是仅次于房产的大件，可马虎不得。于是，他首先联系了已经有过购车经验的亲朋好友，听取他们的意见。对于铺天盖地的小汽车广告，他也变被动为主动，认真地了解广告中的信息，还参观了好几次车展。同时，他还认真收看了央视3·15晚会，将被曝光的小汽车品牌从候选品中剔除，多年的购物体会使他深信——有质量缺陷的产品绝对不能购买。

经过细致地评估，他决定购买某品牌的小汽车。但在车的颜色上与妻子有不同的看法。妻子喜欢银灰色，而他认为白色更好些。最终他听取营销人员的分析，采纳了妻子的建议，购买了银色的小汽车。

买了小汽车后，汽车销售公司及时对他进行了回访，他也觉得汽车性能不错。正巧他的一位朋友也要购买小汽车，于是他就毫不犹豫地向这位朋友推荐了该品牌的小汽车。

根据材料回答下列问题：

1. 该消费者的购买行为属于哪一种类型？
2. 简述该消费者的购买决策过程。

第二节　组织市场购买行为分析

案例 3.12　政府采购方式变革为企业带来什么？

据有关资料测算：全国事业单位一年的采购金额约为7000亿元，政府实际上成为国内最大的单一消费者。为适应市场经济体制的新形势，政府采购方式将发生变革。

以前，北京市海淀区下属各单位要购买设备，首先向财政局报预算，经财政局行财科按市场价格核定后给予拨款，再由各使用单位自行购买。但是行财科的职员们时常心里打鼓：商品价格究竟是多少，我们没底，采购环节的伸缩性实在太大了。后来，北京市海淀区出台了《海淀区采购试行办法》，规定区属各行政事业单位由区财政安排专项经费，购置设备单项价值在10万元以上，或全区范围内一次集中配置的批量采购总价值在29万元以上，均需采取公开的竞争性招标、投标采购。海淀区专门成立了政府采购领导小组，区属两家机关购买133台空调的工作成为区政府采购方式改革的第一个试点。当年5月26日召开招投标大会，有6家公司投标。开标后，投标商单独介绍了产品技术、质量、价格等内容，并接受由空调专家、高级会计师和使用单位人员组成的评审委员会的质询。经专家们反复比较论证，科龙空调以较好的性能价格比中标。此次购买的预算资金177万元，实际支出108万元，节约69万元，近1/3。采购部门负责人说："想都没想到，效果好得出奇。"

海淀采购办公室正着手进行其他项目的政府采购工作。购买7辆公务车，预算金额208

万元。由于车型不一，不成规模，将采用“询价”的方式，也就是货比三家的方式购买。广播局购买两台专用设备则采取广播局主办、采购办参与的招标方式。还将进行教学用具、医疗设备、基本建设非标准设备的采购工作，争取今年的政府采购总额达到1000万元。从长远而言，将采购办从财政局分离出去，使批钱的和买东西的是两部分，更便于监督和制约。

据悉，国家财政部的有关专家正在积极制定我国统一、规范的政府采购制度。他们认为，政府采购是加强采购支出管理的必由之路，但一定要做到规范、统一，使制度在各地不走样。要建立采购主管机构，明确采购模式，设立仲裁机构。财政部门不直接主管采购，防止由分散采购改为集中采购后出现新的“集中腐败”。

一、组织市场的类型和特点

（一）组织市场的含义

组织市场指工商企业为从事生产、销售等业务活动以及政府部门和非营利组织为履行职责而购买产品和服务所构成的市场。

简言之，组织市场是以某种组织为购买单位的购买者所构成的市场，是消费者市场的对称。就买主而言，消费者市场是个人市场，组织市场则是法人市场。

（二）组织市场的类型

组织市场包括生产者市场、中间商市场、非营利组织市场和政府市场。

（1）生产者市场指购买产品或服务用于制造其他产品或服务，然后销售或租赁给他人以获取利润的单位和个人。组成生产者市场的主要产业有：工业、农业、林业、渔业、采矿业、建筑业、运输业、通讯业、公共事业、银行业、金融业、保险业和服务业等。

（2）中间商市场也称为转卖者市场，指购买产品用于转售或租赁以获取利润的单位和个人，包括批发商和零售商。

（3）非营利组织泛指所有不以营利为目的、不从事营利性活动的组织。我国通常把非营利组织称为“机关团体、事业单位”。非营利组织市场指为了维持正常运作和履行职能而购买产品和服务的各类非营利组织所构成的市场。

（4）政府市场指为了执行政府职能而购买或租用产品的各级政府和下属各部门。各国政府通过税收、财政预算掌握了相当部分的国民收入，形成了潜力极大的政府采购市场，成为非营利组织市场的主要组成部分。

（三）组织市场的特点

（1）购买者比较少。组织市场营销人员比消费品营销人员接触的顾客要少得多。发电设备生产者的顾客是各地极其有限的发电厂，大型采煤设备生产者的顾客是少数大型煤矿，某轮胎厂的命运可能仅仅取决于能否得到某家汽车厂的订单。

（2）购买数量大。组织市场的顾客每次购买数量都比较大，有时一位买主就能买下一个企业较长时期内的全部产量，有时一张订单的金额就能达到数千万元甚至数亿元。

（3）供需双方关系密切。组织市场的购买者需要有源源不断的货源，供应商需要有长期稳定的销路，每一方对另一方都具有重要的意义，因此供需双方互相保持着密切的关系。有些买主常常在产品的花色品种、技术规格、质量、交货期、服务项目等方面提出特殊要求，供应商应经常与买方沟通，详细了解其需求并尽最大努力予以满足。

（4）购买者的地理位置相对集中。组织市场的购买者往往集中在某些区域以至于这些区域的业务用品购买量占据全国市场的很大比重。

（5）派生需求。也称为引申需求或衍生需求。组织市场的顾客购买商品或服务是为了给自己的服务对象提供所需的商品或服务，因此，业务用品需求由消费品需求派生出来，并且随着消费品需求的变化而变化。例如，消费者的饮酒需求引起酒厂对粮食、酒瓶和酿酒设备的需求，连锁引起有关企业和部门对化肥、农资、玻璃、钢材等产品的需求。派生需求往往是多层次的，形成一环扣一环的链条，消费者需求是这个链条的起点，是原生需求，是组织市场需求的动力和源泉。

（6）需求弹性小。组织市场对产品和服务的需求总量受价格变动的影响较小。一般规律是：在需求链条上距离消费者越远的产品，价格的波动越大，需求弹性却越小。比如，在酒类需求总量不变的情况下，粮食价格下降，酒厂未必就会大量购买，除非粮食是酒成本中的主要部分且酒厂有大量的存放场所；粮食价格上升，酒厂未必会减少购买，除非酒厂找到了其他代用品或发现了节约原料的方法。原材料的价值越低或原材料成本在制成品成本中所占的比重越小，其需求弹性就越小。组织市场的需求在短期内特别无弹性，因为企业不可能临时改变产品的原材料和生产方式。

（7）需求波动大。组织市场需求的波动幅度大于消费者市场需求的波动幅度，一些新企业和新设备尤其如此。如果消费品需求增加某一百分比，为了生产出满足这一增加需求的产品，工厂的设备和原材料会以更大的百分比增长，经济学家把这种现象称为加速原理。当消费需求不变时，企业用原有设备就可生产出所需的产量，仅支出更新折旧费，原材料购买量也不增加；消费需求增加时，许多企业要增加机器设备，这笔费用远大于单纯的更新折旧费，原材料购买也会大幅度增加。有时消费品需求仅上升 10%，下一阶段工业需求就会上升 200%，消费品需求下跌 10%，就可能导致工业需求全面暴跌。组织市场需求的这种波动性使得许多企业向经营多元化发展，以避免风险。

（8）专业人员采购。组织市场的采购人员大都经过专业训练，具有丰富的专业知识，清楚地了解产品的性能、质量、规格和有关技术要求。供应商应当向他们提供详细的技术资料和特殊的服务，从技术的角度说明本企业产品和服务的优点。

（9）影响购买的人多。与消费者市场相比，影响组织市场购买决策的人多。大多数企业有专门的采购组织，重要的购买决策往往由技术专家和高级管理人员共同作出，其他人也直接或间接地参与，这些组织和人员形成事实上的“采购中心”。供应商应当派出训练有素的、有专业知识和人际交往能力的销售代表与买方的采购人员和采购决策参与人员打交道。

（10）直接采购。组织市场的购买者往往向供应方直接采购，而不经过中间商环节，价格昂贵或技术复杂的项目更是如此。

（11）互惠购买。组织市场的购买者往往这样选择供应商：“你买我的产品，我就买你的产品”，即买卖双方经常互换角色，互为买方和卖方。例如，造纸公司从化学公司大量购买造纸用的化学物品，化学公司也从造纸公司那儿大量购买办公和绘图用的纸张。互惠购买有时表现为三角形或多角形。假设有 A、B、C 三家公司，C 是 A 的顾客，A 是 B 的潜在顾客，B 是 C 的潜在顾客，A 就可能提出这种互惠条件，B 买 C 的产品，A 就买 B 的产品。

（12）租赁。组织市场往往通过租赁方式取得所需产品。对于机器设备、车辆等昂贵产品，许多企业无力购买或需要融资购买，采用租赁的方式可以节约成本。

二、生产者市场购买行为分析

（一）生产者购买行为的主要类型

1. 直接重购

即用户按过去的订货目录重新订购。通常是需要重复购买的产品，卖方选择熟悉并满意的供应方，持续购买，且对购买方式及其他订货条款都不做任何修正，甚至建立自动订购系统。供应方的努力重点在保持产品和服务的质量，竞争对手要想夺取这个市场很困难，但仍可从提供一些新产品或消除买方的不满入手，设法先获得少量订单，再逐渐扩大战果。这是最简单的购买行为类型。

2. 修正重购

购买方虽打算重复购买同种产品，但想变更产品的规格、数量、价格或其他条款，或重新选择供应商。这类购买要复杂些，需要做一些新的调查和决策，通常也需要更多的人参与决策。在这种情况下，原供应者不得不采取有力行动，以保住这个客户，而竞争对手则把其视作扩大销售、增加生意的机会。

3. 新购买

即第一次购买某种产品或服务。如购置新设备或新办公楼。由于买方对新购买的产品心中无数，往往要求获得大量有关信息，且购买成本越高，风险越大，参加制定购买决策的人数也越多。显然，这种购买为市场营销者提供了最好的机会，同时也是最有力的挑战。许多企业派出最优秀的推销小组，尽可能广泛地接触买方有关人员，为买方提供各种有用的信息和帮助，消除其顾虑，以促成交易。这是最复杂的购买行为类型。

（二）生产者购买决策的参与者

产业用户内参与购买决策过程的所有成员形成一个采购中心。这就涉及产业用户购买的两个特点：(1)参与购买的决策者众多，有技术专家、高级管理人员、采购专家、财务主管，有时还有最高管理者或产品的实际操作使用者；(2)采购人员多经过专业训练，对所购产品的技术细节有充分了解。因此，产业用户的购买更容易做到理智、科学、经济。

不同企业采购中心的规模大小差异很大。小企业购买中心的成员可能只有一两个人，大企业则可能由一位高级主管率领一批人组成采购部门。另外，根据所购产品的不同，购买中心的组成也有不同。如购买消耗品，即便是一家大企业，购买中心也只要一个人就够了；如果购买的是生产装备，涉及技术问题和大笔投资，那么，除了专业的采购人员以外，购买中心的成员还须包括技术员、工程师，甚至最高主管，以做出投资上的重大决策。

参加采购中心的所有人员具有同一采购目标，并分担决策的风险。具体分析，其中每种角色又有不同，这些角色可概括为以下几种。(1)实际使用者，通常首先由他们提出购买建议。(2)影响者，企业内外一切对最后购买决策有影响的人，如使用者、技术人员、推销员均可能是影响者。(3)决策者，拥有决定权的人。一般情况下，决策者就是采购者，但在交易大而复杂的情况下，决策者可能是企业主管，由他批准采购人员的采购方案。(4)采购者，被企业正式授权具体执行采购任务的人。(5)控制者，能阻止卖方推销人员与企业采购中心成员接触，或控制外界与采购有关的信息流入企业的人，如采购代理人、接待员、电话员、秘书等。

针对上述情况，产业市场的营销人员应具体了解在用户企业中，谁是购买决策的主要参与者，他们各自的影响程度如何，他们的评价标准是什么等等，然后才能制定出有效的推销对策。

案例 3.13　对生产者市场推销失败的原因

推销员李宾销售一种安装在发电设备上的仪表，工作非常努力，不辞劳苦地四处奔波，但是收效甚微。您能从他的推销过程找出原因吗？

1. 李宾得悉某发电厂需要仪表，就找到该厂的采购部人员详细介绍产品，经常请他们共同进餐和娱乐，双方关系相当融洽，采购人员也答应购买，却总是一拖再拖，始终不见付诸行动。李宾很灰心，却不知原因何在。

2. 在一次推销中，李宾向发电厂的技术人员介绍说，这是一种新发明的先进仪表。技术人员请他提供详细技术资料并与现有同类产品作一个对比。可是他所带资料不全，只是根据记忆大致做了介绍，对现有同类产品和竞争者的情况也不太清楚。

3. 李宾向发电厂的采购部经理介绍现有的各种仪表，采购部经理认为都不太适合本厂使用，说如果能在性能方面做些小的改进就有可能购买。但是李宾反复强调本厂的仪表性能优异，认为对方提出的问题无关紧要，劝说对方立刻购买。

4. 某发电厂是李宾所在公司的长期客户，需购仪表时就直接发传真通知送货。该发电厂原先由别的推销员负责销售业务，后来转由李宾负责。李宾接手后采用许多办法与该公司的采购人员和技术人员建立了密切关系。一次，发电厂的技术人员反映有一台新购的仪表有质量问题，要求给予调换。李宾当时正在忙于同另一个重要的客户洽谈业务，拖了几天才处理这件事情，认为凭着双方的密切关系，发电厂的技术人员不会介意。可是那家发电厂以后购买仪表时，又转向了其他供应商。

5. 李宾去一家小型发电厂推销一种受到较多用户欢迎的优质高价仪表，可是说破了嘴皮，对方依然不为所动。

6. 某发电厂同时购买了李宾公司的仪表和另一品牌的仪表，技术人员、采购人员和使用人员在使用两年以后对两种品牌进行绩效评价，列举事实说明李宾公司的仪表耐用性不如那个竞争性品牌。李宾听后认为事实如此，无话可说，听凭该电厂终止了同本公司的生意关系而转向竞争者购买。

问题：

推销员李宾对生产者市场推销失败的原因有哪些？

三、中间商市场购买行为

（一）中间商购买行为的主要类型

中间商的购买行为可分为如下四种主要类型：

（1）购买全新品种。即中间商第一次购买某种从未采购过的新品种。在这种购买情况下，可根据其市场前景的好坏、买主需求强度、产品获利的可能性等多方面因素，决定是否购买。购买决策过程的主要步骤与产业购买者的大致相同，即也由认识需要、确定需要、说明需要、物色供应商、征求建议、选择供应商、签订合约和绩效评价八个阶段构成。

（2）选择最佳买主。即中间商对将要购买的品种已经确定，但需考虑选择最佳的供货商，确定从哪家卖主进货。当中间商拟用中间商品牌销售产品时，或由于自身条件限制不能经营所有供应商(而只能是其中一部分供应商)的产品时，就需要从众多的供应商中选择最优者。

（3）寻求更佳条件。即中间商并不想更换供应商，但试图从原有供应商那里获得更为有利的供货条件，如更及时的供货、更合适的价格、更积极的促销合作等。

（4）直接重购。指中间商的采购部门按照过去的订货目录和交易条件继续向原先的供应商购买产品。中间商会对以往的供应商进行评估，选择感到满意的作为直接重购的供应商，在商品库存低于规定水平时就按照常规续购。

（二）中间商的主要购买决策：

中间商的主要购买决策包括配货决策、供应商组合决策和供货条件决策。配货决策是指中间商决定拟经营的花色品种，即中间商的产品组合。供应商组合决策是指决定拟与之从事交换活动的各有关供应商。供货条件决策是指决定具体采购时所要求的价格、交货期、相关服务及其他交易条件。

在以上所有决策中，最基本、最重要的购买决策是配货决策。因为中间商经营的货色会影响从哪家供应商进货即中间商的供应商组合，影响中间商的市场营销组合和顾客组合。

中间商的配货战略主要有四种：(1)独家配货。即中间商决定只经营某一家制造商的产品。(2)专深配货。即中间商决定经营许多家制造商生产的同类产品的各种型号规格。(3)广泛配货。即中间商决定经营种类繁多、范围广泛但未超出行业界限的产品。(4)杂乱配货。即中间商决定经营范围广泛且没有关联的多种产品。

（三）中间商购买过程的参与者

中间商的购买决策过程同生产者用户一样也分为八个阶段，即认识需要、确定需要、说明需要、物色供应商、征求建议、选择供应商、签订合约、绩效评价。

中间商购买过程参与者的多少与商店的规模和类型有关。在小型“方便商店”中，店主人亲自进行商品选择和采购工作。在大公司里，有专人或专门的组织从事采购工作，重要的项目有更高层次和更多的人员参与。这些人和组织分别扮演着六种角色中的一种或几种，像生产者用户那样形成了一个事实上的“采购中心”。虽然不同类型中间商如百货公司、超级市场、杂货批发商等采购方式不同，同类中间商的采购方式也有差别，但是其中也有许多共性。以连锁超市为例，参与购买过程的人员和组织主要有：

（1）商品经理。他们是连锁超级市场公司总部的专职采购人员，分别负责各类商品的采购任务，收集同类产品不同品牌的信息，选择适当的品种和品牌。有些商品经理被赋予较大的权力，可以自行决定接受或拒绝某种新产品或新品牌。有些商品经理权力较小，只是负责审查和甄别，然后向公司的采购委员会提出接受或拒绝的建议。

（2）采购委员会。通常由公司总部的各部门经理和商品经理组成，负责审查商品经理提出的新产品采购建议，作出购买与否的决策。由于商品经理控制信息和提出建议，事实上具有决定性作用。采购委员会只是起着平衡各种意见的作用，在新产品评估和购买决策方面产生重要影响，并代替商品经理向供应商提出拒绝购买的理由，充当二者之间的调解人。

（3）分店经理。是连锁超市下属各分店的负责人，掌握着分店一级的采购权。美国连锁超级市场各个分店的货源有2/3是由分店经理自行决定采购的。即使某种产品被连锁公司总部的采购委员会接受，也不一定被各个分店接受，加大了制造商的推销难度。

案例3.14　怎样成为跨国零售巨头的供应商

对于中国企业来说，如果能成为跨国零售商的供应商，就意味着自己的产品能够通过它们的供货渠道，走出国门，得到在世界各国的舞台上展示的机会。

国内企业如何成为跨国零售企业的供应商呢？家乐福（中国）公司有关人士表示，它们主要是采取一种“政府搭台，企业唱戏”的方式，即通过政府推荐可选择的企业，在家乐福举办的大型订货会上达成交易意向。

家乐福选择供应商又有哪些标准呢？家乐福的有关人士表示，家乐福选择供应商不只看规模，更注重产品质量。如果企业规模小，但是产品具有不可替代性，那么家乐福也会把他们考虑在内。要成为家乐福全球采购供应商，必须具备以下条件：有出口权的直接生产厂商或出口公司，有价格竞争优势，有良好的质量，有大批生产的能力，有迅速的市场反应能力，有不断学习的精神，能够准时交货。企业通过家乐福公司的审核，即能加入家乐福的全球采购系统，把产品出口到全球的30多个国家。

在以上条件中，家乐福尤其看中产品的质量。同时，随着人们对环保的要求越来越高，家乐福在产品品质方面也对供应商有着更详细的要求。一旦通过家乐福的审核，家乐福将对企业在改进产品外包装和设计等方面给予指导和帮助。

沃尔玛新成立的全球采购办事处列举了成为沃尔玛供应商的条件。例如，提供有竞争力的价格和高质量的产品、供货及时、理解沃尔玛的诚实政策、评估自己的生产和配额能力是否能接受沃尔玛的订单(因为通常沃尔玛订单的数量都比较大)等。此外，沃尔玛需要供货商提供其公司的概括，其中包含完整的公司背景和组织材料，以及供应商工厂的资料，包括每年的库存周转率、生产能力、拥有的配额、主要的客户有哪些等。

零售业的采购环节都有一个不可避免的问题，即有些供应商会想方设法通过一些“灰色手段”贿赂采购员。对此，家乐福(中国)公司的人士表示，即使产品通过灰色手段进入了家乐福全球采购系统，如果没有价格上的优势，也会被自然淘汰。家乐福会尽量与供应商建立健康的联系。而沃尔玛打算引进中国的技术中包括一套“零售商联系”系统，这个系统使沃尔玛能够和主要的供应商实现业务信息的共享。

中国的超市零售商在传统上就是通过向供应商收取进店费、陈列费、促销费和年度销售返利来挣钱的。换句话说，从传统上而言，中国的零售商没有而且也无法通过提供增值服务和在商品上加价来赚钱。但是，最近家乐福与康师傅，以及中国国内知名企业如中粮集团和九三粮油等供货商之间在近期爆发的高调冲突也从另一个侧面反映出零售商-供应商关系之间微妙的变化。毋庸置疑，中国零售业市场激战正酣。中国连锁经营协会的报告显示，中国本土的百联集团在快速消费品零售行业中位居榜首。在中国市场的外资零售企业中，总部位于台湾，大股东为法国零售商欧尚集团的大润发独占鳌头，家乐福排名第二，而沃尔玛则紧随其后。

自打家乐福被爆出价格欺诈后舆论就没消停过，一会儿标错价，一会儿收进场费，一会儿和供应商大战，一会儿消费者投诉……到底是怎么了？“家乐福事件”能让人们想到的，就是不应满足于个别个案的曝光、处理，而应尽快健全相关监管体系，并充分重视、尊重民间消费者组织和消费者个体的意见、力量，共同编织一张覆盖面广、反应迅速的监管网络，从制度上、全局上堵塞类似“家乐福事件”重演的漏洞。

问题：

(1) 跨国零售巨头的采购方式有哪几种？

(2) 跨国零售巨头是根据哪些变量或属性来评价和选择它们的供应商？

(3) 进入跨国零售巨头的全球采购系统对组织有何重要意义？

(4) 国内企业怎样做才能成为跨国零售巨头的供应商？

(5) 如何看待跨国零售巨头与中国供应商的冲突？

本章小结

本章主要围绕消费者购买行为和组织市场购买行为进行介绍。对消费者市场的研究，是对整个市场研究的基础。消费者市场的特征是由消费需求的多样性和市场供求状况的多变性决定的。影响消费者购买行为的主要因素有文化因素、社会因素、个人因素和心理因素。通过了解消费者购买角色、购买行为类型和购买决策过程可以了解消费者是如何作出购买决策。组织市场与消费者市场相比有着不同的特点，第二节重点分析了组织市场中生产者市场和中间商市场的购买行为特点。

课后习题

一、单项选择题

1. 消费者经常购买，随时购买，而且选择性较小的商品，叫作(　　)

A. 便利品　　B. 特殊品　　C. 选购品　　D. 非渴求物品

2. 组织市场需求是一种(　　)

A. 弹性需求　　B. 消费需求　　C. 引发需求　　D. 市场需求

3. 现代市场营销理论研究的主要对象是(　　)

A. 消费者市场　　B. 组织市场　　C. 中间商市场　　D. 生产资料市场

4. (　　)市场的需求具有鲜明的可诱导性。

A. 产业　　B. 中间商　　C. 政府　　D. 消费者

5. 消费者的购买单位是个人或(　　)

A. 集体　　B. 家庭　　C. 社会　　D. 单位

二、简答题

1. 简述消费者市场的概念及特点。
2. 简要分析影响消费者购买行为的因素。
3. 消费者购买行为类型有哪些？
4. 简述消费者购买决策过程。

课后实训　消费者购买行为分析之产品推广实践

一、实训目的：结合本章“影响消费者购买行为的因素”和“消费者购买决策过程”的知识内容，以产品销售实践的形式，对消费者的购买过程进行分析，并有针对性地提出建议。

二、实训内容：

(1) 学生进行分组，每组 6~7 人。

(2) 组员讨论选择销售的产品类型，制定销售推广计划。

(3) 在校园内开展推销。

(4) 针对实战的结果对该类产品的消费者购买行为进行分析。

(5) 撰写实训报告。

(6) 分组汇报。

第四章　市场营销调研

案例导学

“可口可乐”失败案例

20 世纪 80 年代初，虽然可口可乐在美国软饮料市场上仍处于领先地位，但由于百事可乐公司通过多年的促销攻势，以口味试饮来表明消费者更喜欢较甜口味的百事可乐饮料，并不断侵吞着可口可乐的市场。为此，可口可乐公司以改变可口可乐的口味来对付百事可乐对其市场的侵吞。对新口味可口可乐饮料的研究开发，可口可乐公司花费了两年多的时间，投入了 400 多万美元的资金，最终开发出了新可乐的配方。

在新可乐配方开发过程中，可口可乐公司进行了近 20 万人的口味试验，仅最终配方就进行了 3 万人的试验。在试验中，研究人员在不加任何标识的情况下，对新老口味可乐、新口味可乐和百事可乐进行了比较试验，试验结果是：在新老口味可乐之间，60%的人选择新口味可乐；在新口味可乐和百事可乐之间，52%的人选择新口味可乐。从这个试验研究结果看，新口味可乐应是一个成功的产品。

到 1985 年 5 月，可口可乐公司将口味较甜的新可乐投放市场，同时放弃了原配方的可乐。在新可乐上市初期，市场销售不错，但不久就销售平平，并且公司开始每天从愤怒的消费者那里接到 1500 多个电话和很多的信件，一个自称原口味可乐饮用者的组织举行了抗议活动，并威胁除非恢复原口味的可乐或将配方公之于众，否则将提出集体诉讼。迫于原口味可乐消费者的压力，在 1985 年 7 月中旬，即在新可乐推出的两个月后，可口可乐公司恢复了原口味的可乐，从而在市场上新口味可乐与原口味可乐共存，但原口味可乐的销售量远大于新口味可乐的销售量。

问题：

(1) 新口味可乐配方的市场营销调研中存在的主要问题是什么?

(2) 新口味可乐配方的市场调研的内容应包括哪些方面?

学习目标

1. 了解市场调查的含义、内容、类型及调查方法。
2. 学会设计市场调查问卷。
3. 掌握市场调查数据的处理以及调研报告的撰写。

第一节　市场营销调研概述

没有调查研究就没有发言权，市场营销调研在整个市场营销活动中占有重要地位。一个企业在其自身的营销活动中，需要作出各种不同的决策，如生产什么产品？顾客在购买一种产品时，他们的实际需要是什么？希望得到什么利益？如何满足顾客的需求？某种新产品是否应开发？竞争对手是谁？如何在激烈的市场竞争中立于不败之地？这些问题都需要通过市场营销调研来解决。这是一项十分细致而复杂的工作，它为企业进行市场营销提供有力的依据。

一、市场调查的含义与内容

市场调查是指个人或组织为某一个特定的营销决策问题而进行搜集、记录、整理、分析、研究市场的各种状况及其影响因素，并由此得出结论的过程。市场调查是科学决策的依据。

市场调查的内容包括两部分：

一是搜集信息资料，搜集与企业营销活动有关的各种资料，如国家的政策、法令、市场需求、竞争对手状况、本企业的各种策略运用的市场反应情况等。

二是分析信息资料，对所搜集的信息资料运用科学的方法进行分析，并推断未来市场发展的趋势。

二、市场调查的重要性

有人说："不进行市场调查就像盲人打仗，结果将不可预知。"这充分说明了市场调查的重要性。市场调查是企业的"眼睛"，是企业在激烈的市场竞争中看清方向，找准定位，作出正确决策从而取得胜利的关键。总体而言，市场调查对于企业来说具有以下几个方面的重要作用。

（一）有利于为企业决策提供客观依据

企业要作出正确的经营决策，就必须通过市场调查及时准确地掌握市场情况。例如，企业在确定产品的生产数量、定价及销售渠道时，必须进行如下调查：此种产品被消费者认可的程度，该产品的市场容量有多大，消费者可以接受的产品价格，经销商是否愿意经营等。只有在搜集到相关的资料后，企业才能作出准确的营销决策。

（二）有利于企业发现市场机会，开拓新市场

通过市场调查，可以了解产品的潜在市场需求，了解消费者对产品的意见、态度、购买意向等。企业可以据此寻找新的市场机会，开拓新的市场。

案例 4.1　雀巢咖啡的成功之道

雀巢在中国已经是家喻户晓的品牌，提起雀巢咖啡，很多人都会想到一句广告词："雀巢咖啡，味道好极了。"雀巢为什么在中国会取得如此骄人的成绩呢？其成功离不开广泛的市场调查。

雀巢咖啡刚进入中国市场时，市场占有率较低。为此，雀巢公司组织了专门的市场调查组对市场进行了深入调查，调查内容包括消费者的购买意向，消费者对产品价位的接受程度，消费者认为产品存在的问题等。

通过调查，雀巢公司发现以下问题：①由于其走的是高端品牌路线，包装精美、价格昂贵，因而只有极少数高收入人群购买，大多数中低收入者都不知雀巢为何物；②味道苦涩，品种单一，不能满足更多的消费者需求；③速溶性差、沉淀物较多，花费较大力气仍搅拌不均匀。

基于该调查结果，雀巢公司研发了一款新产品——雀巢速溶咖啡，其速溶性强、口感丝

滑、价格便宜、品种较多、包装简便，因而深受广大消费者喜爱。该产品扩大了雀巢咖啡的市场占有率，成为雀巢咖啡的经典之作。

（三）有利于更好地对产品进行市场定位

通过市场调查有利于企业更好地对产品进行市场定位，更好地满足消费者的需要，从而增强企业的竞争力。所谓市场定位是指企业根据竞争者现有产品，分析其优势与不足，从而为本企业产品塑造与众不同的形象。

（四）有利于改善企业的经营管理水平

一个优秀的企业管理者只有摸清市场需求，洞悉市场的变化趋势，了解各地的风土人情、地域特点，才能准确地把握市场的脉搏，进而作出正确的经营管理决策。而以上各种信息的获得，均有赖于详尽的市场调查。

知识链接

名人名言

调查研究是谋事之基、成事之道。——江泽民

从前经商，只要有些计谋，灵敏迅速，就可以成功；可现在的企业家，还必须要有相当丰富的知识资产，对于国内外的地理、风俗、人情、市场调查、会计统计等都非常熟悉不可。——李嘉诚

三、市场调查的类型

（一）按市场调查目的所作的划分

可以分为探索性调查、描述性调查与因果性调查。

1. 探索性调查

探索性调查是指在调查问题尚不明确的情况下，为了进一步明确调查的问题，确定调查方向和范围而进行的初步调查。其目的是通过调查获得的资料，初步找到经营中的问题所在，以供进一步调查研究。通常情况下，调查所确定的问题以假设的形式出现。

例如，某公司生产的化妆品市场份额去年下降了，公司无法查明原因。是经济衰退影响？广告支出减少？还是消费者的习惯改变了？显然，可能的原因很多，此时就可用探索性调查来寻求最可能的原因。研究者通过从一些用户收集的资料发现：消费者目前已倾向于使用纯植物的护肤品，而该公司的产品成分是从动物体内提取的，从而得出结论：“消费者倾向于使用纯植物的护肤品”可能是导致销售额下降的原因。这就是通过探索性调查得到的假设。当然，该假设还需要经过进一步的调查来验证。

探索性调查一般是通过使用二手资料（如公开发布的调查、公司的内部记录等）、请教一些专家或通过参照过去的案例来进行小范围的调查。

如果对调查的问题了解甚少，就需要从探索性调查开始。探索性调查是对一个问题的探测、摸索，因而不制定严格的调查方案且调查方式灵活多样。

2. 描述性调查

描述性调查是指为描述市场因素的特征或变化趋势所作的调查。如调查市场的大小与范围、消费者的购买力、销售渠道的可行性、消费者的基本情况、产品的价格、产品的销售情

况等均属于描述性调查。

描述性调查的用途主要有以下三方面：①发现问题。如通过调查产品的销售情况，发现产品的销售额下降问题；②为决策作参考。例如，某公司通过调查产品的消费人群，发现67%是年龄在18~44岁之间的妇女，因而决策者决定直接向妇女开展促销活动；③检验方案的实施效果，例如，决策实施一段时间后，通过调查产品的销售情况，来检验决策的正确与否。

描述性调查的应用非常广泛，绝大多数的市场调查都属于描述性调查。在调查前，需要制定严格的方案，且在方案中必须明确以下六要素：调查谁、调查什么、何时调查、何处调查、调查的原因及调查的方法。只有这样，才能更准确地反映市场因素的特征及变化趋势。

3. 因果性调查

因果性调查是指为验证市场因素之间的因果关系所做的调查。如调查产品的包装、广告费用等是否对销售额产生影响即属于因果性调查。因果性调查与描述性调查有诸多相同之处，例如：①都可以对探索性调查提出的假设进行验证；②都对方案进行评估；③调查方案的设计都非常严格。两者的区别在于调查方法不同，因果性调查采用实验法，而描述性调查采用询问法和观察法。实验法较之询问法和观察法，能在较短的时间内得出结果，因此，调查者若需要在短期内验证某个假设时，则应采用实验法。

思考与讨论：是否所有的调查都必须从探索性调查开始，为什么？
回答提示：探索性调查是描述性调查与因果性调查的前提，描述性调查与因果性调查是探索性调查的继续。但这并不是说，每次调查都从探索性调查开始，当调查者对调查的问题有比较全面的了解时，可以直接进行描述性调查或因果性调查。关于探索性调查、描述性调查与因果性调查在实践中的选择与应用，可参考下面一则案例。

案例 4.2　强生公司的调查设计

美国强生公司推出雅士莲洗头剂是该公司最成功的营销决策之一，然而，其成功离不开广泛的市场调查。当年，强生公司在各阶段的调查设计如下：

1. 发现问题

调查类型：描述性调查

调查设计：用信函方式对妇女进行大规模抽样调查，并对照六年前的调查数据。

调查结果：妇女护发的方式已经改变，油性头发成了问题，青年妇女已成了洗头剂的第一目标，是洗头剂的最常用者，而且最能接受新产品。

2. 拟定决策

根据上述调查结果，建立了雅士莲洗头剂的产品概念和新产品设计方案，提出了包装方案和销售渠道方案。

3. 评估决策

调查类型：因果性调查

调查设计：实验法。将雅士莲洗头剂送到400名妇女手里，试用两个星期，然后通过电话了解她们的反映，如喜欢不喜欢，对使用性能的看法及建议等。然后，又在若干城市选择一些商店进行试销。

调查结果：试用或试销结果证明关于油性头发的调查是真实可信的，根据这一调查结果开发的新型洗头剂雅士莲是能够为妇女尤其是青年妇女所欢迎的。

（二）按调查对象数量的不同所作的划分

可以分为全面调查与非全面调查。

1. 全面调查

全面调查又称普查，是指对需要调查的对象进行逐个调查。目的是对市场状况作出全面、准确的描述，从而为制定决策提供可靠的依据。例如对全国人口进行全面调查，对固定资产进行全面调查等。全面调查的优点是取得的资料比较全面，准确性和可靠性高，缺点是工作量大、调查费用多、时间长。此方法通常用于产品销售范围很窄或用户很少的情况，对于品种多、销售范围广的产品就不适用。

知识链接

全国人口普查

全国人口普查是由国家来制订统一的时间节点和统一的方法、项目、调查表，严格按照指令依法对全国现有人口普遍地、逐户逐人地进行一次全项调查登记，数据汇总分析报告，普查重点是了解各地人口发展变化、性别比例、出生性别比等，全国人口普查属于国情调查。是当今世界各国广泛采用的搜集人口资料的一种最基本的科学方法，是提供全国人口数据的主要来源。

2019 年 11 月，经李克强总理签批，国务院印发《关于开展第七次全国人口普查的通知》。根据《中华人民共和国统计法》和《全国人口普查条例》规定，国务院决定于 2020 年 11 月 1 日零时开展第七次全国人口普查，将于 2021 年 4 月开始陆续公布普查的主要数据。

中国的人口调查有近 4000 年的历史，留下了丰富的人口史料。但是，在封建制度下，历代政府都是为了征税、抽丁和压榨人民才进行人口调查，因而隐瞒匿报人口的现象十分严重，调查统计的口径也很不一致。现代意义的人口普查，是从新中国成立后才开始的。从 1949 年至今，中国分别在 1953 年、1964 年、1982 年、1990 年、2000 年、2010 年和 2020 年进行过七次全国性人口普查。

2. 非全面调查

非全面调查是指对调查对象的一部分进行的调查，包括典型调查、重点调查和抽样调查。其特点是调查的对象少，可以集中力量作深入、细致的调查，从而能提高统计资料的准确性，还可以节省人力、物力和财力，缩短调查期限，从而提高调查的效率。

（1）重点调查。重点调查是指从被调查对象中选择一部分重点单位进行调查。例如从全国众多的钢铁企业中，选择首都钢铁公司、包头钢铁公司、鞍山钢铁公司、武汉钢铁公司、宝山钢铁公司、攀枝花钢铁公司等几个重点企业进行调查，就能大致了解全国钢铁生产的状况。重点调查的优点是能在较少时间内，用较少的费用取得所需资料，缺点是只适用于被调查对象中客观存在着重点的情况。

（2）典型调查

典型调查是指在调查对象中有意识地选出一些具有代表性的单位进行调查。典型调查的优点是工作量小、调查费用低，缺点是效果受所选典型是否具有代表性影响。

（3）抽样调查

抽样调查是指按一定的方法从总体中抽取一部分单位（样本）进行调查，用所得的样本数据推断总体情况的调查。在市场调查中，抽样调查方法最为普遍，它可以以最快的速度最省的费用获得较准确的市场调查资料，供企业经营决策。例如，农业产量全面调查的统计数字要等收割完毕以后一段时间才能得到，而抽样调查的统计数字在收获的同时就可以得到，一般能早得到两个月左右，这对于安排农产品的收购、储存、运输等都是很有利的。

四、市场调查的程序

市场调查程序分为三个阶段八个主要步骤。

（一）预备调查阶段

调查的主要目的是通过搜集与分析资料，研究并解决企业在市场营销中所存在的问题，针对问题寻求正确可行的措施，因此营销调查首先必须确定要解决的问题以及调查的范围。

（1）初步情况分析。主要是调查人员搜集企业内部的有关资料，进行初步分析。通过对资料的初步分析和对企业过去与现在情况的比较，帮助调查人员掌握情况，探索问题所在。

（2）确定调查主题。主要是经过初步分析和初步研究，将问题精减或缩小调查范围，以便于调查人员确定调查的主题。

案例 4.3　美国航空公司电话服务调查

美国航空公司一位经理提出在30000英尺的高空为乘客提供电话通信服务的想法，从电信公司得知电话服务在技术上是可行的，这种系统的每次航班成本是1000美元。因此，如果每次电话收费是25美元，则每航次中至少有40人通话才能保本。营销经理认为需要制定调查问卷进行详细调查，目标包括如下内容：

（1）乘客在飞机航行期间而不是等到着陆后通电话的主要原因是什么？

（2）哪些类型的乘客最喜欢在航行中打电话？

（3）在一次航班中，有多少乘客会打电话？价格对他们有何影响？最合理的价格是多少？

（4）这一新服务会给美国航空公司增加多少乘客？

（5）从长远来看这一服务对美国航空公司的形象将会产生多大影响？

（6）航空公司在其他服务诸如航班次数、食物供给和行李处理等中间作出选择，其相对重要性如何？提供电话通信服务与这些服务相比，重要性又怎样？

（二）正式调查阶段

（1）确定资料来源。在确定调查的主题以后，就要决定搜集资料的来源与方法，调查搜集资料一般分为原始资料和现成资料两种。

① 原始资料是通过亲自观察、访问、实验的方法取得的。

② 现成资料是经过别人搜集、整理且已发表的资料。

一般来讲，调查人员总是先搜集现成资料，因为获取它比较迅速、方便，而原始资料的搜集成本高，花费的时间和精力也较多。但当现成资料不能满足营销决策时，调查人员必须搜集原始资料，进行实地调查。

（2）设计调查表。调查方法确定以后，有时就需要准备相关的调查表。设计调查表是一项重要的工作，调查人员必须充分了解要搜集资料的实质。由于调查方法、调查的内容不同，使用的调查表也不尽相同。

（3）拟订调查方案。调查方案的内容主要包括以下几个方面：明确调查对象，即明确调查的基本单位，如学校、医院或个人、群体等；确定调查方法；安排调查的时间；组建调查的队伍；编制经费预算。

（4）现场实地调查。根据事先拟订的调查方案和设计的调查表进行实际调查工作。同时，管理者的工作能力和水平，也会直接影响调查结果，为此，必须做好现场调查人员的选择和培训工作。

（三）结果处理阶段

（1）整理分析资料。调查所获得的资料并非每一份都是真实无误的，必须加以核对整理。对有严重错误而又无法修正的资料宁可剔除不要。经过审核，调查资料合乎要求后，应进行编号、分类、汇总，对资料进行各种定性和定量的分析后，整理出有价值的各种信息。

案例 4.4　美国航空公司关于高空电话服务调查的最后结果是：

① 使用飞行电话服务的主要原因：紧急情况，紧急的商业交易，飞行时间上的混乱。其中，绝大多数的电话是商人打的。

② 成本计算：每 200 人中，大约有 5 位乘客愿意花费 25 美元做一次通话，而 15 人希望每次通话费为 15 美元，因此，在价格为 25 美元时，收入为 125 美元；价格为 15 美元时，收入为 225 美元。无论哪种价格，收入都小于成本 1000 美元。推行飞行电话服务使美国航空公司每次航班增加两个额外的乘客，从这两人身上能得到 620 美元的收入。提供飞行电话服务提升了美国航空公司创新进步的形象，但是，美国航空公司在每次飞行中将付出 1000-125-620，即 255 美元的代价。

排除误差的影响，由于飞行电话服务的成本大于长期收入，因此在目前没有实施电话服务的必要。

（2）撰写调查报告。对资料进行整理分析后应得出调查结论，提出相应的建议，并将调查情况、调查结论和建议写成书面报告，提供给有关人员作为市场预测和决策的依据。

除了标题和目录之外，调查报告一般包括三部分：

① 序言，主要说明调查的目的、过程、对象和采用的方法及其他要说明的问题。

② 调查报告主体，即根据调查资料提出问题，分析情况，得出结论，提出建议。文字说明要简练准确，突出重点。

③ 附件，主要是提供本报告中用过的主要数据资料，必要时可附上图表，形象地说调查结果。

五、市场调查的方法

进行市场调查，必须采用科学合理的调查方法，才能收到事半功倍的效果。

案例 4.5

1986 年，美国肯德基公司派出一位执行董事来北京考察投资环境。这位董事在北京一方面带人出入主要街道，拿秒表测算客流量，做出炸鸡样品请 500 多个不同年龄、不同职业的人品尝，并向他们详细询问炸鸡的味道、价格、店堂设计和用餐方式等方面的意见；还深入考察了现在和将来北京提供的鸡源和各种原料的情况，而且将油、面、盐、菜等原料样品带回美国做化学分析，汇总各种数据。最后公司决定在北京前门大街建立一家世界上最大的炸鸡店。这家分店于 1987 年 11 月 12 日开业，不到 300 天，盈利就达 250 万元，大大缩短了投资回收期。

（一）观察法

是指调查者在现场从侧面对被调查者的情况进行观察、记录，以收集市场情况的一种方法。它与访问法的不同之处在于后者调查时让询问人感觉到“我正在接受调查”，而前者观察法则不一定让被调查人感觉出来，只能通过调查者对被调查者的行为、态度和表现的观察来进行推测判断问题的结果。常用的观察法有直接观察调查和实际痕迹测量法等方法。

例如，一家连锁商店准备对商店的营业员进行一次测评，作为今后对售货人员进行培训的依据，为此聘请了调查人员，让他们在购买过程中对售货员进行测评，主要内容包括：当观察人员以顾客身份进入商店时售货员做些什么？他们是如何接待这位顾客的？商店里商品布置得怎么样？售货员提供商品咨询的能力如何？即使这位观察人员什么也不买，售货员是否还是那么热情？

市场观察调查法一般应用于以下几个方面：

1. 顾客行为观察

观察或摄录顾客在商场、商店内的活动情况。如顾客购物的偏好，对商品价格的反映、对商品性能的评价、对商标的选择、对服务质量的评价、顾客进店购买率等。

2. 顾客流量观察

观察、记录某一地段、街道在一定时间内过往行人或车辆的数量、类型及方向，以评定该地域的商业价值或交通情况。

3. 橱窗布置、陈列观察

观察顾客或行人对商店的橱窗布置的注意率、注目审视、欣赏情况，以确定橱窗布置是否醒目、美观、有吸引力。

4. 广告宣传效果观察

观察商店各种 POP 广告，如商店招牌、标志、店内天花板广告招贴及门柱、货架、墙面等广告的注目率、阅读性、感染力。

5. 商品使用现场观察

调查人员到产品用户使用现场实地观察了解商品质量、性能及用户反映等情况，实地了解使用产品的条件和技术要求，从而发现产品更新换代的前景和趋势。

6. 商店柜台观察

店内柜台布局是否合理，顾客选购、付款是否方便，柜台商品是否丰富，布置是否别致，顾客到台率与成效率以及营业员服务态度，等等。

（二）询问法

是指将拟调查的事项，以当面或电话或书面向被调查者提出询问，以获得所需资料的调查方法。它是最常用的一种实地调研方法。询问法在于整个访谈过程是调查者与被调查者相互影响、相互作用的过程，也是人际沟通的过程。它包括面谈、电话访问、信函调查、会议调查和网上调查等。常用的方法有面谈法、电话法、邮寄法等。

例如，消费者生活方式的变化，使得家庭购物时间与购物地点发生了变化。为了了解习惯在午餐时间购物的顾客的特点，研究人员采用中心区域拦截询问的办法，在某市的四个购物中心采集资料。结果表明，这些集中于午餐时间在购物中心购物的顾客，大部分是那些中午不回家的上班族女性。

1. 面谈法

面谈法是调查者与被调查者面对面地交谈，让被调查者回答指定的问题以达到调查的目的。方式可以采用个别询问，也可以是小组座谈；可以是事先设计好问卷进行提问，也可以是自由交谈。例如，“您想购买哪种牌子的电器”“您觉得某某商品的市场前景如何”等。面谈法优点是可以问较多的问题，有利于问题的深入了解；缺点是花费的时间、精力较多。

2. 电话法

电话法是由调查人员对所选择的调查对象用电话进行询问。电话法的优点是费用少，速度快，例如调查观众有无收看某一电视节目，用打电话方式调查比较快速；但缺点是难度较高，在国内一般很难对陌生人进行电话询问，只能对熟悉的人进行询问，不易得到较多的资料。

3. 邮寄法

邮寄法是将设计好的问卷寄给被调查者，请被调查者自行填好寄回。例如，刚购入一辆新车的人，因为才买了几个星期，对汽车正爱不释手，所以在回答有关汽车的问题时，显得很投入。汽车制造商可以从经销商那儿获取新车买主的名册清单，并针对这些购车者进行市场调查工作。这种方法的优点是费用低，调查范围广；缺点是回收率低，被调查者不愿花太多的时间和精力回答问题，更不愿寄回调查表。

4. 网络市场调查

网络市场调研又称网上调查或在线调查。网络市场调研是指企业利用互联网作为沟通和了解信息的工具，对消费者、竞争者以及整体市场环境等与营销有关的数据系统进行调查分析研究。这些相关的数据包括顾客需要、市场机会、竞争对手、行业潮流、分销渠道以及战略合作伙伴方面的情况。网络市场调研与传统的市场调研相比有着无可比拟的优势，如调研费用低、效率高、调查数据处理方便、不受时间地点的限制。因此网络市场调研成为网络时代企业进行市场调研的主要手段。

这种调查技术的出现，最大特点就是调查传播媒介的改变，它利用了网络优势，它具有如下一些特点：

(1) 不受时空限制，数据采集过程中不受地域限制，而且还可以 24 小时全天候进行调查，减少诸如制度、天气和时间等因素的影响，这样可以使调查组织简单、快速，且调查范围更广。

(2) 利用多媒体技术，具有声图文并茂的友好的交互界面的特有优势，常见的形式有电子邮件(E-mail)、电子公告板(BBS)、网络寻呼机(1CQ)、网络实时交谈(IRC)、网络会议(NET-meeting)以及网络电话等，在需要时可以实时显示出生动的统计结果。

(3) 一定程度上可以降低调查成本，省去调查实施过程中访问员费用等人工介入成本、产品费、交通费等支出项。

(4) 减少了传统调查“入户难”的难度，在一定程度上提高问卷的应答率。

(5) 客观性较强。应答者可以不受调查员经验、情绪等主观因素的影响，能获得真实反映应答者态度的数据。

(6) 问卷处理程序简化，主要指网络调查可以减少数据录入和数据转换等的工作。

针对以上特点，网络调查运用很广泛，通过诸如产品市场占有率、产品推广渠道等内容的调查，获取一手关于自身及竞争对手的信息，为企业生产和营销决策提供参考，在一定程度上还可以扩大广告效应，加快与客户的联系，树立良好的企业形象。

小任务：收集关于问卷星的资料，并学会利用这一工具。

（三）实验法

是最正式的一种方法。它是指在控制的条件下，对所研究的对象从一个或多个因素进行控制，以测定这些因素间的关系，它的目的是通过排除观察结果中带有竞争性的解释来捕捉因果关系，在因果性的调研中，实验法是一种非常重要的工具。它主要有产品试销和市场实验等方法。

例如某品牌化妆品为了提高市场销售量，认为应改变原有的陈旧包装，并为此设计了新的包装图案和款式。为了检验新包装的效果，该公司选取了甲、乙、丙、丁四种化妆品作为实验对象以决定是否在未来推广这种新款包装。这四种化妆品在改变包装款式和图案的前一个月和后一个月的销售量统计资料，如表 4-1 所示。

表 4-1　某品牌改变包装前后销量比较表（单位：箱）

化妆品	改变包装前销售量	改变包装后销售量	实验差异
甲	120	160	40
乙	180	210	30
丙	200	230	30
丁	220	270	50
合计	720	870	150

从表中的实验结果可知，改变包装比不改变包装的销售量大，说明消费者不仅关注化妆品的品质，而且对其包装也有一定的要求。因此，可以断定改变化妆品的包装图案和款式，作为一种促销手段以增加其销售量的研究假设是合理的，该公司可以推广这种新的包装图案和款式。

案例 4.6

美国某公司准备改进咖啡杯的设计，为此进行了市场实验。首先，他们进行咖啡杯选型调查，他们设计了多种咖啡杯子，让 500 个家庭主妇进行观摩评选，研究主妇们用干手拿杯子时，哪种形状好；用湿手拿杯子时，哪一种不易滑落。调查研究结果，选用四方长腰果形杯子。然后对产品名称、图案等，也同样进行造型调查。接着他们利用各种颜色会使人产生不同感觉的特点，通过调查实验，选择了颜色最合适的咖啡杯子。他们的方法是，首先请了 30 多人，让他们每人各喝 4 杯相同浓度的咖啡，但是咖啡杯的颜色则分别为咖啡色、青色、黄色和红色 4 种。试饮的结果，使用咖啡色杯子的人都认为“太浓了”的占 2/3，使用青色杯子的人都异口同声地说“太淡了”，使用黄色杯子的人都说“不浓，正好。”而使用红色杯子的 10 人中，竟有 9 个说“太浓了”。根据这一调查，公司咖啡店里的杯子以后一律改用红色杯子。该店借助于颜色，既可以节约咖啡原料，又能使绝大多数顾客感到满意。结果这种咖啡杯投入市场后，与市场上的通用公司的产品开展激烈竞争，以销售量比对方多两倍的优势取得了胜利。

实验法的优点是比较科学，获得的资料比较准确可靠，具有一定的说服力。缺点是实验时间长、成本高，比询问法和观察法实行难度大。

六、调查方法的选择

以上所述的调查方法是市场调查中常用的，每种方法各有所长，具体调查过程中，究竟采用哪一种方法，应根据调查目的、要求和调查对象的特点来相应选择。

一般应考虑如下一些因素：

(1) 调查项目的伸缩性。调查内容只要求一般回答的，宜采用邮寄、网上计算机调查；需要灵活改变题目、深入探求的内容则以面谈访问或电话访问为好；如调查项目要求取得较为真实可靠的数据，则以直接观察调查和市场实验为好。

(2) 需要调查资料的范围。资料范围广泛，可采用邮寄、网上调查；调查项目资料简单的可用电话访问。

(3) 调查表及问卷的复杂程度。较复杂和要求较高的，宜采用面谈、市场实验等调查方法；一般的和较简单的则可采用邮寄、网上调查。

(4) 掌握资料的时效性。需要调查的项目急需收集到一定的信息以利迅速决策的，宜采用电话访问或面谈访问；时效性要求不太高、不很紧迫的可采用其他几种方法。

(5) 调查成本的大小。根据调查项目的规模、需要和目的，调查者的人力、物力、财力，在保证调查质量的前提下，精打细算，统筹安排调查方法，以求事半功倍。

在实际工作中，选择一种或多种调查方法，可大致考虑以上一些因素，但是经济现象是千变万化发展的，要灵活地进行选择。可选择一种方法为主，辅以其他方法，或是几种方法并用的形式，会取得好的效果。

第二节　调查问卷的设计

问卷调查是市场营销调研中较常用、较为有效的方法，是用于收集第一手资料的最普遍的工具，是沟通调查人员与被调查对象之间信息交流的桥梁，通过问卷调查可以使企业根据调查结果了解市场需求、消费者倾向等，从而做出相应的决策，促进企业的发展。

一、调查问卷的设计

调查问卷的设计是市场调研的一项基础性工作，需要认真仔细地设计、测试和调整，其设计的是否科学直接影响到市场调研的成功与否。

(一) 调查问卷设计原则

设计调查问卷的原则主要有：

(1) 主题明确。根据调查目的，确定主题，问题目的明确突出重点。

(2) 结构合理。问题的排序应有一定的逻辑顺序，符合被调查者的思维程序。

(3) 通俗易懂。调查问卷要使被调查者一目了然，避免歧义，愿意如实回答。调查问卷中语言要平实，语气诚恳，避免使用专业术语。对于敏感问题应采取一定技巧，使问卷具有较强的可答性和合理性。

案例 4.7

某航空公司设计了一份调查问卷，请乘客回答以下问题：

1. 如以百元为单位，您的收入是多少？

人们一般不愿意透露自己的收入，何况未必知道以百元为单位的收入。

2. 您是偶然地还是经常性地乘坐飞机？

偶然与经常进行判断的标准是什么呢？

3. 您喜欢本航空公司吗？

这个问题的目的何在，是或否中能了解什么呢？对于初次坐飞机的人又如何回答呢？

4. 今年四月里您在电视上看到几次航空公司的广告？

被调查者记得的可能性较小。

5. 您认为在评价航空公司时，最显著的、决定性的属性是什么？

什么是最显著的、决定性的属性，太笼统，使得应答人无从回答。

6. 您认为政府对飞机票加税从而剥夺了许多人乘坐飞机的机会是对的吗？

这个问题另有用意，有误导、偏见的嫌疑，使人不知如何回答。

（4）长度适宜。问卷中所提出的问题不宜过多、过细、过繁，言简意赅，回答问卷时间不应太长，一份问卷回答的时间一般不多于30分钟。

（5）适于统计。设计时要考虑问卷回收后的数据汇总处理，便于进行数据统计处理。

（二）设计调查问卷的程序步骤

设计调查问卷要求有清晰的思路、丰富的经验、一定的设计技巧以及极大的耐心。设计调查问卷的过程应当遵循一个符合逻辑的顺序。

基本步骤为：

（1）深刻理解调研计划的主题。

（2）决定调查表的具体内容和所需要的资料。

（3）逐一列出各种资料的来源。

（4）写出问题，要注意一个问题只能包含一项内容。

（5）决定提问的方式，哪些用多项选择法，哪些用自由回答法，哪些需要做解释和说明。

（6）将自己放在被调查人的地位，考察这些问题能否得到确切的资料，哪些能使被调查人方便回答，哪些难以回答。

（7）按照逻辑思维，排列提问次序。

（8）每个问题都要考虑怎样对调查结果进行恰当分类。

（9）审查提出的各个问题，消除含义不清、倾向性语言和其他疑点。

（10）以少数人应答为实例，对问卷进行小规模的测试。

（11）审查测试结果，对不足之处予以改进。

（12）打印调查问卷。

（三）调查问卷的组成

一般地，一个正式的调查问卷由三部分组成：

（1）引言。主要说明调查主题、调查目的、调查的意义，以及向被调查者致意，等等。最好强调调查与被调查者的利害关系，以取得消费者的信任和支持。

知识链接

如何撰写引言

一、引言的设计

首先，引言中要说明调查的主体是什么？为什么要调查？为什么要向您展开调查。

其次，保密措施要交代清楚，即填写问卷可以是匿名，承诺不泄露受调者的个人信息，以消除受调者的疑虑。

再次，如果是有偿调查，还要说明赠送的礼物、产品的具体情况。

二、填写说明的设计

问卷调查的引言部分一般包括填写说明，即在回答问题时的注意事项和答题方法，也可以包括对一些特殊问题的解释。

如：下面的问题为单选题，请在您选择的答案后面画“对”号，本调查不记名，数据由后台统一处理，能倾听您的意见，我们感到十分荣幸。谢谢您的合作与支持。

三、引言中的用词

引言的整体要求是简明扼要，要求用词准确、概括性强、言简意赅，要从客观的角度去陈述，不要用华丽的辞藻，这样会让应答者感到华而不实，语气要中肯、真诚，特别是在表达对应答者的谢意时，一定要让应答者感受到足够的尊重。在涉及个人隐私时，要巧妙地加以说明。

(2) 正文。它是问卷的主体部分。依照调查主题，设计若干问题要求被调查者回答。这是问卷的核心部分，一般要在有经验的专家指导下完成设计。

(3) 附录。可把有关调查者的个人档案列入，也可以对某些问题附带着说明，还可以再次向消费者致意。附录可随各调查主题不同而增加内容。结构要合理，正文应占整个问卷的三分之二到五分之四，前言和附录只占很少部分。

(四) 调查问卷的外观

问卷的外观也是调查问卷设计中不可忽视的一个重要因素。外观影响到访问者是否愿意、顺畅、容易地答题，诸如问卷所用的纸张品种、颜色，问卷的编排、字体样式等，都会影响到访问者回答问卷的质量水平。因此，调查问卷外观的设计应注意以下几点：

(1) 小张纸比大张纸好。四小张比两大张使应答人感到有压力的可能性小。

(2) 外观庄重、正式的问卷可使应答者感觉到这是一份有价值的问卷。

(3) 问卷应当只印在纸张的一面，而且必须为答案留出足够的空白，关键词应当划线或用醒目字体。

(4) 问卷的每一页应当印有供识别用的顺序号，以免在整理时各页分散。

二、问卷的提问方法与技巧

一份调查问卷要想成功取得目标资料，除了做好前期大量的准备工作外，在具体操作设计问题时，一般有两种提问方式：封闭式提问和开放式提问。提问方式从一定程度上决定了调查问卷水平质量的高低。

(一) 封闭式提问

封闭式问题指被调查人在包括所有可能的回答中选择某些答案。这种提问法便于统计，但答案伸缩性较小，较常用于描述性、因果性调研。下面列出调查问卷中最常用到的一些封闭式问题的形式：

1. 两项选择题

一个问题提出两个答案供选择。

例如：你购买电器商品最注重牌子吗？

是(　　)否(　　)

2. 多项选择题

一个问题提出三个或更多的答案供选择。

例如：你购买康佳彩电的最主要原因是：

(1)名牌产品 (2)广告吸引 (3)同事推荐 (4)价格适中 (5)售后服务好

3. 李克特量表

被调查者可以在同意与不同意之间选择。

例如：你如何看待“外国航空公司比中国航空公司的服务要好”的说法？

(1)很赞成 (2)同意 (3)不同意也不反对 (4)不同意 (5)坚决不同意

4. 重要性量表

对某些属性从“非常重要”到“根本不重要”进行分等。

例如：航空服务对于我是：

(1)非常重要 (2)很重要 (3)重要 (4)无所谓 (5)不重要 (6)根本不重要

5. 分等量表

对某些属性从“质劣”到“极好”进行分等。

例如：中国航空公司的餐食服务是：

(1)极好 (2)很好 (3)好 (4)尚可 (5)差 (6)极差

以上这些形式都是问卷调查中经常用到的，可灵活地使用。

（二）开放式问题

开放式问题允许被调查人用自己的话来回答问题。这种方式提问由于被调查者不受限制，因此可揭露出许多新的信息，供调查方参考。开放式问题运用于探测性调研阶段，了解人们的想法与需求。一般来说，开放式问题因其不易统计和分析所以在一份调查问卷中只能占小部分，对于开放式问题的选择要谨慎，所提的问题要进行预试，再广泛采用。下面列出开放式问题的一些形式：

1. 自由式

被调查者可以用几乎不受限制的方法回答问题。

例如：您对本商店的服务有何意见和建议？

2. 词汇联想法

列出一些词汇，1~5 个，由被调查者提出他头脑中涌现的第一个词。

例如：当您听到下列字眼时，您脑海中涌现的第一个词是什么？

恒源祥——纯羊毛、老字号、做工好……

海尔——质量好、信誉高、售后服务好……

3. 语句完成法

提出一些不完整的语句，每次一个，由被调查者完成该语句。

例如：当我运动后，我想喝________。

4. 故事完成法

提出一个未完成的故事，由被调查者来完成它。

例如：在饭店吃饭时，端上来的菜与你点的菜有区别时，你会……

请完成这个故事。

5. 主题联想测试

提出一幅图画或照片，要求被调查者根据自己的理解虚构一个故事。

例如：图上画着很多妇女的手推车中都放着同一种产品，她们还围在一起谈论着什么。要求被调查者编一段100字左右的故事。

以上是问卷调查中进行开放式提问的几种形式，在具体设计时根据实际情况灵活、适当地应用，可起到较好的作用。

第三节　数据处理及调研报告的撰写

在进行市场调研后，营销调研人员一般已经收集了大量资料。但是，所有这些原始材料不会向调研人员提供清晰的市场面貌，它们是比较分散、零星的，不会直接显示出所需要的现成答案。为了反映事物的本质，必须把这些原始资料进行整理分析和处理，使之系统化、合理化。市场资料整理分析就是把各种调查所得的数据资料归纳为反映总体特征的数据的过程。

一、调研数据整理过程

数据的整理分析一般包括以下三个程序。

（一）分类

分类是指把资料分开或合并在有意义的类目中，它是数据资料整理的基础，也是保证资料科学性的重要条件。分类的方法有两种：一种是事先分类，即在问卷设计时已将调查问题预先做了分类编号，资料收集后只要按预先的分类进行整理即可；另一种是事后分类，市场调查中有些问题事先无法分类，如购买动机、非结构性问题的询问等，只能在事后分类。资料分类编组一般有按照数量分组、按照时序分组、按照地区分组、按照质量分组这样四种类型。

（二）编校

资料的编校工作包括检查、改错，对资料进行鉴别与筛选。编校时要求按照易读性、一致性、准确性和完整性这四个标准来进行工作，特别是对完整性的要求尤其重要，即市场调查问卷的所有问题，都应有答案。如果发现没有答案的问题，可能是被调查者不能回答或不愿回答，也可能是调查人员遗忘所致，编校工作者应决定是否再向原来的被调查者询问，以填补空白问题，或者询问调查人员有无遗漏，能否追忆被调查者所做的答复，不然就应剔除这些遗漏了的资料，以免影响资料的完整性和准确性。

（三）整理

数据资料整理的方法有手工、机械和电子计算机三种，一般以自己动手组织力量为主。

（1）手工方法。优点是方法简单，不需要其他机器设备；工作人员只需要接受手工整理的训练；发现错误可随时纠正，成本较低。缺点是遇到大量复杂的数据，整理时间太长。

（2）机械方法。这是用机械在卡片上打孔的方法。调查表上每一类资料都要根据一定的标准，在规定的部位打孔，经过检查后，运用分类机自动将同一部位的卡片分组，并自动在记录器上计算出张数。这种方法的效率比手工方法高而且可以保证资料整理的准确性。

（3）计算机方法。电子计算机处理数据是计算机技术的新发展，由于其计算速度快、准确性高，对量大、复杂的数据处理工作特别有效。调查的数据，在计算机中进行处理就要将答案变换成代码，代码通常用数字来表示，也可用字母表示。

（4）制表。为了对资料进行分析和对比，必须将编校过的资料根据调查目的和重要程度进行统计分类，列成表格或图式。市场调查资料的列表方式可分为单栏表或多栏表两种。在单栏表里只有一项市场调查资料，如果研究人员只要了解某一种特性的调查结果，则可采用单栏方式。如果想在一张统计表中表示两种或两种以上的特性，则应采用多栏统计表。

（5）鉴定。从总体中抽取样本来推算总体的调查必然带有误差。除了抽样误差外，在实际工作中，由于技术或工作的错误也会造成偏差，这种误差称为系统误差，一般应尽量避免。为了对所抽取的样本证实其是否能代表总体，需要采取一些方法进行鉴定。一种是凭经验鉴定误差，例如把所得的样本数据与其他标准数据相比较，以验证其代表性。另一种是用适当的公式计算标准误差和置信度，如果计算结果在误差范围之内，则可认为数据是可靠的。

二、市场调研报告的撰写

市场调研的最后一个步骤就是撰写一份高质量的研究报告，也就是以报告形式表达市场调研所获得的资料和结果，供委托者或本企业管理层作为营销决策的参考。调研报告是研究工作的最终成果，也是制定市场营销决策的重要依据，市场营销调研报告的提出和报告的内容、质量，决定了它对企业领导据此决策行事的有效程度。一份写得拙劣的报告会把出色的调研活动弄得黯然失色。

（一）调研报告的种类

调研报告根据读者的不同需要可分为专题报告和一般性报告。这两种报告分别适合不同兴趣和不同背景的读者，前者是供专门人员作深入研究用的，后者是供企业的行政领导或公众参考的。

（1）专题报告。专题报告又称技术性报告，在撰写时应该注意尽可能详细，凡在原始资料中所发现的事实都要列入，以便其他专门人员参考。这种详细的专业形式报告使得读者能够清晰地了解调研报告的适合程度以及准确程度。因此，一项专业形式的报告应该详述每一个研究步骤以及使用“标准差”这样的专业词汇。

（2）一般性报告。一般性报告又称通俗报告，广泛地适合那些只关心研究结果而无兴趣于研究技术的读者。因阅读者人数众多，水平参差不齐，故力求条理清晰，并避免过多引用术语。为了提高阅读人的兴趣，报告要注重吸引力。

（二）调研报告的结构

调研报告的结构一般包括：标题封面、目录、研究结果摘要、前言、调查结果、结论和建议、附录这样七个部分。

1. 标题封面

写明调研题目，承办部门及人和日期。这部分让读者知道诸如调研报告的题目、此项报告是为谁而写、此项报告由谁完成和此项报告的完成日期。

例如：

二〇一〇年三门峡市空调消费市场调查报告

二〇一〇年一月

三门峡市宏远市场调研有限公司

2. 目录

目录应该列出报告的所有主要部分和细节部分，以及其所在页数，以便使读者能尽快阅读所需内容。但如果研究报告少于6页，目录则可省去，只要提供明确的标题则可。

3. 摘要

以简明扼要的话陈述研究结果，以便企业的决策者或主管在繁忙的时间内迅速地了解到调研的成果，应该采取什么样的措施或行动。因此，摘要是报告中最重要的部分。

4. 前言

在这个部分里要述及调研背景、调研目的和所采用的调研方法。在调研方法里要说明样本设计和抽样方法等。

5. 研究结果

这部分是调研报告的核心内容。将研究结果做有组织有条理地整理和陈述。图文并茂尽可能地说明问题，便于读者阅读。

6. 结论及建议

研究者的作用不仅在于向读者提供调查事实，而且应该在事实的基础上作出问题的结论并提供建议。虽然有时候研究者未必深思熟虑。

7. 附录

附录是调研报告的结尾部分，它起到以数据图表来表述调研报告的作用。有些与报告主体“调查结果”相关的数据图表由于没有地方放置，通常也被放在“附录”这一部分。另外，问卷实地调查概况也包括在这里。

本章小结

市场营销调研是市场营销的信息基础，是营销决策制定的主要来源。市场营销调研有利于企业发现市场机会，开拓新市场；有利于企业开发新产品；为制定市场营销组合策略提供依据；有利于企业提高经济效益。市场调查按照不同的划分标准可以分为不同的类型，市场调查的方法可以分为观察法、询问法、实验法三种。

调查问卷分为前言、正文、附录三个部分，问卷调查是较常用的方法，是收集第一手资料的最普遍的工具。问卷的提问方法有两种：封闭式提问和开放式提问。

市场数据的处理过程包括分类、编校、整理、制表和鉴定。调研报告分为专题报告和一般性报告。

课后习题

一、单选选择题

1、下列调查中属于消费者市场调查的是(　　)。

A. 对某种拖拉机市场的调查　　B. 对化肥市场的调查

C. 对钢材市场市场的调查　　D. 对服装市场的调查

2. 问卷设计中必须尽量采用(　　)

A. 一般性提问　B. 含糊性提问　C. 系统性提问　D. 针对性提问

3. 在调查问题尚不明确的情况下，为了进一步明确调查的问题，确定调查方向和范围而进行的初步调查(　　)

A. 描述性调查　B. 探索性调查　C. 因果性调查　D. 非全面调查

4. 抽样调查的目的是(　　)

A. 了解总体的全面情况　　　　B. 掌握总体的基本情况

C. 由样本指标推断总体指标　　D. 由个别推断总体

5. (　　)的优点是比较科学，获得的资料比较准确可靠，具有一定的说服力。

A. 询问法　　B. 观察法　　C. 实验法　　D. 面谈法

二、简答题

1. 市场调查的方法有哪些?
2. 市场调研的程序是哪些?
3. 调查问卷由哪几部分组成?

三、案例分析题

新加坡地处热带，常年处于阳光直射之下，房屋朝向无所谓南北，因此大多数新加坡人在购房时不分南北。中国的改革开放吸引了许多外商，新加坡的投资者们也将目光转向了大陆，他们选择了新兴的房地产行业，但由于没有经过实际的市场调查与研究，建造房屋时照搬了新加坡的房型设计，朝南的地方设计成厨房、卫生间，而把客厅、卧室放在北侧，结果在大陆市场上惨遭失败。

请分析：

(1) 这个案例体现了市场调查的什么作用?

(2) 设计一款产品，谈谈该怎样进行市场调查。

课后实训四　市场调查

实训1：市场信息的收集

一、实训目的

了解营销信息搜集的基本程序，明确市场调研问卷的结构和问卷设计的原则、步骤，掌握制定营销调研计划和问卷设计的基本技能。

二、实训条件

随着我国经济的持续快速增长，城市居民可随意支配收入不断增加。由“五一”“十一”、元旦、春节及平时的双休日构成的城市居民年休闲时间长达114天。因此，有识之士认为，中国开始步入休闲经济时代。所谓休闲经济，是指为满足人们的休闲需求而提供物品和服务的经济。我们可以把居民的休闲时间分为长和短两类，而休闲的方式则是多种多样的，比如看电视、走亲访友、读书、听音乐、打麻将、购物、旅游等等。三门公司有意进入某城市居民休闲服务市场，但对该市居民休闲生活方式缺乏了解，所以批示市场调查部经理拟定一份调查问卷，以便迅速开展调查。

三、实训内容及要求

假设你是三门公司市场调查部经理，请你拟定一份某城市居民休闲生活方式的调研计划，拟制一份调查问卷。调研计划要做到：调研目标和内容明确；调查方法、方式选择得当；操作流程和时间安排可行。调查问卷要做到：主题明确、结构合理、通俗易懂、长度适宜、适于统计。

四、实训组织方法及步骤

(1) 学生6~7人分为1组。

(2) 学生个人根据背景资料独立完成调研计划和问卷设计。

(3) 小组进行调研计划和问卷交流展示，互相点评，最后形成小组的调研计划。

(4) 根据调研计划开展调研活动。

五、实训时间

课堂2小时；市场调研1周。

实训2　市场营销信息的归纳和传递

一、实训目的

明确市场调研报告的作用，掌握市场调研报告各部分的组成内容，能够利用各种图表有效表达调研报告要传达的信息。

二、实训条件

随着我国经济的持续快速增长，城市居民可随意支配收入不断增加。由“五一”“十一”、元旦、春节及平时的双休日构成的城市居民年休闲时间长达114天。因此，有识之士认为，中国开始步入休闲经济时代。所谓休闲经济，是指为满足人们的休闲需求而提供物品和服务的经济。我们可以把居民的休闲时间分为长和短两类，而休闲的方式则是多种多样的，比如看电视、走亲访友、读书、听音乐、打麻将、购物、旅游等等。三门公司有意进入某城市居民休闲服务市场，需要利用市场调查部的调研结果为决策提供依据。

三、实训内容及要求

假设你是三门公司市场调查部经理，请你撰写一份某城市居民休闲生活方式调研报告。调研报告要做到：内容要完整、明确、简洁；综合利用各种表格和图形；拥有调研报告的基本组成部分。

四、实训组织方法及步骤

(一) 各组学生对调研数进行讨论分析，个人独立完成调研报告的撰写。

(二) 小组进行调研报告交流展示，然后将报告制作PPT在全班进行交流展示。

五、实训时间

2小时

第五章 目标市场营销战略

案例导学

江小白的目标市场营销

中国的白酒文化源远流长、博大精深，我国白酒企业经过多年发展，不论是酿酒工艺还是创造的经济价值都达到了新的高峰，白酒行业的竞争也日益激烈，高、中、低端市场都有代表性品牌。白酒给人的感觉就像它的味道一样——久久无法散去的历史厚重感，它似乎是老一辈人交际必需品，有的名酒更是一种身份和阶层的象征。总之，它是一种与现代追求主流时尚的年轻人无关的饮品。2011 年，一个针对年轻人的白酒品牌却异军突起，迅速火遍大江南北，它就是“江小白”。

江小白是谁？第一次听说可能会以为这是个人名，其实它是江小白酒业旗下的一款白酒，企业赋予了它的一个拟人形象，戴着眼镜，一身年轻打扮的文艺男生，名叫江小白。从该酒的形象设计和广告语“我是江小白，生活很简单”都可以看出，江小白主打年轻市场，一开始江小白将它的目标市场定于年轻一代，这让它很快避开强敌，在众多老牌白酒的包围中成功脱颖而出。之后，它开始对目标市场进行更加细化的分析，使之更加明确、清晰。现在，江小白的目标顾客就是 20 岁到 40 岁的男性以及 25～35 岁的女性，他们是有态度、年轻化的群体。

江小白十分重视与消费者的互动，从它的线上社交平台活动，以及线下经常举办的酒会等各种活动都可以发现，江小白试图用年轻的思维打入到现代年轻人中去，因此，得到了许多年轻消费者的青睐。江小白的市场定位并不是一般的白酒，它结合目标市场和产品特性，确立了“释放情绪，社会回归”的品牌定位，而现在年轻人最需要的也就是释放自己的情绪，借酒不仅能浇愁，也能通过喝酒来认识更多的朋友，丰富了使用场景。江小白采用特色定位，用自己的特点在消费者心中树立独特的形象，以区别于其他品牌的白酒。它利用互联网的线上社交平台以及线下举办的同城酒会之类的线下交流平台，收集目标顾客的信息，通过对信息的整理、分析，映射出目标顾客的特点，从而进行精准的市场定位。

思考：1. 江小白是怎样进行市场细分的？
2. 江小白的目标市场是什么？
3. 江小白的市场定位是什么？
4. 请你说说江小白的营销成功之处？

学习目标

1. 理解 STP 战略。
2. 理解市场细分的含义，掌握市场细分的标准。
3. 掌握目标市场营销策略。

4. 理解市场定位的内涵、依据，掌握定位的策略。

目标市场营销就是企业在市场调研的基础上，识别不同消费群体的差别，有选择地确认若干个消费群体作为自己的目标市场，发挥自身优势，满足其需要。目标市场营销包括三个内容：市场细分(Segmenting)、目标市场选择(Targeting)、市场定位(Positioning)，所以又被称为 STP 战略(见图 5-1)。

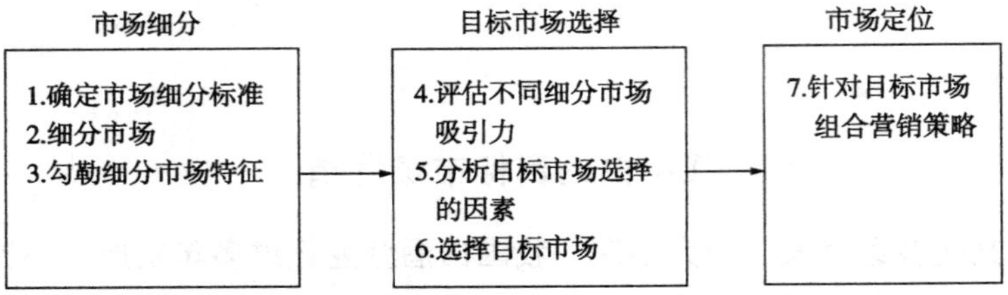

图 5-1　目标市场营销步骤

第一节　市场细分

市场细分是指在市场调研基础上，根据消费者需求的差异性，选用一定的标准，把整个市场划分成若干子市场的过程。市场细分是 20 世纪 50 年代才出现的概念。50 年代前，企业往往把消费者看作是具有同样需求的整体市场，所以大量生产单一品种的产品，用普遍广泛的分销方式和同样的广告宣传方式进行销售。但是，由于消费者的需求是有差异的，这样的销售方式使他们不满。50 年代，美国宝洁公司发现消费者由于洗涤不同的纤维织物的需要，不满足于单一品种的肥皂，于是生产了三种不同性能、不同牌子的洗衣肥皂：一种是洗涤软性纺织品的碱性小的肥皂，一种是洗涤较脏衣服的强碱肥皂，一种是多种用途的全能肥皂。由于这些肥皂满足了不同消费者的需求，使其在肥皂市场上获得最大的市场份额。营销专家总结了这一实践经验，提出了市场细分这一概念。

进入 21 世纪，市场细分理论又有了很大的发展，“细分到个人”“一对一营销”“定制营销”等为一些企业所采用，大大充实了市场营销的理论和实践。

知识链接

STP 战略

STP 战略中的 S、T、P 三个字母分别是 Segmenting、Targeting、Positioning 三个英文单词的缩写，即市场细分、目标市场和市场定位的意思。STP 营销是现代市场营销战略的核心。市场细分是美国市场营销学家温德尔史密斯于 1956 年提出的，该理论一经问世，就受到企业的重视，被誉为创造性概念。此后，美国营销学家菲利普科特勒进一步完善和发展温德尔史密斯的理论，提出 STP 战略。

名人名言：“不进行市场细分，企业的选择注定是盲目的。”——Wendell. R. Smith

一、市场细分的含义

市场由购买者组成，而购买者在消费需求、购买习惯等方面各不相同，因为他们对商品的品种、数量、价格、式样、规格、色彩、购买时间、购买地点等都会体现出一定的差异性。这些差异性的存在，为市场细分提供了基础，消费差异越大，消费者越是追求差异化，市场细分也越有必要。

应该指出的是，理解市场细分这一含义，应把握以下问题：

（1）市场细分的实质是辨别不同的消费群体，而不是把产品进行细分。市场细分是要根据消费者需求的差异性将顾客进行细分，只有抓住消费需求的差异性，才能把握市场细分的规律。根据细分之后选择的子市场再决定生产什么样的产品，而不是将产品进行分类。

（2）市场细分的目的是为了挖掘市场机会，不是为了细分而细分。有的市场消费需求客观上存在差异，甚至很小的差异也被消费者所重视，这样市场的细分越小越好。有的需求差异意义并不大，市场分得太细，使产品设计、投产到销售都趋于复杂化，产品生产成本和销售成本都会增加，导致企业收入减少，甚至可能超过市场细分所增加的收益。这种称为“过度细分”，是没有意义的。

（3）市场细分后的市场应该是可以衡量的，否则细分工作就不具有可操作性。“可衡量”包括几层意义：首先，市场细分的标准必须清楚明确，容易辨别。如对每个细分市场应该包括什么，不应包括什么，要划分清楚。其次，对细分后的市场规模、市场容量等要能够计量和测算，因为细分市场不仅要有质的规定，还要有量的可衡性。这一量的可衡性可以用绝对数（如消费者数量和购买力）来表示，也可用相对数（如占消费者总数和购买力总和的比例）表示。如果对这些情况不易识别或找不到这些资料来衡量，就不宜对这种市场进行细分。

二、市场细分的意义

日常生活中，我们常常会听到这样的高论：“全国各地都是我们企业的市场，所有人都是我们的潜在用户。”听起来这句话很有大企业家的气魄，但这恰恰是企业进行市场选择时常犯的错误：将全部市场看成是自己的市场，不进行市场细分。因为消费者需求客观上存在着差异性，不进行市场细分将使我们很难确定明确的营销对象，企业也将面临浪费资源、丧失顾客的风险。

在一般情况下，一个企业不可能满足所有消费者的需求，尤其在激烈的市场竞争中，企业更应集中力量，有效地选择市场，取得竞争优势。市场细分对于企业来讲，有以下作用。

1. 有助于企业深刻地认识市场和寻找市场机会

如何认识市场？如果不对市场进行细分化研究，市场始终是一个“混沌的总体”，因为任何消费者都是集多种特征于一身的，而整个市场是所有消费者的总和，呈现高度复杂性。市场细分可以把市场丰富的内部结构一层层地抽象出来，发现其中的规律，使企业可以深入、全面地把握各类市场需求的特征。

另外，市场需求是已经出现在市场但尚未得到满足的购买力，在这些需求中有相当一部分是潜在需求，一般不易发现。企业运用市场细分的手段往往可以了解消费者存在的需求和满足程度，从而寻找、发现市场机会。同时，企业通过分析和比较不同细分市场中竞争者的营销策略，选择那些需求尚未满足或满足程度不够，而竞争对手无力占领或不屑占领的细分市场作为自己的目标市场，结合自身条件制定出最佳的市场营销策略。本章案例导入中的江小白公司，也是通过对白酒市场进行细分找到了目标市场。

案例 5.1

日本钟表欲进入美国市场，原来一直以为美国消费者只需要名表，对美国手表市场需求了解不够。经过一番调查后发现，美国市场对手表的需求有三类不同的消费群体。

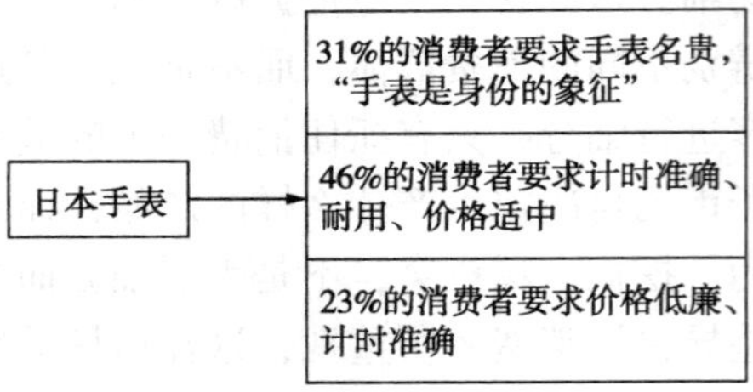

美国本地钟表厂商和瑞士手表厂商一向只关注第一类消费者，着眼于生产和经营优质名牌、价格昂贵的手表，而近70%的消费者的需求都未得到满足。日本钟表厂商发现了这个市场机会，以式样新颖、售价便宜的电子表占领“价格低廉、计时准确”的细分市场，以式样新颖、售价适中的机械表占领“计时准确、耐用、价格适中”的细分市场，取得很大的成功。

2. 有利于企业确定经营方向，有针对性地开展营销活动

市场营销策略组合是由产品策略、价格策略、促销策略、分销策略、权力营销策略、公共关系策略所组成的。当企业通过市场细分确定自己所要满足的目标市场，找到了自己资源条件和客观需求的最佳结合点，这有利于企业集中人力、物力、财力，有针对性地采取不同的营销策略，取得投入少、产出多的良好经济效益(见图5-2)。

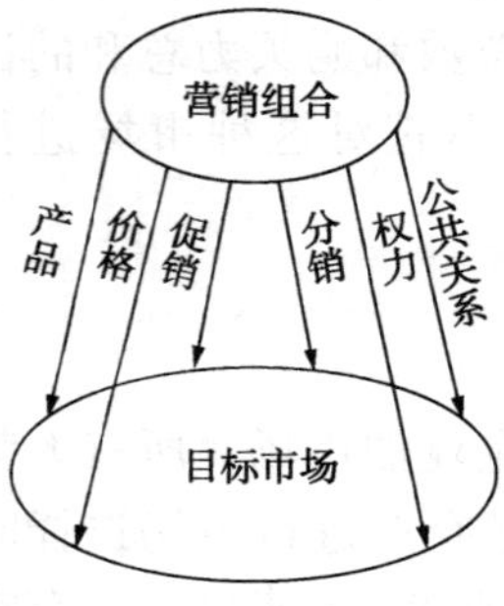

图5-2 营销组合的针对性原则

案例 5.2

酷儿是可口可乐公司推出的一款针对儿童的果汁饮料，是一个类似于泡泡的小孩头像，小容瓶装，便于携带。“酷儿”卡通形象的打造再次验证了可口可乐公司对品牌运作的专业性，相信没有哪一个儿童能抗拒“扮酷”的魔力，年轻的父母也对小“酷儿”的可爱形象大加赞赏。在果汁市场竞争激烈的时代，可口可乐对果汁市场按年龄进行细分，选择了儿童果汁。有了明确的目标市场之后，酷儿开展了针对儿童的一系列营销活动，如广告的投放、销售促进方式的选择、产品包装的设计等等。

3. 有利于中小企业开拓市场，提高整体社会效益

市场细分不仅给企业带来良好的经济效益，而且也创造了良好的社会效益。因为，一方面细分化可以使不同消费者的不同需求得到满足，提高了生活水平，另一方面有利于同类企业合理化分工，在行业内形成较为合理的专业化分工体系，使各类企业务得其所、各显其长。特别是中小企业一般资金有限，技术薄弱，难以在整体市场或者较大市场上占据市场份额，如果通过市场细分，中小企业找寻到大企业未曾发现或顾及的小的子市场，就能在夹缝中求生存。中小企业的不断发展，也能使市场竞争更合理，有利于整个社会的发展，提高整体社会效益。

案例 5.3

某自行车厂生产城市用自行车，但多年来经营活动一直停滞不前，无力与一些著名品牌

竞争。后来他们运用了市场细分化原理，把营销目标转向农村，设计出加重自行车，投入市场后被农民兄弟称为“铁毛驴”，深受欢迎，产量也提高了三倍。

三、市场细分标准

市场细分标准指的是消费者所具有的明显不同的特征以及分类的依据。要正确地进行市场细分，首先必须合理地确定细分市场的标准。由于消费品市场和工业品市场的购买者各有不同的动机和目的，因而市场细分的标准也就有所不同。

（一）消费品市场细分的标准

消费品市场的细分标准，因企业不同而各具特色，但是有一些标准是共同的，即地理环境、人口状态、消费心理及行为因素四个方面，各个方面又包括一系列的细分因素。

1. 地理环境

以地理环境为标准细分市场就是按消费者所在的不同地理位置将市场加以划分，是大多数企业采取的主要标准之一，这是因为这一因素相对其他因素表现得较为稳定，也较容易分析。地理环境主要包括区域、地形、气候、城镇大小、交通条件等。由于不同地理环境、气候条件、社会风俗等因素影响，同一地区内的消费者需求具有一定的相似性，不同地区的消费需求则具有明显的差异。

思考与讨论：空调企业在我国不同的地区应该推出怎样不同的产品？

应该指出，按照国家、地区、南方北方、城市农村、沿海内地、热带寒带等标准来细分市场是必需的，但是，地理环境是一种静态因素，处在同一地理位置的消费者仍然会存在很大的差异。因此，企业还必须采取其他因素进一步细分市场。

知识链接

八大菜系

中国传统餐饮文化历史悠久，菜肴在烹饪中有许多流派。在清代形成鲁、川、粤、苏四大菜系，后来，闽、浙、湘、徽等地方菜也逐渐出名，于是形成了中国的“八大菜系”，即鲁菜、川菜、粤菜、苏菜、闽菜、浙菜、湘菜、徽菜。

思考：八大菜系是哪种标准细分市场的？请查找资料了解八大菜系的特点。

2. 人口状态

这是市场细分惯用的和最主要的标准，它与消费需求以及许多产品的销售有着密切联系，而且这些因素又往往容易被辨认和衡量。人口状态包括的内容见表 5-1。

表 5-1　按人口状态标准细分市场

	主要变量	营销要点
性别	男女构成	了解男女构成及消费需求特点
年龄	婴儿、儿童、少年、青年、成年、老年	掌握年龄结构、比重及各档次年龄的消费特征
收入	白领和蓝领；高收入、中高收入和低收入者	掌握不同收入层次的消费特征和购买行为

续表

	主要变量	营销要点
家庭生命周期	单身阶段、备婚阶段、新婚阶段、育儿阶段、空巢阶段、寡鳏阶段	研究各家庭处在哪一阶段、不同阶段消费需求的数量和结构
职业	工人、农民、军人、学生、干部、教育工作者、文艺工作者	了解不同职业的消费差异
文化程度	文盲、小学、中学、大学等	了解不同文化层次人群购买种类、行为、习惯及结构
民族	汉族、满族、回族、蒙古族等	了解不同民族的文化、宗教、风俗及不同的消费习惯

用人口状态细分市场，可以是单个变量细分，如仅仅以“性别”这个变量来细分化妆品市场，但许多情况下采用多变量细分。某营养滋补品公司发现，营养滋补品市场可以按三类变量予以细分(见图5-3)。

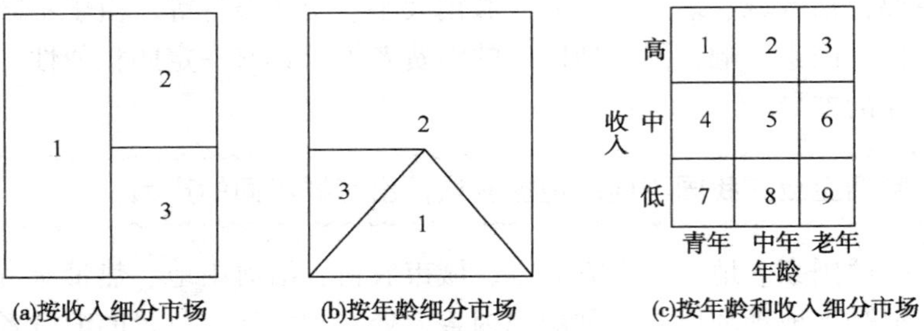

图5-3　市场细分的一般方法

在图5-3中，(a)图是用消费者收入来细分市场，该营养滋补公司认为，消费者收入层次不同，其需求也不同。用收入变量可把市场细分为3个子市场，其中“1号市场”最大。

(b)图是用消费者年龄层次细分市场，对于营养滋补药品，青年购买者、中年购买者、老年购买者之间的需要有明显的区别。按这一标准划分的三个市场中，“2号市场”规模最大。

(c)图则是用“收入”与“年龄”两个变数并重细分市场。用收入低、收入中、收入高和青年、中年、老年等变量来细分市场，则把一个市场划分为9个子市场。其中1号市场是“高收入青年购买者市场”，2号市场是“低收入老年购买者市场”，等等。显然，这一划分比(a)、(b)方法更科学，也更有实效。

案例5.4　麦当劳的人口细分

麦当劳对人口要素的细分主要从年龄及生命周期阶段来进行的，其中将不到开车年龄的划分为少年市场，将20岁至40岁之间的年轻人界定为青年市场，还划定了老年市场。人口市场细分后，还分析不同市场的特征。如麦当劳以孩子为中心，把孩子作为主要的消费者，十分注重培养他们的消费者忠诚度。在餐厅用餐的小朋友经常会意外获得印有麦当劳标志的气球等小礼物，在中国，还有麦当劳叔叔俱乐部。参加者为三至十二岁的小朋友，俱乐部定期开展活动，让小朋友更加喜欢麦当劳。

3. 消费心理

人们常常发现，在地理环境和人口状态相同的条件下，消费者之间存在着截然不同的消费习惯和特点，这往往是消费者的不同消费心理的差异所导致的。尤其是在比较富裕的社会中，顾客购物已不限于满足基本生活需要，因而消费心理对市场需求的影响更大。所以，消费心理也就成为市场细分的又一重要标准。

（1）生活方式。一般来说，生活方式是人们对消费、工作和娱乐的活动方式。生活方式作为心理学个性理论中的一个概念，最早是由艾尔布雷德·艾德可勒提出的。他认为：生活方式是人们根据某一中心目标而安排其生活的模式，并通过他的活动、兴趣和意见可以体现出来。这个中心目标就是自身缺乏的、未具有的优势或其思想中固有的某种价值观。

由于人们生活方式不同，消费倾向及需求的商品也不一样。如美国一服装公司把妇女分为“朴素型”(喜欢大方、清淡、素雅的服装)；“时髦型”(追求时尚、新潮、前卫)；“有男子气质型”三种类型，分别为她们设计制造出不同式样和颜色的服装。

案例 5.5

在许多国家，生活方式早已被视为市场研究中的一项重要内容与方法。博报堂是日本历史最悠久的广告公司，也是世界排名前十的顶级广告与传播集团。博报堂重视“消费者导向”，坚持营销资讯收集和研究的信念，以“生活者”为基础进行市场沟通战略提案，专门成立“生活综合研究所”，从日常的市场活动到经营领域都提供全面性的行销、广告和媒体订购服务。它就曾经在中国通过研究当前中国知识型青年的生活方式，来进一步把握未来21世纪的中国市场的消费模式。其调查方式非常独特：采用以拍照为主，简单答卷为辅的调查手段。即用照相机拍下你周围环境和人物，包括你喜欢的或不喜欢的。个人的生活方式跃然纸上。然后日本的厂商可以根据博报堂对生活方式的统计结果来细分市场，组合营销策略。另外，按照生活方式来细分市场和把握市场动向和潮流趋势，可以应用的方面很多。例如：它可以使得原先单靠人口统计指标、地理指标等难以划分的市场，如艺术、娱乐、旅游等，可更为准确地把握。

（2）个性。不同个性购买者在消费需求上有不同特点(见表5-2)。

表 5-2　不同性格消费者类型

个性	消费需求特点
习惯型	偏爱、信任某些熟悉的品牌，购买时注意力集中，定向性强，反复购买
理智型	不易受广告等外来因素影响，购物时头脑冷静，注重对商品的了解和比较
冲动型	容易受商品外形、包装或促销的刺激而购买，对商品评价以直观为主，购买前并没有明确目标
想象型	感情丰富，善于联想，重视商品造型、包装及命名，以自己丰富想象去联想产品的意义
时髦型	易受相关群体、流行时尚的影响，以标新立异、赶时髦为荣，购物注重引人注意，或显示身份和个性
节俭型	对商品价格敏感，力求以较少的钱买较多的商品，购物时精打细算、讨价还价

不少企业常常使用性格变量来细分市场，他们给自己的产品赋予品牌个性，以适合相应消费者个性。

案例 5.6

1962年担任福特汽车公司分部总经理的艾柯卡从调查中发现，未来10年是年轻人的世界，今后汽车市场的主要消费者是年轻人。针对青年人的口味，福特公司把轿车设计成像一辆运动车，鼻子长尾部短，满足了喜欢运动和爱刺激的心理。同时，价格也不贵，使青年人都买得起。最后，还为这种车起了一个令青年人遐思的名字——“野马”，它有广阔天空任君游的味道，十分适合青年人的口味，这一汽车推出后，一年内便销售了41万辆，创下全美汽车制造业的最高纪录。

4. 行为因素

行为因素是细分市场的重要标准，特别是在商品经济发达阶段和广大消费者的收入水平提高的条件下，这一细分标准越来越显示其重要地位。不过，这一标准比其他标准要复杂得多，而且也难掌握。

(1) 购买时机。许多产品的消费都具有明显的时间性，企业可以根据消费者需要、购买或者使用产品的时间进行市场细分。比如新学期开学前学习用品热销，春节前副食品销售达到高峰，重阳节前各类保健食品吃紧。对于购买时机性较强的产品，企业要加强促销宣传，促进消费者在特定的时机大量地购买。

案例 5.7　电商造节

提到电商造节，大家并不陌生，越来越多的消费者参与到电商平台打造的购物节的狂欢派对中。而天猫的"双 11"无疑算是中国电商造节的"鼻祖"。2009 年 11 月 11 日，淘宝商城(天猫前身)举办了首届"双 11"。虽然当时参与的商家数量和促销力度有限，但其营业额突破 5200 万的成绩却远远超出了所有人的预料，"双 11"自此"一战成名"。在过去十多年里，"双 11"创造了一个又一个奇迹，每年都在刷新纪录。当年那场以"光棍节"为名义的网购促销活动，如今竟会发展成为全球瞩目的购物狂欢日，而天猫双 11 也由此掀起电商造节热潮。

看着老对手阿里"名利双收"干的火热，京东自然不甘落后，随即也造了个"618"。就在天猫双 11 诞生半年后，2010 年 6 月 18 日，京东也正式开启了"京东 618 年中购物节"。

在继"双 11""618"成为国内电商促销狂欢的代名词之后，各大电商平台也都纷纷跟风造出了诸如"双 12""火拼周""吃货节""女王节""年货节"等购物节，让消费者心甘情愿地加入到购物狂欢派对中，乐此不疲。

思考：电商为何要造节？

(2) 寻找利益。

消费者购买商品所要寻找的利益往往是各有侧重的，据此可以对同一市场进行细分。一般地说，运用利益细分法，首先必须了解消费者购买某种产品所寻找的主要利益是什么；其次要了解寻求某种利益的消费者是哪些人；再者要调查市场上的竞争品牌各适合哪些利益，以及哪些利益还没有得到满足。通过上述分析，企业能更明确市场竞争格局，挖掘新的市场机会。

案例 5.8

美国学者赫雷(Haley)曾运用利益细分法对牙膏市场进行细分而获得成功。他把牙膏需求者寻求的利益分为经济实惠、防治牙病、洁齿美容、口味清爽四类。牙膏公司可以根据自己所服务的目标市场特点，了解竞争者是什么品牌，市场上现有品牌缺少什么利益，从而改进自己现有产品，或再推出新的产品，以满足未被满足的需要。

利益细分	人口统计特征	行为特征	心理特征	符合利益的品牌
经济实惠	男性	大量使用者	自主性强者	大减价的品牌
防治牙病	大家庭	大量使用者	忧虑保守者	品牌 A. F.
洁齿美容	青少年	吸烟者	社交活动多者	品牌 B
口味清爽	儿童	薄荷爱好者	喜好享乐者	品牌 C

（3）使用数量和使用频率。

调查表明，某商品大量使用者的人数虽然占消费者总数的比例不大，但他们所消费的商品数量却在消费总量中占很大比重，少量使用者却相反。同时，相同消费群体在购买心理、接受传媒习惯等又有相似的特征。如美国一家市场调研公司发现，大量喝啤酒者大多是体力劳动阶层，年龄约在25~50岁之间，每天看电视约3~5小时，喜欢观赏体育节目。这些宝贵资料有助于营销者制定产品价格，选择分销渠道，决定促销策略等。

（4）品牌忠诚程度。消费者对企业和产品品牌的忠诚程度，也可以作为细分市场的依据，企业借这一细分可采取不同的营销对策(见表5-3)。

表5-3　顾客忠诚程度细分

忠诚程度类型	购买特征	销售对策
专一品牌忠诚者	始终购买同一品牌	用俱乐部制等办法保持老顾客
几种品牌忠诚者	同时喜欢几种品牌，交替购买	分析竞争者的分布，竞争者的营销策略
转移忠诚者	不固定忠于某一品牌，一段时间忠于A，一段时间忠于B	了解营销工作的弱点
犹豫不定者	从来不忠于任何品牌	使用有力的促销手段吸引他们

（二）产业市场细分的标准

许多用来细分消费品市场的标准，同样可以用来细分产业市场，如地理环境和行业因素中的一些变量(购买习惯、寻找利益、使用数量和频率等)都是有效的细分标准。同时，由于产业市场有其不同的特点，所以产业市场细分标准同消费品市场细分标准不完全一致。其中常用的变量有：

1. 用户的要求

不同的用户对同一工业品的规格、性能、质量、品种、价格等方面往往有不同的要求。例如，用于飞机的轮胎比拖拉机所用轮胎质量标准高。同样是半导体，军事用户特别重视产品质量，要求绝对可靠，而价格不是主要因素；工业用户则重视半导体的质量和售后服务；对于商业用户来讲，则特别注意价格。依据用户要求来细分市场，便于企业制定相应的营销策略，开展营销活动。

2. 用户规模

用户规模也是产业市场细分的重要标准。许多生产企业以用户的规模为标准，把客户分为大量用户、中量用户和小量用户。大量用户数量虽少，但购买力很大；小量用户则相反，户数甚多，但购买力不大。大量用户对产品质量、供货期以及运输方式等一般要求比较苛刻，供货厂家竞争也比较激烈，但是，一旦达成购货协议，就具有相对的稳定性。小量用户采购的批量较小，购销关系不稳定。企业通过市场细分，掌握不同规模用户的特点，采取不同的经营方式。对大量用户一般直接供货，并在价格上予以一定优惠；对小量用户则通过中间商渠道供货，以保证一定的市场覆盖面。

案例5.9

格力空调根据购买规模的大小以及是否长期合作，将目标消费群体分为开发商为主的商用市场、个人机关为主的项目市场、开发商为主的高级住宅市场和个人为主的高级住宅市场。

3. 用户的地理位置

由于用户地理位置对于货物运输关系很大，所以这也是市场细分的标准之一。对于用户较为集中的地区，企业可以采取直接销售方式，降低销售成本。对于较为分散的用户则可充分利用中间商网络进行分销。

（三）市场细分标准应注意的问题

以上分析了市场细分的一般标准，企业在运用上述标准时，应该注重以下问题：

（1）不同类型企业在市场细分时应采取不同的标准。如消费品市场主要根据地理环境、人口状况等因素作为细分标准，但不同的消费品市场所使用的度量也有差异。如手表市场按性别、收入等变量细分，彩电则按家庭人口、收入等细分。

（2）市场细分的标准是随社会生产和消费需求的变化而不断变化的。由于消费者价值观念、购买行为和动机不断变化，企业细分市场采用的标准也会随之变化。如轿车原来只需用“收入”指标来细分，而今天消费者购车除了考虑经济承担力外，还考虑汽车与自己生活方式、个性、年龄、追求利益的吻合程度等内容。

（3）企业在进行市场细分时，应注意各种标准的有机组合。在选择细分标准时，一般采用多项标准的组合，这样可使整个市场更细、更具体，企业也更易把握细分市场的特征。

（4）市场细分是一项创造性的工作，凡是构成消费者差异的因素都可以视作市场细分的标准。由于消费者需求的特征和企业营销活动是多种多样的，市场细分标准的确定和选择不可能完全拘泥于书本知识。企业应在深刻理解市场细分原理的基础上，创造新的有效的标准。

案例 5.10　宝洁公司市场细分研究

一、按地理变量细分市场

宝洁公司的地理细分主要表现在产品技术研究方面，如宝洁经过细心的化验发现东方人与西方人的发质不同，于是宝洁开发了营养头发的潘婷，满足亚洲消费者的需求。针对不同地区，主推的产品也不一样，比如在偏远的山区，则推出了汰渍等实惠便宜的洗涤产品。洗发水有飘柔等实惠的产品。对于北京、上海、香港以及更多的国际大都市则主推玉兰油、潘婷等高端产品。

二、按人文变量细分市场

1. 年龄。例如宝洁广告画面多选用年轻男女的形象，如以青春偶像郑伊健、张德培作为广告模特。宝洁的市场定位为青年消费群体，其高额的市场占有率充分证明了定位的正确性。沙宣主要针对讲究个性的年轻时尚白领一族。

2. 收入。收入是影响市场细分的一个常用人口变量，收入水平影响消费者需求并决定他们的购买能力。

宝洁的洗衣粉初打入中国市场时，调研发现中国消费者对洗衣粉的功效要求不高，用量是西方国家的十分之一。市场细分如下：碧浪定位于高价市场，为5%的市场占有率。汰渍定位于中价市场，为15%的市场占有率，在中国收购和合资的当地品牌熊猫、高福力、兰香定位于低价市场。

3. 性别。宝洁公司旗下的吉列品牌剃须刀、刀片及其他剃须副产品，将面对的整体市场按性别因素细分为男士和女士市场，专门为男士设计了锋速三、超级感应、感应、超滑旋转等系列产品，专门为女士设计了吉利女士专用刀架、刀片 Venus，吉列女士超级感应系列等产品，深受消费者喜爱。

三、按心理变量细分市场

1. 社会阶层。宝洁公司利用社会阶层这一特点，对不同的阶层进行营销战略。宝洁公司国际著名护肤品牌 SK-II 针对的就是较高的购买者。精华露从 800 元到 1200 元价格不等；而 OLAY 的产品面对的是中下收入消费者。

2. 生活方式。面对广大的家庭主妇型消费者，宝洁公司推出了桶装洗发水。沐浴露，适用于家庭用；而对于大学生群体或者经常外出的人们，宝洁公司同时也推出了易携带的洗护二合一产品。对于白领一族宝洁公司推出了亚洲第一彩妆品牌：ANNASUI(安娜苏)。

四、按行为变量细分市场

1. 宝洁根据不同消费者群体，推出五种不同诉求利益的洗发产品：

海飞丝——去屑；

潘婷——维他命原 B5 营养发质；

飘柔——柔顺光滑；

沙宣——专业美发；

伊卡璐——草本精华纯天然。

2. 从使用数量中的大量使用者来分：

帮宝适——婴儿；

Shulon's Old Spice 系列——男士剃须；

护舒宝——女士专用品；

玉兰油——时尚女性。

3. 从购买时机来分：

比如：夏季畅销的玉兰油多效防晒霜。

第二节　目标市场选择

案例 5.11

商业社会的今天，营销案例无处不在。只要您细心地发现，到处都充满商机。2002 年 8 月底，科龙电器推出其世界首创的 10 款容声“爱宝贝”儿童成长冰箱。这 10 款儿童冰箱外形都由卡通动物形象构成，有小熊乐乐、小狗奇奇、企鹅冰冰、小狗沙沙、熊猫小小、巧嘴鹦鹉、小猴聪聪等，这些动物造型均采用最先进的点阵 LCD 显示屏模式。儿童冰箱主要针对 15 岁以下的少年儿童，全部容积限定在 90 升，高度 90 厘米以下。而且该儿童冰箱强调它对于儿童的娱乐功能、辅助教育功能。在冰箱内部构件中，旋转木马式果盘、百变魔盒、可插式散物架等可给儿童提供丰富的娱乐活动；电子日历、双闹钟、数十种数码宠物、英文语音等等，在培养儿童自我管理能力、激发学习兴趣方面大有帮助；而富有创意的冰箱外形、20 首中外著名儿歌开门铃声、10 种模拟动物叫声等对儿童更是潜移默化的艺术熏陶。

冰箱业发展几十年，已具备较高的市场细分度。除了按冰箱容积划分外，还可以从地域性及经济收入划分为一、二、三级市场和高、中、低档等不同的消费群体；此外，从使用功能角度分，冰箱又可被细分为家庭用、医药用、商业用等。现在，科龙将使用者的年龄作为了市场细分的又一标准。

科龙对儿童冰箱的市场预期做出如下分析：“据调查统计，我国每年出生人口为2000 万人，这样，仅目前国内 0~12 岁的儿童就有 2 个亿的市场，更不要说国外还有近 12 亿的潜在市场。假如这其中的30%购买了儿童冰箱，那也将是一个天文数字。况且这个市场将永远是一个不饱和的市场。到目前为止，国内外还没有哪个厂家在儿童冰箱的项目上进行过研发投入，也就是说在短时间内，容声的儿童冰箱是没有对手的。科龙完全可以在这个新的市场独占其美，成为其持续赢利的充分保证。”

儿童冰箱刚上市时，很抓眼球，营销界人士为此大为惊呼：“难道市场细分竟要细到如此地步?”家长到店中去看的也不少，然而真正掏钱购买的却寥寥无几。经过一段时间以后，各商场家电专区已经很少看见儿童冰箱的展台。

点评：有效的市场细分，填空补缺式的市场定位，目标市场上的差异市场营销，不能说科龙公司的儿童冰箱营销策略无称道之处。但是，它忽略了谁才是儿童成长冰箱的购买决策者？对于儿童成长冰箱，儿童是冰箱的使用者，而其父母或长辈则是冰箱的购买者、决策者，那么科龙公司的目标市场的顾客是冰箱的使用者——儿童呢还是其父母？这个目标市场的选择才是关键！

来源：我要调查网发布时间：2012-06-11

企业在进行了市场细分之后，整个市场被划分为若干个子市场，这时企业应该选择合适的子市场，即目标市场。企业一切营销活动都是围绕目标市场进行的。选择和确定目标市场，明确企业具体服务对象，是企业制定营销策略的首要内容和基本出发点。

目标市场是指企业在市场细分的基础上，根据市场潜量、竞争对手状况、企业自身特点所选定和进入的市场。

一、目标市场的评估

企业在进行市场细分之后，并不是划分出来的每一个子市场都值得进入，企业必须结合自己的实际情况对其进行评估。企业选择目标市场，应注意考虑以下问题：

1. 细分市场规模和潜力

细分市场规模是指在一定时期内，在消费者愿意支付的价格水平下，经过相应的市场营销努力，产品在该细分市场可能达到的销售规模。

对细分市场潜量分析的评估十分重要。如果市场狭小，没有发掘潜力，企业进入后没有发展前途。当然，这一潜量不仅指现实的消费需求，也包括潜在需求。从长远利益看，消费者的潜在需求对企业更具吸引力。细分市场只有存在着尚未满足的需求，才需要企业提供产品，企业也才能有利可图。

2. 细分市场的竞争状况

企业要进入某个细分市场，必须考虑能否通过产品开发等营销组合，在市场上站稳脚跟或居于优势地位。所以，企业应尽量选择那些竞争者较少、竞争者实力较弱的细分市场为自己的目标市场。那些竞争十分激烈、竞争对手实力十分雄厚的市场，企业一旦进入后就要付出昂贵的代价。当然，对于竞争者已经完全控制的市场，如果企业有条件超过竞争对手，也可设法挤进这一市场。

3. 细分市场具有的特征是否与企业资源相吻合

企业所选择的目标市场应该是企业力所能及的和能充分发挥自身优势的。企业能力表现在技术水平、资金实力、经营规模、地理位置、管理能力等方面。所谓优势是指上述各方面能力较竞争者略胜一筹。如果企业进入的是自身不能发挥优势的细分市场，那就无法在市场上站稳脚跟。

案例 5.12 非常可乐下得了乡却进不了城

非常可乐是娃哈哈公司 1998 年推出的民族品牌，自诞生以来通过“农村包围城市”的战略，曾经在农村地区取得不错的销售成绩，但其早已退出历史的舞台。

非常可乐消失的原因之一是：处境“非常尴尬”。一方面非常可乐的“自留地”——农村市场，随着可口可乐、百事可乐这两大巨头的不断蚕食，份额正日渐缩小；另一方面，城市市场始终被可口可乐和百事可乐这两头西洋猛虎牢牢的盘踞着，久攻不下不说，非常可乐始终被城里人认为是“下里巴人”的饮料，上不了台面。上上不去，下下不来，这就是非常可乐为什么消失的因素之一！

娃哈哈公司是这样定义非常可乐的：“非常可乐——中国人自己的可乐”！我们可以非常清晰地看出，非常可乐自诞生之日起，就牢牢地抓住了民族旗帜，高喊非常可乐是中国人自己的可乐的口号，并且将非常可乐紧密地与喜事和幸福联结在一起，意图将非常可乐打造成老百姓办喜事的必备饮品。

将非常可乐定义为中国人自己的可乐，高打民族旗帜，在高端媒体高频率轰炸，这对刚刚起步的非常可乐来说，不可谓不是一个妙招，可以充分利用民族感情吸引媒体和百姓的关注。而且娃哈哈公司当初将可口可乐和百事可乐势力都比较弱的农村市场作为非常可乐的主攻市场，这个决策使非常可乐在农村战场上取得十分大的优势，但长期驻扎农村市场的非常可乐想要“进城去”，那就遇到瓶颈了。

另外，可口可乐、百事可乐在长达百余年的市场培育和竞争过程中，赋予了可乐在产品之外极其丰富的文化内涵，赋予了其活力、年轻、时尚、朝气蓬勃的形象，是一种典型美国精神的代表。这也正是“两乐”虽历经百年沧桑依然英姿勃发的根本原因。虽然“中国人自己的可乐”在没有可乐文化的农村市场有一定的生存的空间，但是在有着深厚可乐文化的城市市场，这种定位会给心态开放的城市年轻消费者一种保守、落后的负面印象。而且非常可乐在外观设计上就沿袭了可口可乐的红色风格，给人一种山寨的错觉，低廉的价位，更是表达了它远远比不上可口可乐、百事可乐的价值。难怪很多的消费者都将非常可乐定义成“下里巴人”的饮料。

在城市，可乐的主要消费群是年轻人，其特点是低价值高频次重复消费。作为一种生活中经常饮用的饮料，可乐在其消费形态上和水等饮料并无本质的区别。而这类低价值高频次重复消费的产品，其品牌核心所要传达的内容，最好不要和具体的事物联系在一起，否则如果应用不当只能束缚自己的手脚。具体到可乐上来，百事可乐和可口可乐传达都是一种抽象的意识形态，百事可乐代表的是新一代年轻人的澎湃激情，可口可乐传达的则是年轻人火一样的活力。

反观长期驻扎农村市场的非常可乐，却牢牢的和喜事沾在了一起，有喜事当然非常可乐。因为在农村市场，可乐并非像在城市里一样，是一种日常消耗品。在农村市场，可乐更多的是在逢年过节、家有喜事的时候才饮用。城市和农村的可乐消费，完全不在同一个层次。将非常可乐这么一个低价值高频次重复消费的日常消费品牢牢地和喜事粘在一起，无疑是自缚手脚的做法。因此在品牌定位上面，非常可乐的做法就不太恰当了，这就导致了非常可乐失败的最终结局！

思考：请从目标市场评估的三要素来分析当时非常可乐面对的农村市场和城市市场。

二、目标市场营销策略

企业在进行了市场细分并进行了目标市场评估之后，到底应该进入哪些子市场，以何种方式进入，就是目标市场营销策略的选择问题了。企业在决定目标市场的选择和经营时，可根据具体条件考虑三种不同策略。

(一) 无差异市场营销策略

无差异市场营销策略，是把整个市场作为一个目标市场，着眼于消费需求的共同性，推出单一产品和单一营销手段以满足整个市场上尽可能多的消费者的某种共同需求(见图 5-4)。

图 5-4　无差异市场营销策略

无差异营销策略的优点是成本的经济性。这是因为：(1)由于产品单一，生产批量大，企业可实行机械化、自动化、标准化大量生产，从而降低产品成本，提高规模经济效益；(2)无差异的广告宣传，单一的销售程序，降低了销售费用；(3)节省了市场细分所需的调研费用、多种产品开发设计费用，使企业能以物美价廉的产品满足消费者需要。

知识链接

规模经济效益

规模经济效益是指由于扩大生产规模的变动而引起经济效益增加的现象。也是由于生产力等诸多因素变动所引起的经济效益的增加。在一定产量范围内，生产规模的扩大会导致长期平均成本的下降。例如一家工厂每年生产 50 万台空调，比只是生产 5 万台空调的利润要高，平均分配到每台空调上的成本也低很多，因为生产 50 万台和 5 万台相比，所需的生产线、工人数目、厂房容量等这些固定成本基本差不多。

无差异营销策略也有其不足：(1)不能满足不同消费者的需求和爱好，难以满足个性化消费需求。用一种产品、一种市场营销策略去吸引和满足所有顾客几乎是不可能的，即使一时被承认，也不会被长期接受。(2)容易受到竞争对手的冲击。当企业采取无差异营销策略时，竞争对手会从这一整体市场的细微差别入手，参与竞争，争夺市场份额。

案例 5.13　早期的可口可乐

可口可乐是世界上最畅销的软饮料之一，自 1886 年问世以来，一直奉行无差异市场策略。早期的可口可乐，只有一种口味、一种包装、一种价格，连广告语都相当简单——“请喝可口可乐”，一直沿用很久。

百事可乐公司的创建比可口可乐公司晚 12 年，为了争夺市场份额，百事可乐公司进行了激烈的挑战。除了强调便宜(其广告语是“一样的价格，可饮两倍量”)，争取年轻人(广告歌“今天生龙活虎的人们一致同意，年轻人就喝百事可乐”)外，还执行了差异化战略，即推出七喜汽水，争取“非可乐”细分市场，开展一场“无咖啡因”广告运动，对可口可乐造成巨大冲击。可口可乐在此打击下，不得不放弃无差异市场策略，也推出雪碧、芬达、雪菲力等各种风格和口味的饮料，以满足不同市场需要。

（二）差异性市场营销策略

差异性市场策略是充分肯定消费者需求的异质性，在市场细分的基础上选择若干个细分子市场为目标市场，并针对每一个子市场，设计不同的产品，采用不同的营销策略组合方案，满足不同子市场的不同需求(见图5-5)。

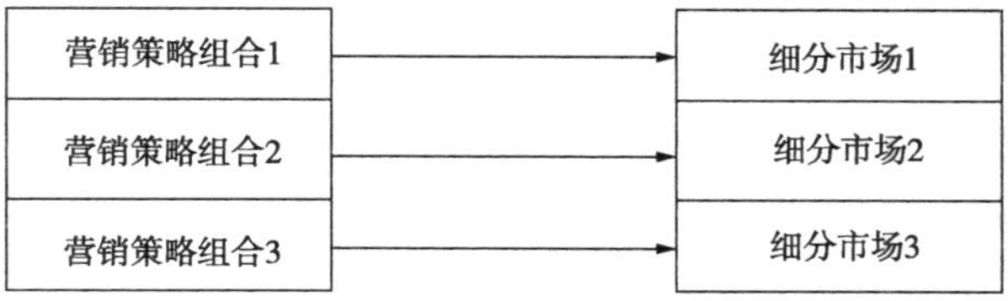

图5-5　差异性市场策略

差异性市场策略是目前普遍采用的策略，这是科技发展和消费需求多样化的结果，也是企业之间竞争的结果。不少企业实行多品种、多规格、多款式、多价格、多种分销渠道、多种广告形式等多种营销组合，满足不同细分市场的需求。

差异性市场策略的优点是：(1)由于企业面对多个细分市场，某一细分市场发生剧变，也不会使企业全盘陷入困境，大大减少了经营风险。(2)由于能较好地满足不同消费者的需求，争取更多的顾客，从而扩大销售量，获得更大的利润。(3)企业可以通过多种营销组合来增强企业的竞争力，有时还会因在某个细分市场上取得优势、树立品牌形象而带动其他子市场的发展，造成连带优势。

差异性市场策略的不足之处在于：(1)由于目标市场多，产品经营品种多，因而渠道开拓、促销费用、生产研制等成本高；(2)同时，经营管理难度较大，要求企业有较强的实力和素质较高的经营管理人员；(3)企业资源分散于各个目标市场，容易失去竞争优势。

案例5.14　可口可乐现有产品

可口可乐	零度可乐	健怡可口可乐
雪碧	芬达	怡泉
醒目	酷儿	美汁源
美汁源果粒奶优	冰露	纯悦
水动乐	乔雅	嗨茶
粗粮王	爆锐	淳茶舍
阳光	纯悦果水	COSTA咖世家
尊选28睡醒颜	AdeZ	

从可口可乐公司中国官网的品牌家族可以看出，现在的可口可乐推出了多个品牌多种产品，以满足不同消费者的不同需求。

请分析：可口可乐公司现在在中国的饮料市场实施的是哪种目标市场营销策略？实施该策略能给企业带来哪些益处？

（三）集中性市场营销策略

集中性市场营销策略又称为“密集性市场营销策略”，是指企业在市场细分后选择一个或少数几个子市场作为目标市场，集中设计生产一种或一类产品，采用一种营销组合为其服务，实行专门化生产和销售(见图 5-6)。

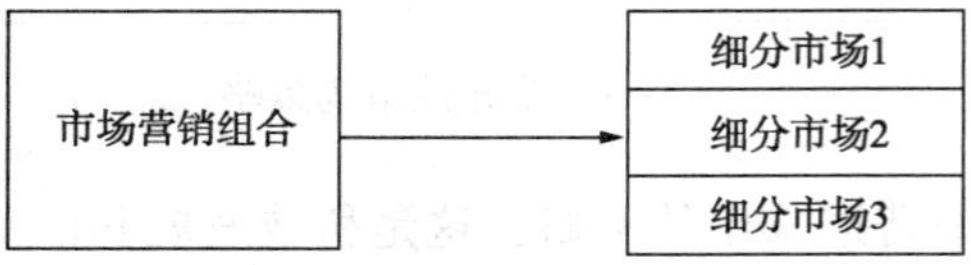

图 5-6　密集性市场策略

集中性市场策略与无差异性市场策略的区别是，后者追求整个市场为目标市场，前者则以整个市场中某个小市场为目标市场。这一策略不是在一个大市场中占有小份额，而追求在一个小市场上占有大份额。其立足点是，与其在总体上占劣势，不如在小市场上占优势。

案例 5.15

一百年前，日本京都成立了一家生产纸牌的小店，以汉语“尽人事，听天命”的寓意取名为“任天堂”。一百多年以来，任天堂始终抱着“玩具”这一细分市场，从扑克牌、塑料扑克牌、魔术扑克牌、电子游戏机到电脑玩具，坚持不懈，使其产品畅销全球。

“任天堂”抱着一棵“树”不放，这棵树虽然不大，但它不低头，拼命开发创新，使它成为一棵“摇钱树”。

集中性市场策略优点很明显：(1)由于市场集中，便于企业深入挖掘消费者的需求，能及时得到反馈意见，使企业能制定正确的营销策略。(2)生产专业化程度高，企业可有针对性地采取营销组合，节约成本和费用。(3)目标市场较小，可以使企业的特点和市场特征尽可能达成一致，从而有利于充分发挥企业自身优势。(4)在细分市场上占据一定优势后，可以集聚力量，与竞争者抗衡。(5)能有效地树立品牌形象，如全聚德烤鸭、张小泉剪刀等品牌几乎家喻户晓。

当然，密集性策略也有缺点：(1)由于市场较小，空间有限，企业发展受到一定限制。(2)如果有强大对手进入，风险很大，很可能陷入困境，缺少回旋余地。

上述三种营销策略内容可用表 5-4 来归纳。

表 5-4　三种营销策略

营销策略	追求利益	营销稳定性	营销成本	营销机会	竞争强度	管理难度
无差异策略	经济性	一般	低	易失去	较强	低
差异性策略	销售额	好	高	易发展	弱	高
密集性策略	形象和小市场占有率	差	低	易失去	强	低

三、市场覆盖模式

企业在选择目标市场时，有以下五种模式可供参考(表 5-5)。

（1）市场集中化。即企业只生产一种产品，专门满足某个特定的市场（顾客群），企业的生产活动和营销活动都以这个特定的市场为中心，集中精力经营这个市场。一般实力薄弱的小企业往往会选择这种策略。例如企业只生产小型柴油机，专门满足本地市场。

如小天才只针对儿童提供儿童电话手表。

（2）产品专业化。企业提供一种产品，面向各类市场（顾客群），这种策略一般适用于消费和使用面广的产品，企业可能会提供一种产品满足市场上各类消费者的需要。例如一些饮料、食盐、家庭日常用品等。

（3）市场专业化。企业针对一个特定的市场，关注和致力于满足这个市场内各种需求，这个时候，企业会针对这个特定的市场提供各类产品，比如，针对儿童市场提供玩具和家具、教具等一系列产品。

如一些培训机构刚开始只给孩子提供一个科目或一种乐器类培训，后来会针对这群孩子提供多种科目或多种乐器、艺术类培训。

（4）选择专业化。企业根据对市场的分析，发现几个具有吸引力的目标市场，企业也有能力满足，这些细分市场可能没有必然联系，企业为这些市场提供的产品也可能没有一定的联系，企业根据各个不同市场的特点，分别设计和制造产品、差异性地实施营销策略，采用这种策略一般对企业规模、实力、管理协调能力和整个经营素质要求较高。

比如在某个地方城市或地区的企业，其业务涉及当地的零售商超、酒店、教育培训、房地产等等相关度不大的行业。

（5）全面覆盖。这一般是大型企业或者市场领先的企业采用的策略，这种策略可能致力于为市场上每个不同类型的消费者提供各类产品。

表 5-5　五种市场覆盖模式

	概念	优点	不足
市场集中化	这是一种最简单的目标市场模式。即企业只选取一个细分市场，只生产一类产品，供应某一单一的顾客群，进行集中营销	企业能够集中力量，因而会在一个细分市场上，有较高的市场占有率和渗透率。如果细分市场选择得当的话，还可获得较高的投资收益率	企业具备在该细分市场从事专业化经营或取胜的优势条件；限于资金能力，只能经营一个细分市场；该细分市场中没有竞争对手；准备以此为出发点，取得成功后再向更多的细分市场扩展
选择专业化	即企业选取若干个具有良好的盈利潜力和结构吸引力，且符合企业的目标和资源的细分市场作为目标市场，其中每个细分市场与其他细分市场之间有较少联系	可以有效地分散经营风险，即使某个细分市场盈利不佳，仍可在其他细分市场取得盈利	采用这种模式的企业应具有较强的资源和营销实力
产品专业化	即企业集中生产一种产品，并向各类顾客销售这种产品	优点：企业专注于某一种或一类产品的生产，有利于形成和发展生产和技术上的优势，在该领域树立形象	其局限性是当该领域被一种全新的技术与产品所代替时，产品销售量有大幅度下降的危险
市场专业化	即企业专门经营满足某一顾客群体需要的各种产品	由于经营的产品类型众多，能有效分散经营风险，并在这一类顾客群体中树立良好声誉	由于集中于某一类顾客，当这类顾客的需求下降时，企业也会遇到收益下降的风险
市场全面化	即企业生产多种产品去满足各种顾客群体的需求		采用这种模式的企业属于势力雄厚的大型企业

企业的市场覆盖模式不是一成不变的，一般要根据市场和环节的变化动态调整，它既受到市场特性、市场环境的影响，也受到企业能力和条件的制约，同时还与企业经营战略、经营打算有关。

四、影响目标市场选择的因素

无差异市场策略、差异性市场策略和集中性市场策略各有利弊，各自适合不同的情况，一般说来，在选择目标市场策略时要考虑以下因素。

1. 企业资源

如果企业资源丰富，实力雄厚(包括生产经营规模、技术力量、资金状况等)，具有大规模的单一流水线，拥有广泛的分销渠道，产品标准化程度高，内在质量好，品牌商誉高，可以采用无差异市场策略。

如果企业具有相当的规模、技术设计能力强、管理素质较高，可实施差异性市场策略。

反之，如果企业资源有限、实力较弱、难以开拓整个市场，则最好实行集中性营销策略。

2. 产品特点

产品具有同质性，即消费者购买和使用时对此类产品特征感觉相似，其需求弹性较小，如食盐、石油等可采取无差异市场策略。产品具有异质性，消费者对这类产品特征感觉有较大差异，如服装、家具、化妆品等，其需求弹性较大，可采取差异性或集中性策略。

3. 市场特征

如果消费者的需求和爱好相似，购买行为对市场营销刺激的反应基本一致，企业可以采取无差异策略。

消费者需求偏好、态度、购买行为差异很大，宜采取差异性策略或集中性策略。

4. 产品生命周期

处于产品生命周期不同阶段的产品，要采取相应的目标市场策略。处在投入期、成长期宜采取无差异市场策略。因为消费者初步接触新产品，对其不甚了解，消费需求还停留在初浅层次。另一方面，企业由于种种原因也难以一下子推出多种品种。

在成熟期、衰退期宜采取差异性策略和集中性策略。这是由于企业生产已定型，消费已成熟，需求向深层次多样化发展，竞争也日趋激烈。采取差异性策略可以开辟一个又一个新市场，或者采取集中性策略，稳固市场地位，延长产品生命周期。

5. 竞争对手策略

企业采取任何目标市场策略，通常还要分析竞争对手的策略，知己知彼，百战不殆。如果竞争对手采取无差异市场策略，企业应考虑差异性市场策略，提高竞争能力。如果竞争对手采取差异性策略，则企业应进一步细分市场，实行更有效的集中性策略，使自己产品与竞争对手有所不同。

第三节　市场定位

案例 5.16　今日新概念汽车租赁

北京今日新概念公司是北京最早开展针对个人的汽车租赁业务的企业，也是当时中国汽车租赁业中规模最大的企业。今日新概念的业务始于1995年，当时在1991年、1992年的学车潮流的带动下，北京有了很多“有本无车”的人，驾校有计时班，但没有一家汽车租赁企业面向个人租车，今日新概念在此时率先开展了针对个人的汽车租赁业务，并推出了以小时为单位的租赁服务，这对刚刚拿到驾照却没车开的爱车族来讲，无疑是个实践的机会，而对今日新概念也是事业的开始。

刚开始租赁业务的今日新概念只有10辆客货两用车，伴随着业务量的不断增长，到1996年年中，车辆数到了50辆，车型也有所增加。此时今日新概念又迈出了突破资金限制对业务影响的最大一步：和汽车生产厂家达成分期付款购买新车的协议，用有限的资金激活了大量资产，新车投入运营后，很快就又收回成本再用来购买下一批车辆，到1997年6月，车辆数发展到了2000多辆，几乎呈几何级数增长，为业务的进一步发展拓展了空间。

一、市场定位含义

企业进行市场细分和选择目标市场后，一个重要的问题就必须回答：如何进入目标市场？以怎样的姿态和形象占领目标市场？企业如何使自己的产品和竞争者的产品在市场形象上有所区别，这就是市场定位。

所谓市场定位就是根据所选定目标市场上的竞争者现有产品所处的位置和企业自身的条件，从各方面为企业和产品创造一定的特色，塑造并树立一定的市场形象，以求在消费者心中形成一种特殊的偏好。

二、市场定位的内涵

（1）市场定位就是要给自己的产品创造特色，在目标顾客的心中树立独特的形象。这种特色和形象可以通过产品实体方面体现出来，如形状、构造、成分等；也可以从消费者心理上反映出来，如舒服、典雅、豪华、朴素、时髦等，或者由两个方面共同作用而表现出来，如价廉、优质、服务周到、技术先进等。

比如提到除菌，我们会想到舒肤佳。提到去屑洗发水，我们会想到海飞丝、清扬。提到预防上火的饮料，我们会想到王老吉等等。

（2）市场定位，实际上是在已有市场细分和目标市场选择的基础上深一层次的细分和选择，即从产品特征出发对目标市场进行进一步细分，进而在按消费者需求确定的目标市场内再选择企业的目标市场。

（3）市场定位主要指本企业产品在目标市场的地位，研究的是以怎样的姿态进入目标市场，所以又叫产品定位。同时，定位就是要设法建立一种竞争优势，所以，市场定位又叫竞争定位。

三、市场定位的方法

市场定位的方法有二维定位和多维定位。

1. 二维定位

二维定位就是在定位时，选择两个变量或两个因素，每个变量又选择两种状态，分析由两种状态组合而得到的四种不同结果，它又叫平面定位。

如在分析早餐市场时，选取“准备时间”和“价格”两个因素，可以画出早餐市场产品定位图（见图5-7）

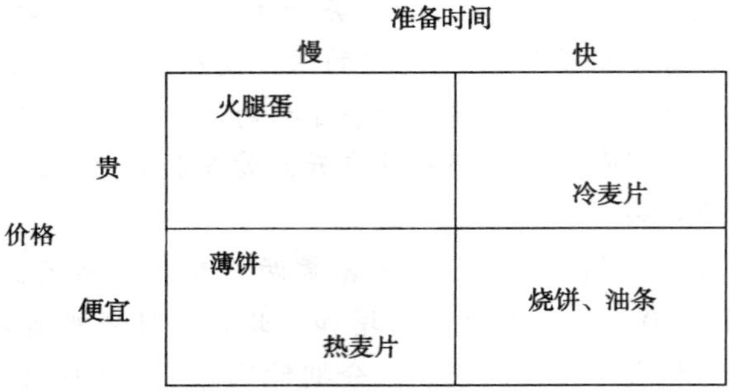

图 5-7 早餐市场定位

从图 5-7 可以发现不同早餐产品的定位和特色，分析各品种的竞争对手，更为新产品进入该市场进行科学定位提供依据。

显然，两维分析法有以下好处：

(1) 非常直观、形象，一目了然。

(2) 分析全面，不易漏掉可能出现的结果。

(3) 扩展方便，稍微做些改进，就可以进行扩展和进行更加深入的分析。

如对图 5-7 进行早餐市场定位扩展，“价格”变量选取“贵”“一般”“便宜”三种状态，“准备时间”变量选取“慢”“中”“快”三种状态，便得出九种市场定位的选择(见图 5-8)。

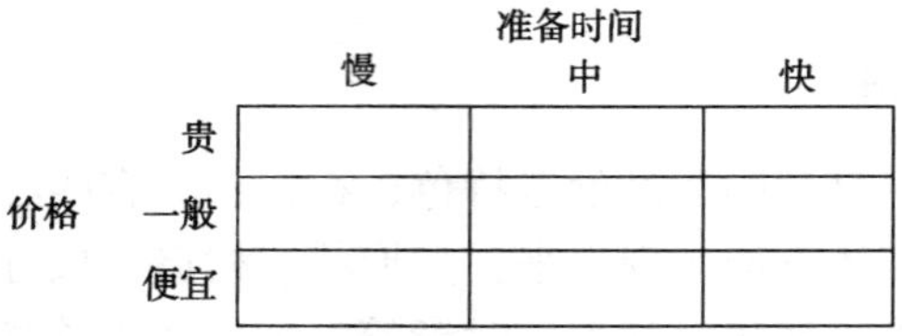

图 5-8 早餐市场定位扩展

2. 多维定位

多维定位通常选择三个或三个以上因素进行分析和定位，所以也叫立体定位。一般来说，多维变量的构成越多，直观理解也越困难，这是因为，多维变量构成的是一个立体空间，其分析也是在立体空间上进行。特殊情况，也有采取树型结构分析的。

如旅游鞋市场，可以按“年龄”“性别”“收入”三个变量进行市场定位(见图 5-9)。

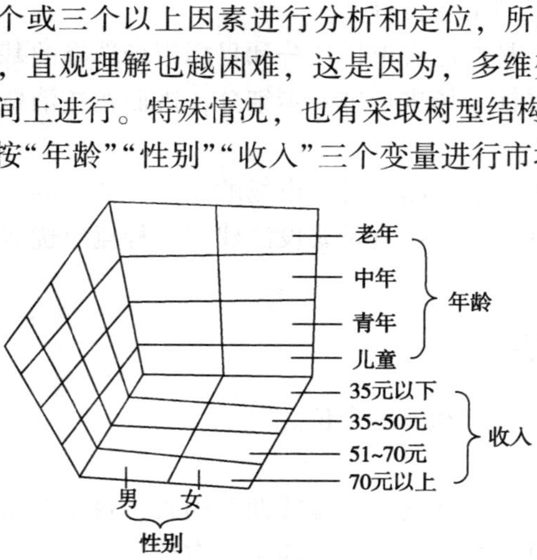

图 5-9 旅游鞋市场多维定位

同样，铝制品市场也可以按“最终用户”“所需产品”“用户规模”“追求利益”四个变量进行“树型结构”分析定位(见图 5-10)。

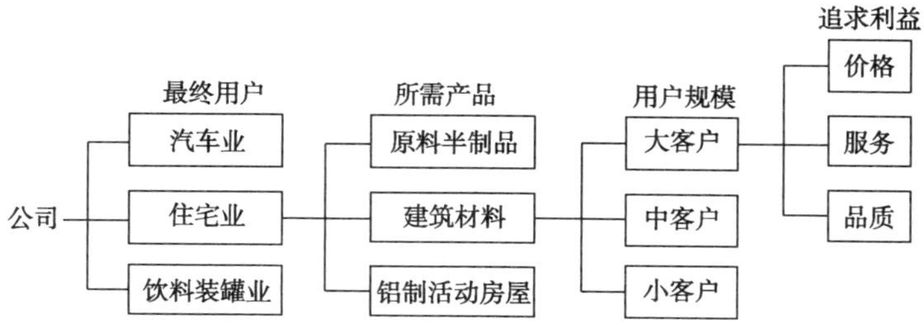

图 5-10 铝制品市场四维定位

在市场定位过程中，不论是采取两维定位法还是多维定位法，核心是选择好变量。当一种定位不甚科学时，可通过重新选择变量来找到市场的空白和发现可能出现的商机。比如，早餐市场产品的定位图，可以选“价格”和“准备时间”变量，也可以选用“价格”和“质量”变量，或者选用“营养”和“快捷”变量(见图 5-11)。

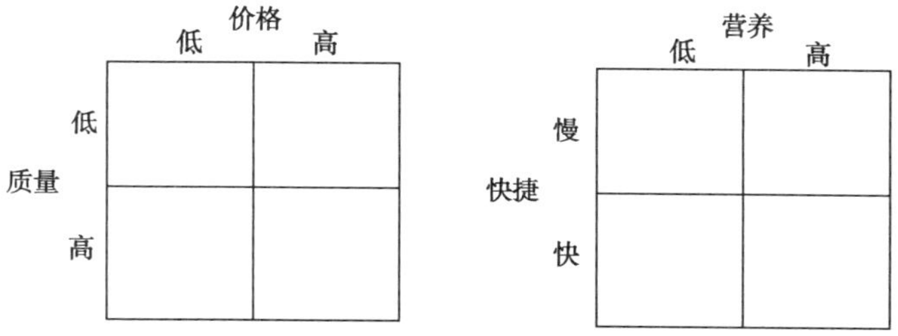

图 5-11 早餐市场定位变量重新选择

上述分析表明，市场定位操作过程中，变量和状态选对了，就可以产生新的思路、新的方法、新的策略；选择错了，就会造成分析上的失误和错误的实践。

四、市场定位的依据

市场定位依据的实质就是企业依据什么为自己的产品、品牌创造特色，为了树立自己在目标顾客心中不同的形象，企业应该从哪些方面入手。

1. 产品特色定位

产品特色定位指的是需要突出产品的特色，面对不同的顾客推出不同的产品。以这种依据来进行市场定位的企业很多。产品特色包括了原料、技术、配方、功能、式样、规格、色彩、质量、产地等多个方面(见表 5-6)。如某热水器品牌的广告——花洒一开，热水即来，体现出热水来得很快的特点。

表 5-6 产品特色定位

	内　　容	举　　要
产品特色	产品功能、技术含量、包装、服务	牙膏的防蛀、增白 IBM 就是服务
产品质量	使用效果、耐用性能、可靠程度	A 牌汽车更平稳、操作更容易、速度更快 永不磨损的××手表
产品式样	产品特有的样式、风格、对产品的展示方法	多面剃须刀、平面电视、超平电视

案例 5.17　雅客 V9——含有维生素的糖果

2004 年雅典奥运会前一年，一条周迅奔跑于都市的大街小巷，吸引众多追随者，形成奔跑的奇观的广告让人眼前一亮，这条借势奥运氛围的广告在周迅那句“想吃维生素糖果的，跟上吧”中，悄无声息地把雅客 V9 定位于维生素糖果行业里的领袖，又巧妙地完成了该角色概念的传播。凭借该条广告，雅客一夜之间红遍大街小巷，销售量节节攀升，成为糖果行业里名副其实的黑马！不过这匹黑马的腾飞可谓关隘重重，真的可以说是过五关斩六将，从一片红海中脱颖而出。

1996 年以后，中国糖果业在经历了最初的辉煌和迅速枯萎之后重新崛起，其中 2001 年糖果的年产量为 85 万吨，销售额高达 135 亿元，创历史新高。但这个阶段的市场有三大特点：一是民营企业市场份额大；二是市场竞争异常激烈，新产品不断进入；三是外资品牌也纷纷介入，使整个糖果市场环境更加复杂。

雅客经过深入调查分析发现，糖果的利益点经历了质量、口味直到现在的功能。人们对糖果的消费越来越注重健康，因此能使咽喉舒适的薄荷糖、使口气清新的口香糖、富含维生素的果汁糖成为市场趋势。提到薄荷糖我们就想到荷氏，提到口香糖我们就想到箭牌，提到维生素糖果我们想到？那会是我们的机会吗？就像黑夜里划过的一颗流星，雅客突然想到了前两年维生素饮料鲜橙多的巨大成功，以及酷儿、每日 C 的相继成功。那么是否维生素糖果也可以创造这样的市场奇迹呢？

有了这个想法之后，雅客进行了进一步的调查，结果很喜人！大量的市场调查数据表明：希望通过吃糖果补充维生素的人居然达到了 48.1%，仅次于采用吃水果和蔬菜的方式，比希望采用吃维生素保健品的高出二十多个百分点。所有这一切都说明：维生素糖果极有可能形成一个独立的品类市场。而在任何一个品类市场形成之际，也就意味着一个领袖品牌的诞生可能，关键谁看到了机会，并且抓住了机会。

确立了产品特色之后，经过一系列的营销策划，不难发现四个与雅客 V9 相关的重要价值所在：“第一”——创新精神；奥运赞助——运动精神；维生素——健康要素；创新运动健康=雅客 V9。雅客 V9 的品牌定位与品牌格调也已然呈现：雅客 V9 是一种具创新精神、充满运动活力、为身体补充维生素的健康糖果。雅客 V9 的品牌传播亦将围绕“创新、运动、健康维生素”展开。

这一定位，不仅会在消费者心中形成“第一”的品牌认知，同时也给竞争者建立了巨大的竞争门槛，使他们望而畏惧，不敢轻易进入这个市场。短短几个月，雅客 V9 在 2003 年年底就获得了 3 个亿的一鸣惊人的销售额。

2. 顾客利益定位

顾客利益定位指的是一些突出的产品能给顾客带来更多方面的需求和利益。宝洁公司从 1988 年进入中国以来，陆续在中国市场上推出五个品牌的洗发水，他们互不竞争是因为各自有着明确的市场定位，不同的品牌能给消费者带来不同的利益。海飞丝——去屑，潘婷——维他命原 B5 营养发质，飘柔——柔顺光滑，沙宣——专业美发，伊卡璐——草本精华纯天然。

案例 5.18　王老吉——预防上火的饮料

从 2005 年开始，王老吉以大热之势成为中国营销界最具黑马本色和盘点价值的名字。在此之前，没有人想到，作为岭南养生文化的一种独特符号的“凉茶”，在两广的大街小巷里沉淀一百多年后，2005 年突然飘红全国，一年销售 30 亿。王老吉怎么做到的呢？

一、产品策略。“王老吉”的品牌名称有独特性，而且好念、好写、好记，很容易传播。从产品包装上看，罐装王老吉的包装主色调是红黄两色。中国文化对于色彩的体认，最具传统意义和文化认同感的非红黄两种颜色莫属。从口感来看，罐装王老吉口感像山楂水一样，更接近饮料的味道，满足了全国各地不同消费者的口感要求。从功效来看，有“预防上火”和“降火”的作用，这种实实在在的功效是凉茶与其他饮料相比的核心优势。“上火”是人们可以真实感知的一种亚健康状态，随着人们健康意识的提高，“预防上火”和“降火”的市场需求日益庞大。作为凉茶市场的执牛耳者，王老吉的功效正好满足了这个未被切割的饮料市场。

二、定位。作为“清热解毒去暑湿”的中草药饮料，“凉茶”这一概念是典型性的地域概念，除了两广，其他地区的消费者对于“凉茶”这一概念几乎一无所知，在上火的时候也从没有想到喝凉茶，都是通过牛黄解毒片之类的清热解毒类药品来解决问题，这成了王老吉打入全国市场难以逾越的障碍。显然，如果以“凉茶”的概念切入全国市场，不但市场培育过程缓慢，而且教育“凉茶”概念的费用也是一个无底洞。王老吉在定位上摆脱了“凉茶”概念的纠缠，跳入海量的“饮料”市场中竞争，并在海量的“饮料”市场中区隔出一个新品类——“预防上火的饮料”！把凉茶的功能删繁就简归纳为“怕上火”，使其通俗化和时尚化。

三、营销投入。王老吉成功启动全国市场并迅速飙红，巨额广告投放持续不断的轰炸也是其撒手锏之一。2003 年，2004 年，2005 年，2006 年，王老吉的宣传推广投入分别是 4000 多万，1 个亿，1 个多亿，2 个多亿。其销量也随着广告投入的猛增三年“三级跳”——2003 年 6 亿，2004 年 10 亿，2005 年一举跃升到 30 亿，2006 年上半年已达到 18 亿。在巨额的广告投入中，王老吉始终把央视这一全国性品牌最好的孵化机器当作打造品牌的第一平台，同时针对区域市场的营销需要，在地方卫视上投放广告弥补央视广告到达率的不足，报纸和终端广告也在产品的销售中起到了有力的支撑作用。王老吉在中央电视台 2007 年广告招标大会上，又以 4.2 亿元成为 2007 年央视广告的标王。

四、终端。王老吉终端的铺货和执行非常到位，几乎在所有大中型卖场都统一上 TG 或者端架，以及形象堆头，而且卖场广告力度直逼另一饮料巨头蒙牛。除了卖场广告外，店招广告和招贴海报在大街小巷的出现频率也极高。王老吉不仅进入了各种商超，甚至进入餐饮店、酒吧。在 on-trade 市场，王老吉就做得非常成功，除了酒类，绝对是老大。在一些城市，王老吉还选择湘菜馆、川菜馆、火锅店作为“王老吉诚意合作店”。2004 年起，王老吉与肯德基合作，王老吉凉茶正式进入洋快餐店肯德基，借助肯德基德品牌和网点资源来拓展市场。

牵头粤港澳凉茶企业，由政府出面申请将凉茶列入中国非物质文化保护遗产目录，更加体现了王老吉敏锐的营销意识和老练的公关手段。凉茶“入遗”的成功不但让凉茶产品有了独特功能的“护照”，更是在政府层面构筑了一道中国非物质文化保护遗产名录之外企业难以跨过的竞争壁垒。作为市场上的寡头，王老吉无疑是“入遗”的最大受益者。

3. 使用者的定位

使用者定位指的是把产品推送给一个特定的顾客群，使顾客认同这个产品，即突出产品使用者的人群差别以形成吸引力。如星巴克的使用者定位为崇尚咖啡享受的白领阶层。感冒药品牌快克的广告语——大人吃大快克，小孩吃小快克，以体现其不同的使用者定位。

案例 5.19　飞鹤奶粉——带领中国品牌逆袭洋品牌

飞鹤始建于 1962 年，专注婴幼儿配方乳粉领域。从丹顶鹤故乡黑龙江齐齐哈尔起步，是中国最早的奶粉企业之一。56 余年来，飞鹤一直针对中国人体质研制奶粉，专注于中国宝宝的体质和母乳营养研究，承担了国家“863”项目、科技部十二五项目等国家级科研项目，科研实力业内首屈一指。

飞鹤乳业作为 2017 年新版《赢在中国》的三大案例之一，是中国品牌逆袭洋品牌的典型飞鹤品牌案例。飞鹤如何在短短两年时间就上演了一场绝地逆袭之战？10 月 31 日，“飞鹤·赢在中国——引领国产奶粉逆袭，高端增长超 200%战略成果发布会”在北京举行，格力电器董事长兼总裁董明珠、优米网创始人王利芬、君智咨询董事长谢伟山、分众传媒创始人江南春等应邀出席，共同见证飞鹤“赢在中国”。

君智团队进行了大量的调研分析发现，在进口奶粉冲击下，进口品牌对市场形成笼罩性影响，消费者已经形成了“进口奶粉等于安全而国产奶粉等于不安全”的认知。若想进一步打开成长空间，飞鹤必须为整个国产奶粉阵营重建认知优势，化解进口品牌的笼罩性封锁。因此，正确的破解之道是向消费者传达飞鹤作为国产奶粉的独特价值，尤其是用进口奶粉品牌难以提供的独特价值来吸引消费者关注，给消费者一个选择的理由。在认知上，“一方水土养一方人”的观念根深蒂固，只要是中国人都深深理解和认可这句话。经过严谨、系统分析及大量心智调研后，君智咨询协助飞鹤重新定位——“更适合中国宝宝体质”。这简单的九个字就是外资奶粉的痛点，没有哪个外资品牌敢讲这句话！此定位也正是基于飞鹤 55 年专门为中国人研制奶粉的独特优势。这个定位一是能真正找到消费者的痛点，搭建起飞鹤跟消费者沟通心智的桥梁。此外还能压制对手，令外资品牌如鲠在喉，却无法反击。

找到竞争机会仅是竞争战略落地的第一步，也是君智咨询服务的起点。更为重要的是，君智咨询协助飞鹤围绕“更适合”的定位，构建了一整套运营配称，用以占据这一竞争机会。从产品到定价，再到信任状的发掘和梳理，君智协助飞鹤全面系统落地竞争战略。

2016 年第二季度，飞鹤市场开始有了起色，到了第四季度效果就愈发明显。2016 年全年，飞鹤总销量增长 8%，高端产品星飞帆增长 80%，一举超越伊利、贝因美。

2017 年 1~5 月，飞鹤乳业整体实现 45%的增长，高端婴幼儿奶粉更是同比增长超 200%，再创国产婴幼儿高端奶粉销售增长佳绩。

凭借着“更适合中国宝宝体质”的战略定位，加上企业 50 多年的厚实基础和团队高效的执行力，仅仅两年，飞鹤乳业就上演了一场经典的绝地逆袭之战，堪称商业史上的一个奇迹，同时得到了广大中国妈妈的认同和市场的认可。

来源：中国品牌策划网 2020-6-15

思考与讨论：人们常说“坐奔驰、开宝马”，你能说出其中的区别吗？

4. 使用场合定位

使用场合定位指的是对于一些产品可以作为不同的用法给推送出去，比如在不同的时机、不同的场合使用。

案例 5.20　制药市场 OTC 的经典成功营销案例——白加黑

200 亿的 OTC 市场非常巨大，是一个竞争激烈的市场。各制药厂家都想在这诱人的市场上有所斩获，然而大浪淘沙，实力的强弱、水平的高低，决定了其在市场上的输赢成败。放眼十几年来的OTC营销，淘去无数的失败或平庸，留下的是那些光彩焕然的吸引着我们眼球的经典成功案例。

1994年末白加黑推出时，比1989年进入中国的康泰克和1993年进入中国的泰诺都晚。在这两个品牌中，康泰克凭借独有的缓释胶囊技术，第一个建立了全国性强势品牌，其广告是"早一粒晚一粒，远离感冒困扰"，在当时普遍6小时吃一次的感冒药中，确立了"长效"定位；泰诺则依赖"30分钟缓解感冒症状"诉求成功，其定位在于"快效"，与康泰克针锋相对。

面对强大而又被消费者所广泛认同的竞争对手，白加黑没有跟进康泰克或泰诺，而是在长效、快效之外，"白加黑"确定了干脆简练的广告口号："治疗感冒，黑白分明"，所有的广告传播的核心信息是"白天服白片，不瞌睡；晚上服黑片，睡得香。"产品名称和广告信息都在清晰地传达产品概念。将两位领先者重新定义为黑白不分的感冒药，自己是"日夜分服"。

"白加黑"上市仅180天销售额就突破1.6亿元，在拥挤的感冒药市场上分割了15%的份额，登上了行业第二品牌的地位，在中国大陆营销传播史上，堪称奇迹，这一现象被称为"白加黑"震撼，白加黑凭此定位进入了三强品牌之列。

5. 比附定位

比附定位就是企业攀附名牌来给自己的产品定位，以借助名牌之光使自己的品牌生辉。这种定位的思路是：竞争者在当时已经坐稳了领先者的交椅，企业与其强行与竞争者正面交锋头破血流，不如以守为攻，突出竞争者的同时，显示自己。近几年，网络上许多品牌"蹭热度"的行为也是比附定位的一种运用。

案例5.21　蒙牛品牌初期的比附定位

蒙牛品牌的初期传播就是做到了比附定位，并且做得是恰到好处。所谓"最危险的地方，就是最安全的地方"，

自创业之初，蒙牛就一直跟在伊利身边：不是给它"端茶、倒水"，而是欲凭借伊利的强大影响力，伺机抢占中国乳业的头把交椅。为什么最初蒙牛甘居人后？因它知道自己的力量很弱，不能轻易跟大品牌硬碰硬，弱小之时正是累积、成长的时候，首先要保全自己。

对于"小弟型"企业来说，要生存无非两条路：一是造势，一是借势——而无论"造势"还是"借势"，都离不开强势人物的火力支援。等到自己的翅膀长硬了，才有资本跟老大一决雌雄。

1999年，蒙牛刚刚成立时，仅有1300多万元的资金，名列中国乳业的第1116位，处于三无的状态。与伊利、草原兴发这些大企业相比不过是个相当于"指甲盖"大小的小厂。身形弱小的这头"蒙牛"就是想在内蒙古立足都非常困难，更不用说全国。为此，蒙牛做出了"为别人做广告"的决定，它从产品的推广宣传开始就与伊利联系在了一起。蒙牛的第一块广告牌子上写的是"做内蒙古第二品牌"；在冰激凌的包装上，蒙牛打出了"为民族工业争气，向伊利学习"的字样。

事实上，这些广告看似是对伊利的赞赏，实际上却使蒙牛和乳业第一巨头伊利并驾齐驱，从而在消费者心里留下深刻印象。这与美国阿维斯出租汽车公司强调"我们是老二，所以我们更努力"的定位策略是一致的。而且，蒙牛这种谦逊的态度，宽广的胸怀，赢得了人们的尊敬和信赖，从而获得了很好的口碑。

从2000年9月起，蒙牛投资100多万元，投放了300多幅灯箱广告，广告正面主题为

“为内蒙古喝彩”，下书：“千里草原腾起伊利集团、兴发集团、蒙牛乳业；塞外明珠辉照宁城集团、仕奇集团；河套峥嵘蒙古王；高原独秀鄂尔多斯……我们为内蒙古喝彩，让内蒙古腾飞。”背面的主题为：“我们共同的品牌——中国乳都·呼和浩特”。

实际上，以蒙牛当时的实力、地位和产业规模，这些品牌都令蒙牛难望项背，但蒙牛通过广告使自己与对方平起平坐，却使消费者感觉蒙牛与这些品牌一样，也是名牌，也是大企业。

蒙牛借伊利等名牌企业的名气提高自身品牌的影响力，无形中就将自己的品牌打了出去。也使自己从一个不起眼的小乳品企业，一跃成为知名的品牌企业。蒙牛依靠着品牌比附定位，迈出了成功的一步。

五、市场定位策略

市场定位对一个企业来说是十分重要的。它是“纲”，定位准确才能“纲举目张”，才能有效地组合各类营销手段；它是“杠杆”，能以较小的“投入”举起更大的“产出”。

（一）迎头定位策略

迎头定位是指企业根据自己的实力，为了占据较佳的市场位置，与市场上占据支配地位的、实力最强或较强的竞争者发生正面竞争，使自己的产品进入与对手相同的市场位置。迎头定位可能引发激烈的市场竞争，因此有较大的风险。

迎头定位需要具备的条件是：第一，企业必须清醒地估计自己的实力，基本可以抗衡，而不是以鸡蛋碰石头；第二，消费者需求总量明显增加，市场上能够容纳自己企业及竞争者的产品。

思考与讨论：你能说出一些行业市场上采用迎头定位策略的企业案例吗？比如碳酸饮料行业、洋快餐行业等等。

（二）避强定位策略

避强定位策略，是指企业力图避免与有实力最强的或者较强的其他企业直接发生竞争，而将自己的产品定位于市场空白处，如美国的七喜汽水的定位是“非可乐”。强调它与可乐饮料的不同，不含咖啡因，是代替可口可乐和百事可乐的清凉解渴饮料。因而吸引了部分不愿意用这两种饮料的消费者。

1993 年上海方便面市场展开激烈竞争，“统一”方便面认真分析市场后认为，中高档市场已被“康师傅”占领，低档次的已有“营多”等分布，而恰在中低档处有一个缝隙，即 1 元左右的方便面较适合大中学生的消费水平，于是把自己产品定位于这一细分市场。同理，不少零售企业也按照市场需求、竞争对手状况和自身特征予以定位。有的定位于“白领” 有的则定位于“工薪”。上海太平洋百货则把“淑女”作为自己的目标市场，围绕这一定位组合各类营销手段，获得成功。

（三）重新定位策略

孙子兵法说：“水因地而制流，兵因敌而制胜。敌兵无常势，水无常形。能因敌变化而取胜者，谓之神”。其意是打仗要根据敌我双方力量的消长变化而采取应变策略，就像流水没有固定不变的形态一样，用兵也没有固定不变的方法，能以变应变而取胜者，可称为用兵如神。市场与战场一样风云变幻，因而企业市场定位也因市场变化而重新定位。

案例 5. 22

可口可乐其口味虽百年不变，但其定位却不断地因地因时而变化。刚问世时，可口可乐是以“提神、解乏、令人爽快”定位的。20 世纪 30 年代，因为所向无敌，只强调可乐能使人精神爽朗，其广告改为“喝新鲜饮料，干新鲜事”。“二战”后，百事可乐崛起竞争，可口可乐市场定位改为竞争性定位，如“可口可乐，一个全球性的符号”。

重新定位一般有三种情况：

1. 因产品变化而重新定位

这是因产品进行了改良或产品发现了新用途，为改变顾客心目中原有的产品形象而采取的再次定位。

（1）因产品变化而重新定位。有的产品因市场竞争等原因，不断地否定自己，又不断地对产品进行改良。当改良产品出现后，其形象、特色等定位也随之改变。

（2）因产品发现新功能而重新定位。许多产品在投入使用过程中会超出发明者当初的设想而发现一些新用途，为了完善产品的形象，扩大市场，产品需要重新定位。如苏打不仅是药品，而且还有清洁除臭作用，可用于冰箱、厕所除臭，苏打产品又被重新定位于家用除臭剂。

案例 5. 23

剃须安全刀片是美国吉列公司发明，近 50 年来一直是刀片市场的王牌。20 世纪 60 年代初，吉列刀片受到 BIC 公司的不锈钢刀片的打击，一些顾客纷纷放弃吉列，转而使用 BIC 公司的产品。为扭转不利局面，吉列推出世界上第一把双片剃须刀片，其定位改为“剃须更彻底”。6 年后，吉列公司又推出便携式剃须刀，其定位又改变为“安全便利”。

2. 因市场需求变化而重新定位

由于时代及社会条件的变化以及顾客需求的变化，产品定位也需要重新考虑。如人们生活富裕了，要养生，要保健减肥，因而希望食品中糖分尽量少些。某一品牌奶粉在 20 世纪 50~60 年代针对消费者喜爱强调含糖分，进入 80 年代则强调不含糖分，正好迎合人们“只要健康不要胖”的心理。

3. 因扩展市场而重新定位

市场定位常因竞争双方状态变化、市场扩展等而变化。美国约翰逊公司生产的一种洗发剂，由于不含碱性，不会刺激皮肤和眼睛，市场定位于“婴幼儿的洗发剂”。后来，随着美国人口出生率的降低，婴幼儿市场日趋缩小，该公司改变定位，强调这种洗发剂能使头发柔软，富有色泽，没有刺激性。

案例 5. 24

在全球消费者心中，万宝路绝对是知名度最高和最具魅力的国际品牌之一，但万宝路有今天的成就却不是一帆风顺的。

1854 年万宝路以一家小店起家，在创业早期，万宝路的品牌定位是女性，消费群体以女性为主，口号语为：“像五月天气一样温和”，这种定位致使广大男性烟民对其望而却步。20 世纪 20 年代的美国，被称为“迷惘的时代”。经过第一次世界大战的冲击，许多青年都自认为受到了战争的创伤，并且认为只有拼命享乐才能将这种创伤冲淡。万宝路的广告口号是“像五月的天气一样温和”。用意在于争当女性烟民的“红颜知己”。为了表示对女烟民关怀，莫里斯公司把“Marlboro”香烟的烟嘴染成红色，以期广大爱靓女士为这种无微不至的关怀所感动，从而打开销路。然而几个星期过去，几个月过去，几年过去了，莫里斯心中期待的销售热潮始终没有出现。热烈的期待不得不面对现实中尴尬的冷场。万宝路从 1924 年问世，一直至 20 世纪 50 年代，始终默默无闻。

这样的一种广告定位虽然突出了自己的品牌个性，也提出了对某一类消费者(这里是妇女)特殊的偏爱，但却为其未来的发展设置了障碍，导致它的消费者范围难以扩大。女性对烟的嗜好远不及对服装的热情，而且一旦她们变成贤妻良母，她们并不鼓励自己的女儿抽烟。香烟是一种特殊商品，它必须形成坚固的消费群，重复消费的次数越多，消费群给制造商带来的销售收入就越大。而女性往往由于其爱美之心，担心过度抽烟会使牙变黄，面色受到影响，在抽烟时较男性烟民要节制得多。"万宝路"的命运在上述原因的作用下，也趋黯淡。

后来公司找到了当时著名的营销策划人里奥·贝纳，才得以摆脱困境。里奥没有被现有资源限定住，而是反女性定位方向，强调万宝路香烟的男子气概，以散发着粗犷、豪迈气质的西部牛仔作为品牌形象，在包装的设计上也更为硬朗化。由温文尔雅到粗犷豪迈风格的转变，是万宝路适应市场需求做出的大胆尝试，温和的主题适合"一战"过后为了修复战争创伤而主张及时行乐的人群，显然时间抹平了创伤，温和不再适应市场，角逐才是希望。

这两种不同风格的戏剧化转换效果，正是重新定位的作用，使万宝路成为全球香烟第一大品牌。

值得注意的是，企业的市场定位一旦选定和形成，一般不宜轻易重新定位。如果市场情况需要重新定位时，也需要在变中求稳，否则频繁改变定位会造成人们对品牌形象的混乱，也会加大成本开支。

本章小结

目标市场营销是市场营销理论中重要的组成部分，它既是市场调研的结果，又是其他营销策略的基础。离开对市场的正确细分、选择和定位，产品、价格、分销、促销等策略便失去了方向。目标市场营销战略是企业非常重要的战略。

市场细分是目标市场营销的基础，它是按照一定标准把一个大市场划分成若干子市场的过程，其实质是把握消费需求的差异性。市场细分的标准很多，但必须符合可衡量性、有意义性、针对性的要求。

目标市场选择是企业根据市场潜量、市场竞争状况和企业自身状况所选定市场的过程。无差异市场策略、差异性策略、集中性策略各有利弊，关键要分析影响目标市场选择的诸因素。

市场细分和目标市场选择的最终目的都是为了进行市场定位，市场定位体现了品牌或产品在消费者心中的形象，定位是否准确直接决定了企业的营销是否成功。

课后习题

一、单选选择题

1. 企业开展目标市场营销决策的第三个步骤是(　　)。

A. 市场细分　　　　B. 目标市场选择

C. 市场定位　　　　　　　　　　　D. 执行和控制市场营销计划

2. 在市场营销实践中，根据购买产品利益细分是一种行之有效的细分战略，这是(　　)

A. 地理标准　　B. 人口标准　　C. 心理标准　　D. 行为标准

3. 某牙膏厂在市场细分的基础上，生产了适合老年人口味的清爽型牙膏和适合青年人口味的洁齿美容型牙膏，最近又为儿童们开发出防龋齿牙膏。其目标市场营销策略是(　　)

A. 无差异营销　　B. 差异性营销　　C. 集中性营销　　D. 渗透性营销

4. 当顾客针对某一商品的需要、购买行为以及对企业营销行为的反映均一致时，企业宜采取(　　)

A. 无差异营销　　B. 差异性营销　　C. 集中性营销　　D. 渗透性营销

5. 企业决定生产各种产品，但只向某一顾客群供应，这是(　　)

A. 密集单一化　　B. 产品专业化　　C. 市场专业化　　D. 选择专业化

6. 对于差异性较小或需求上共性较大的产品，如大米、白糖、食盐等，可以实行(　　)。

A. 无差异目标市场策略　　　　　B. 选择性目标市场策略

C. 集中性目标市场策略　　　　　D. 产品多样化目标市场策略

7. 下列属于消费者市场细分的标准中人口因素的是(　　)。

A. 生活方式　　B. 家庭规模　　C. 城市或农村　　D. 个性

8. 生活方式的变量是根据(　　)细分的。

A. 地理标准　　B. 人口标准　　C. 心理标准　　D. 行为标准

9. 在春节、中秋节、国庆节等节日即将来临的时候，许多商家都大做广告，以促销自己的产品。这种对市场进行细分的方法是根据(　　)。

A. 地理标准　　B. 人口标准　　C. 心理标准　　D. 行为标准

10. 某餐饮公司同时开设了“快餐厅”“贵宾厅”“儿童餐厅”，该公司采用的目标市场策略是(　　)

A. 无差异市场策略　　　　　B. 差异性市场策略

C. 集中性市场策略　　　　　D. 渗透性市场策略

二、简答题

1. 目标市场营销战略包括哪些步骤？

2. 市场细分的标准有哪些，具体包括哪些要素？

3. 目标市场策略有哪几种，请说出其优缺点。

4. 市场定位的依据有哪些？

课后实训 5　目标市场营销策略

一、实训目的

掌握运用 STP[市场细分(Segmentation)、目标市场(Targeting)、定位(Positioning)]制定营销策略的方法、步骤。

二、实训资料

在欧美，休闲食品是百事公司的主要利润来源之一。百事在欧美等全球最大的休闲食品市场上占据着相当的份额，其休闲食品的年销售额达120多亿美元。在超市最畅销的10个休闲食品品牌中，有9个是百事的品牌。百事公司2001年度营业收入和利润分别达到270亿美元和48亿美元，名列《财富》杂志最新公布的500强第63位，以其66亿美元的身价，在"全球最有价值品牌"中排名第35位。美国食品药品监督局可能要求食品供应商在标签注明食品的脂肪含量。百事帝国是以脂肪和糖为基础的，而恰恰糖和脂肪这两种东西越来越受到人们的畏惧。人们对健康的关注、对快餐和零食的忌讳，已威胁到了百事帝国的根本。

美国疾病预防中心的数据显示：61%的美国成年人体重超标，6~19岁的青少年有15%的人过胖。正因为如此，人们纷纷把矛头指向百事：快餐和零食是发胖的元凶。同时在饮料的选择上，人们也更倾向于非碳酸类健康型饮料，如果汁、茶饮料等。人们认为快餐业对美国人的肥胖问题"贡献不菲"，有人指责饮料和小食品巨头——百事公司通过使消费者发胖而自己不断发展壮大。

日前，纽约的肥胖儿童集体起诉全球快餐业老大麦当劳，指控其食品含有导致发胖的高脂肪、高糖和高胆固醇。1月22日，美国法院驳回了这宗集体诉讼才使麦当劳逃过一劫。一旦法院作出不利于快餐业的判决，犹如"潘多拉盒子"式的连锁反应也将殃及百事。

在健康趋势的升温和争取利润的本分之间，百事公司该如何取得平衡呢？百事公司表示，它可能停产Frito-Lay薯片，要知道，这种薯片占了Frito-Lay公司营业额的54%和56%的利润。而Frito-Lay薯片占到同类含盐小食品市场份额的60%。

百事(中国)投资有限公司传播总监杨美虹表示，百事公司一直关注研制更健康的食品，公司在战略上也作出调整，以适应人们饮食习惯的改变。

饮料、休闲食品和快餐曾是百事三大主营业务，百事进军快餐业是为了借助快餐业广泛的营销网络，来促进饮料的销售，从而提高核心产品的市场竞争力。但也使百事面临多个领域的竞争压力，尤其是快餐业务，属于资产密集度较高的业务，不仅"冲淡"了饮料和休闲食品业务带来的利润，还使百事可乐难以拿到其他快餐食品连锁店的订单，因为这些快餐公司把百事视为同业竞争者。百事适时地剥离了快餐业务，包括塔克贝尔、必胜客和肯德基，以争取快餐食品连锁店的订单。

同时饮料行业的变化，也促使百事积极应对。时下，碳酸饮料已经增长乏力。据估测，非碳酸饮料的增长是碳酸饮料的3倍。高增长的市场也引来了诸多的逐利者，竞争日益激烈。

以中国的数据看，国内饮料市场已经进入了一个多元化的发展时期，根据中国饮料工业协会2002年的最新统计，市场上的碳酸饮料占30%(目前，可口可乐与百事可乐占据了国内碳酸饮料市场的98%)，非碳酸饮料占70%，其中水占40%、果汁和茶饮料分别占10%、其他饮料占10%。

为了掌控市场，早在1998年，百事公司全盘收购了世界著名的康纳果汁饮料公司，以进一步强化饮料产品在世界各地的主导地位。2000年12月，百事公司以134亿美元收购了世界著名的桂格燕麦公司，桂格拥有在美国非常成功的佳得乐运动型饮料。这项收购使百事跻身世界非碳酸饮料行业的头把交椅。

让百事头疼的是，人们渴求健康，却沉溺于坏的饮食习惯。百事曾经尝试生产"无脂椒盐脆饼干"，但失去了一部分喜欢"全脂椒盐脆饼干"的顾客。含有糖和脂肪的食品自然比无糖和无脂肪的食品更美味。

百事适应市场采取新对策的同时，无法放松传统食品或饮料的销售。休闲食品占到了百事公司收入的54%和运营利润的56%。百事公司旗下的产品——百事可乐、激浪、乐事薯片、立体脆、桂格麦片等年零售额均超过十亿美元。放弃这些有利可图的产品，无异于自杀。

在饮料领域，碳酸饮料还是百事可乐和可口可乐两大巨头的主要利润来源。利润率远高于非碳酸饮料的利润率。在美国的饮料市场，百事可乐和可口可乐的碳酸饮料占有71%的市场份额，其中百事可乐占35%，可口可乐占36%。而非碳酸饮料，百事可乐占市场份额的24%，可口可乐占市场份额的16%。“两乐”不可能弃碳酸饮料完全转型非碳酸饮料。

在中国市场，百事尚未遇到如同美国本土的麻烦。实因百事的休闲食品业务进入中国时日不多而且品种较少。1997年，百事的知名薯片“乐事”才在中国上市，食品品种有限。

从1981年与中国政府签约在深圳兴建百事可乐灌装厂起，碳酸饮料一直是百事在中国的主打产品。至今，百事公司在中国各地建立了40家合资、合作和独资企业，百事公司的直接投资接近8亿美元。百事(中国)投资有限公司传播总监杨美虹表示，2002年百事可乐系统比2001年同比实现了19%的增长。与中国碳酸饮料行业5%的增长率相比，百事的成长速度是同行业的近四倍。

虽然非碳酸饮料如果汁、水等在中国内地市场份额日益增大，百事在此领域的势力相对于碳酸饮料还有待壮大。百事的知名品牌立顿红茶、佳得乐果汁、罐装咖啡在内地只有微小的市场份额。百事的碳酸饮料占百事中国销售额的90%以上。

杨美虹表示，在碳酸饮料市场，百事将继续保持创新领先；在除果汁以外的其他非碳酸饮料市场，百事今年将会有大的动作。由于中国内地的运动型饮料市场目前还不够成熟，百事将会选择更合适的时机进入。

三、实训内容及要求

对百事公司进行STP分析，用图形进行演示和演讲。

假设你是百事公司市场调查部经理，请你拟定一份市场分析报告。分析报告要做到：主题明确；结构合理；突出重点；能熟练应用营销方法；提出明确的营销策略。

四、实训组织方法及步骤

(一) 学生独立完成，课堂进行演示演讲。

(二) 分析报告上交，老师点评。

五、实训时间

2小时

第六章　产品策略

案例导学

精益求精——奔驰汽车公司成功之路

迄今为止，德国奔驰汽车公司历经了100多年的发展历程。精益求精——这就是100多年来奔驰之路。100多年来，创造第一流的产品，一直成为奔驰汽车公司的经营宗旨。在整个生产经营过程中，从产品的构思、工艺的设计、样车的研制、批量的生产直至售后的服务，精益求精的原则一直贯彻始终。

为保证产品质量，真正做到不合格的零部件坚决不用，不合格的成品坚决不出厂，在奔驰汽车公司中，从上到下形成了一个质量控制监督网。在其工厂中，搞生产的工人有1/7是进行质量控制和检验的，单一个引擎就要经过42道检验。

随着专业化协作的加强，许多零部件是由协作厂提供的，而零部件的质量直接影响汽车的质量。为此，奔驰公司严把关。辛德尔芬根分厂每天组装1600辆汽车，检查协作厂商所提供零部件的工作人员有1300多名。规定一箱里如果有一个零部件不合格，就全部退掉。由于长期坚持这一制度，协作厂商也都自觉努力提高产品质量。

汽车的质量要求主要表现为行驶安全、坚固耐用，乘坐舒适、外形美观。在这一目标上，20世纪50年代奔驰汽车公司研制出世界第一个安全车身。发生车祸时，车身不会被撞瘪，方向盘在撞击后能自动靠拢，以确保驾驶者的人身安全，60年代研制出ABS刹车系统，用电子控制器控制轮胎，紧急刹车时不致因路面情况复杂而翻车。70年代末，他们又研制出转变灵活，既快又稳，而且在高速急转和较大倾斜角度操作的情况下都不会翻车的“190”型小轿车，推出后深受用户欢迎。

市场营销以满足市场需要为中心，而市场需要的满足只能通过提供某种产品或服务来实现。因此，产品是市场营销的基础，其他的各种市场营销策略，如价格策略、分销策略、促销策略、权力营销、公共关系等，都是以产品策略为核心展开的。

产品的生产不仅仅是个生产过程，更是一个经营过程。在现代市场经济条件下，每一个企业都应致力于产品整体概念的开发和产品组合结构的优化，并随着产品生命周期的演化，及时开发新产品，以更好地满足市场需要，提高产品竞争力，取得更好的经济效益。

思考：奔驰汽车公司的成功之路对你有什么样的启示?

学习目标

1. 在了解产品整体概念的基础上，能够熟练运用产品组合策略，进行市场营销活动。

2. 能够运用产品生命周期理论，正确判断产品的各个生命周期阶段，并学会制定相应的营销策略。

3. 理解品牌与商标的关系，能运用品牌和商标策略，进行整体的品牌营销策划。

第一节　产品与产品组合

人们通常理解的产品是指具有某种特定物质形状和用途的物品，是看得见、摸得着的东西。这是一种狭义的定义。而市场营销学认为，广义的产品是指人们通过购买而获得的能够满足某种需求和欲望的物品的总和，它既包括具有物质形态的产品实体，又包括非物质形态的利益，这就是“产品的整体概念”。

一、产品的整体概念

产品是企业开展市场营销活动的物质基础，是市场营销组合中的首要因素。产品狭义的理解是一种具有特定的物质形态和用途的物体，即实体的、物质的产品，如手机、电脑、照相机等。广义的产品指向市场提供的能满足人们某种需要的一切东西，包括有形物品、无形服务、人员活动、消费观念或是它们的组合，亦称作产品的整体概念。

（一）核心产品

核心产品也称实质产品，指产品能够提供给购买者的基本效用或益处，是购买者所追求的中心内容。如买自行车是为了代步，买汉堡是为了充饥，买化妆品是希望美丽、体现气质、增加魅力等。因此，企业在开发产品、宣传产品时应明确地确定产品能提供的利益，产品才具有吸引力。

（二）有形产品

有形产品是产品在市场上出现时的具体物质外形，它是产品的形体、外壳，核心产品只有通过有形产品才能体现出来。产品的有形特征主要指质量、款式、特色、包装。如冰箱，有形产品不仅仅指电冰箱的制冷功能，还包括它的质量、造型、颜色、容量等。

（三）附加产品

附加产品指顾客购买产品所得到的各种附加利益的总和。它包括：安装、使用指导、质量保证、维修等售前售后服务。由于产品的消费是一个连续的过程，既需要售前宣传产品，又需要售后持久、稳定地发挥效用，因此，服务是不能少的。可以预见，随着市场竞争的激烈展开和用户要求不断提高，附加产品越来越成为竞争获胜的重要手段。

（四）心理产品

心理产品指产品的品牌和形象提供给顾客心理上的满足。产品的消费往往是生理消费和心理消费相结合的过程，随着人们生活水平的提高，人们对产品的品牌和形象看得越来越重，因而它也是产品整体概念的重要组成部分。有关产品整体构成见图 6–1。

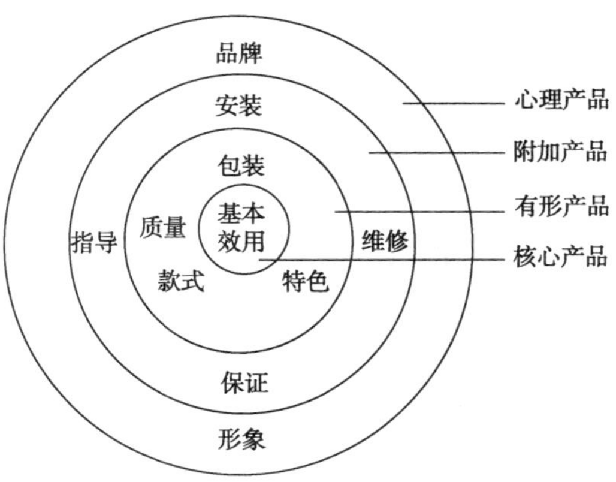

图 6–1　产品整体构成

二、产品整体概念的意义

产品整体概念，是市场经营思想的重大发展，它对企业经营有着重大意义。

（1）指明了产品是有形特征和无形特征构成的综合体(见表 6–1)。

表 6-1　产品的有形和无形特征

有形特征		无形特征	
物质因素	具有化学成分、物理性能	信誉因素	知名度、偏爱度
经济因素	效率、维修保养、使用效果	保证因素	“三包”和交货期
时间因素	耐用性、使用寿命	服务因素	运送、安装、维修、培训
操作因素	灵活性、安全可靠		
外观因素	体积、重量、色泽、包装、结构		

为此，一方面企业在产品设计、开发过程中，应有针对性地提供不同功能，以满足消费者的不同需要，同时还要保证产品的可靠性和经济性。另一方面，对于产品的无形特征也应充分重视，因为，它也是产品竞争能力的重要因素。

产品的无形特征和有形特征的关系是相辅相成的，无形特征包含在有形特征之中，并以有形特征为后盾；而有形特征又需要通过无形特征来强化。

（2）产品整体概念是一个动态的概念。随着市场消费需求水平和层次的提高，市场竞争焦点不断转移，对企业产品提出更高要求。为适应这样的市场态势，产品整体概念的外延处在不断再外延的趋势之中。当产品整体概念的外延再外延一个层次时，市场竞争又将在一个新领域展开。

（3）对产品整体概念的理解必须以市场需求为中心。产品整体概念的四个层次，清晰地体现了一切以市场要求为中心的现代营销观念。衡量一个产品的价值，是由顾客决定的，而不是由生产者决定的。

（4）产品的差异性和特色是市场竞争的重要内容，而产品整体概念四个层次中的任何一个要素都可能形成与众不同的特点。企业在产品的效用、包装、款式、安装、指导、维修、品牌、形象等每一个方面都应该按照市场需要进行创新设计。

（5）把握产品的核心产品内容可以衍生出一系列有形产品。一般地说，有形产品是核心产品的载体，是核心产品的转化形式。这两者的关系给我们这样的启示：把握产品的核心产品层次，产品的款式、包装、特色等完全可以突破原有的框架，由此开发出一系列新产品。以旅游为例，如果说旅游产品的核心层次是“满足旅游者身心需要短期性生活方式”，那么，旅游形式产品不能仅仅理解为组织旅游者去名山大川游玩。其实，现在旅游产品已经延伸到商务旅游、购物旅游、现代工业旅游、现代农业旅游、都市旅游、学外语旅游等等。

三、产品组合的概念与策略

（一）产品组合的含义

产品组合是指企业生产或经营的范围和产品结构，也就是一个企业生产或经营的全部产品线和产品项目的结合方式。产品线指企业生产的密切相关的一组产品，它们在使用价值、原材料、销售渠道等方面比较接近，可以满足顾客的同类需求，只是在规格、档次、款式等方面有所不同。例如，海尔集团向市场提供冰箱、空调、洗衣机、彩电等各类产品，形成了四条产品线。产品线中每一个具体的产品品种叫作产品项目。一条产品线往往由若干个产品项目构成。例如，海尔洗衣机有“小神童”“双动力”等。

（二）产品组合包括四个变化因素

（1）产品组合的宽度：一个企业生产经营的产品大类的多少，即拥有多少条产品线。

（2）产品组合的深度：产品线中每种产品所提供的花色、口味、规格的多少。

（3）产品组合的长度：企业所有产品线中的产品项目总和，即一个企业中不同规格或不同品牌的产品的总数。

（4）产品组合的相关性：各条产品线在最终用途、技术、分配渠道或其他方面相互关联的程度(表 6-2)。

表 6-2　宝洁部分产品组合

洗发护发	护肤美容	个人清洁	口腔清理	织物和家居护理
飘柔	玉兰油护肤系列	舒肤佳香皂	佳洁士牙膏	碧浪
海飞丝	SK-II	玉兰油香皂		汰渍
潘婷		激爽沐浴露		熊猫
沙萱				
伊卡璐				

产品组合的深度

（三）产品组合策略

产品组合策略是企业根据其目标和市场竞争环境，对产品组合的宽度、长度、深度和密度进行抉择，使之形成最佳的产品组合。常见的产品组合策略有：

1. 扩展策略

扩展策略包括扩展产品组合的宽度和长度。前者是在原产品组合中增加一条或几条产品线，扩大企业的经营范围；后者是在原有产品线内增加新的产品项目，发展系列产品。

一般当企业预测现有产品线的销售额和盈利率在未来几年要下降时，往往就会考虑这一策略。这一策略可以充分利用企业的人力等各项资源，深挖潜力，分散风险，增强竞争能力。当然，扩展策略也往往会分散经营者的精力，增加管理困难，有时会使边际成本加大，甚至由于新产品的质量、功能等问题，而影响企业原有产品的信誉。

2. 缩减策略

缩减策略是企业从产品组合中剔除那些获利小的产品线或产品项目，集中经营那些获利最多的产品线和产品项目。

缩减策略可使企业集中精力对少数产品改进品质，降低成本，删除得不偿失的产品，提高经济效益。当然，企业失去了部分市场，也会增加企业的风险。

3. 产品延伸策略

每一个企业的产品都有其特定的市场定位，如我国大陆的轿车市场，“别克”“奥进”“帕萨特”等定位于中偏高档汽车市场，“桑塔纳”定位于中档市场，“夏利”“奥拓”等则定位于低档市场。产品延伸策略是指全部或部分地改变公司原有产品的市场定位。具体做法有向下延伸、向上延伸、双向延伸。

(1) 向下延伸。向下延伸是企业原来生产高档产品，以后增加低档产品。向下延伸策略的采取主要是因为高档产品在市场上受到竞争者的威胁，本企业产品在该市场的销售增长速度趋于缓慢，企业向下延伸寻找经济新的增长点。同时，某些企业也出于填补产品线的空缺，防止新的竞争者加入的考虑，也实施这一策略。

向下延伸策略的优势是显而易见的，既可以节约新品牌的推广费用，又可使新产品搭乘原品牌的声誉便车，很快得到消费者承认。同时，企业又可以充分利用各项资源。

案例 6-1

五粮液是我国著名的白酒品牌，以优良品质、卓著声誉、独特口味蜚声国内外。

五粮液集团十分注意品牌延伸工作，当“五粮液”牌在高档白酒市场站稳脚跟后，便采取“纵横延伸”策略。纵向延伸是生产“五粮春”“五粮醇”“尖庄”等品牌，分别进入中偏高白酒市场、中档白酒市场和低档白酒市场。“横向延伸”策略是五粮液集团先后和几十家地方酒厂联合开发具有地方特色的系列白酒，在这些产品中均注明“五粮液集团荣誉产品”。五粮液集团借这些延伸策略，有效地实施低成本扩张，使其市场份额不断扩大。但是必须指出，向下延伸策略并不是一方灵丹妙药，处理不好也可能弄巧成拙，陷入困境。因为推出低档产品会使企业在原高档市场的投入相对减少，使该市场相对萎缩；由于向下延伸，侵犯了低档市场竞争者的利益，可能刺激新竞争对手的种种反击；经销商可能不愿意经营低档次商品，以规避经营风险等。

(2) 向上延伸。向上延伸指企业原来生产低档产品，后来决定增加高档产品。企业采取这一策略的原因是：市场对高档产品需求增加，高档产品销路广，利润丰；欲使自己生产经营产品的档次更全、占领更多市场；抬高产品的市场形象。

向上延伸也有可能带来风险：一是可能引起原来生产高档产品的竞争者采取向下延伸策略，从而增加自己的竞争压力。二是市场可能对该企业生产高档产品的能力缺乏信任。三是原来的生产、销售等环节没有这方面足够的技能和经验。

(3) 双向延伸。原来生产经营中档产品，现在同时向高档和低档产品延伸，一方面增加高档产品，一方面增加低档产品，扩大市场阵地。

案例 6-2

美国德州公司进入计算器市场之中，该市场基本上被鲍玛公司低价低质计算器和惠普公司高质高价计算器所支配。德州仪器公司以中等价格和中等质量推出第一批计算器。然后，它推出价格与鲍玛公司一样，但质量较好的计算器，击败了鲍玛公司；它又设计了一种价格低于惠普公司但质量上乘的计算器，夺走了惠普公司的份额。双向延伸战略致使德州公司占据了袖珍计算器市场的领导地位。

第二节　产品生命周期

一、产品生命周期的含义及各阶段特征

(一) 产品生命周期的含义

产品生命周期是指产品在完成研制以后，从投入市场开始到被市场淘汰为止所经历的时间。产品生命周期一般以产品销量和利润的变化为标志分为四个阶段：投入期、成长期、成熟期、衰退期(见图 6-3)。

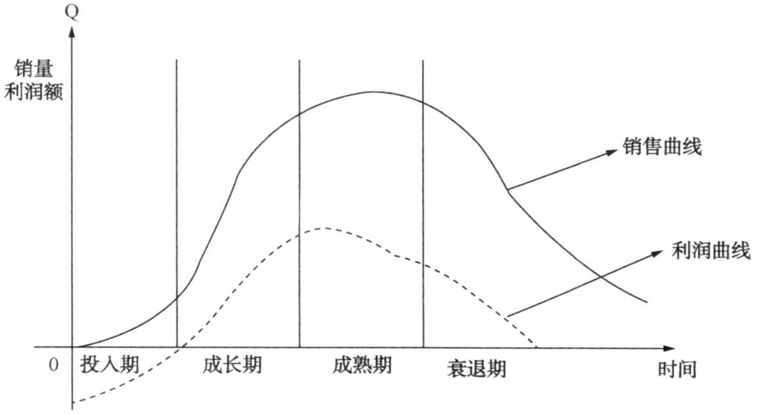

图 6-3　产品生命周期曲线

(二) 产品生命周期特征

在产品生命周期的不同阶段中，销售量、利润、购买者、市场竞争等都有不同的特征，这些特征可用表 6-3 概括。

表 6-3　产品生命周期不同阶段特征

	导入期	成长期	成熟期		衰退期
			前期	后期	
销售量	低	快速增大	继续增长	有降低趋势	下降
利润	微小或负	大	高峰	逐渐下降	低或负
购买者	爱好新奇者	较多	大众	大众	后随者
竞争者	甚微	兴起	增加	甚多	减少

二、产品生命周期各阶段的判断

在产品生命周期的变化过程中，正确分析、判断出各阶段的临界点，确定产品正处在生命周期的什么阶段，是企业进行正确决策的基础，对市场营销工作意义重大。同时，这又是一件较困难的事，因为产品生命周期各阶段的划分，并无一定的标准，带有较大的随意性。而要完整、准确地描绘某类产品生命周期曲线，理应到产品完全被淘汰以后，再根据资料绘制，但对这类产品的市场营销又失去了现实意义。

由于产品生命周期不同阶段的有关因素呈现不同特征，因而可以从各因素的特征来判断产品处在哪一个阶段(见表6-4)。

表6-4

因素	成长期	成熟期	衰退期
企业销售情况	递增	畅销	递减
竞争对手销售情况	稳定畅销	上升	减少
企业经营管理综合工作质量	上升	稳定	下降
比较同类产品的技术经济指标	近似或稍好	近似	落后

三、产品生命周期各阶段的营销策略

由于产品生命周期各阶段的特点不同，企业在各阶段作出的经营决策的内容也不同。

(一) 导入期营销策略

这一阶段新产品刚投入市场销售，由于销售量少而且销售费用高，企业往往无利可图或者获利甚微，企业营销重点主要集中在“促销-价格”策略方面(见图6-4)。

价格水平 \ 促销水平	高	低
高	快速撇脂策略	缓慢撇脂策略
低	快速渗透策略	缓慢渗透策略

图6-4　导入期“促销-价格”策略组合

1. 快速撇脂策略

即以“高价格-高促销水平”策略推出新产品，迅速扩大销售量来加速对市场的渗透，以图在竞争者还没有反应过来时，先声夺人，把本钱捞回来。

采用这一策略的市场条件是：绝大部分的消费者还没有意识到该产品的潜在市场；顾客了解该产品后愿意支付高价；产品十分新颖，具有老产品所不具备的特色；企业面临着潜在竞争。

2. 缓慢撇脂策略

即以“高价格-低促销费用”策略推出新产品，高价可以迅速收回成本撇取最大利润，低促销费用又是减少营销成本的保证。高档进口化妆品大都采取这样的策略。

采用这一策略的市场条件是：市场规模有限；消费者大多已知晓这种产品；购买者愿意支付高价；市场竞争威胁不大。

3. 快速渗透策略

即以“低价格-高促销费用”策略，花费大量的广告费，以低价格争取更多消费者的认可，获取最大的市场份额。

采取这一策略的市场条件是：市场规模大；消费者对该产品知晓甚少；大多数购买者对价格敏感；竞争对手多，且市场竞争激烈。

4. 缓慢渗透策略

即以“低价格-低促销费用”策略降低营销成本，并有效地阻止竞争对手介入。

采取这一策略的市场条件是：市场容量大；市场上该产品的知名度较高；市场对该产品价格相对敏感；有相当的竞争对手。

（二）成长期的营销策略

成长期的主要标志是销售迅速增长。这是因为，已有越来越多的消费者喜欢这种产品，大批量生产能力已形成，分销渠道也已疏通，新的竞争者开始进入，但还未形成有力的对手。在这一阶段企业营销应尽力发展销售能力，紧紧把握取得较大成就的机会。

1. 改进产品质量和增加产品的特色、款式等

在产品成长期，企业要对产品的质量、性能、式样、包装等方面努力加以改进，以对抗竞争产品。

2. 开辟新市场

通过市场细分寻找新的目标市场，以扩大销售额。在新市场要着力建立新的分销网络，扩大销售网点，并建立好经销制度。

3. 改变广告内容

随着产品市场逐步被打开，该类产品已被市场接受，同类产品的各种品牌都开始走俏。此时，企业广告的侧重点要突出品牌，力争把上升的市场需求集中到本企业的品牌上来。

4. 适当降价

在扩大生产规模、降低生产成本的基础上，选择适当时机降价，适应多数消费者的承受力，并限制竞争者加入。

（三）成熟期的营销策略

成熟期的主要特征是："二大一长"，即在这一阶段产品生产量大、销售量大，阶段持续时间长。同时，此时市场竞争异常激烈。为此，企业总的营销策略要防止消极防御，采取积极进攻的策略。

1. 市场改进策略

通过扩大顾客队伍和提高单个顾客使用率，来提高销售量。例如，强生婴儿润肤露是专为婴儿设计的，而如今"宝宝用好，您用也好"的宣传，使该产品的目标市场扩展到了成年人，从而扩大了目标市场范围，进入了新的细分市场。

2. 产品改进策略

通过改进现行产品的特性，以吸引新用户或增加新用户使用量。如吉列剃须刀从"安全剃须刀""不锈钢剃须刀"到"双层剃须刀""三层剃须刀"，不断改进产品，使其生命周期得以不断延长。

3. 营销组合改进策略

通过改变营销组织中各要素的先后次序和轻重缓急，来延长产品成熟期。

案例 6-3　J 牌小麦啤酒生命周期延长策略

国内某知名啤酒集团根据啤酒消费者对啤酒口味需求日益趋于柔和、淡爽的特点，开展了对小麦啤酒的研究，最终开发出具有国内领先水平的 J 牌小麦啤酒。这种产品泡沫洁白细腻，口味淡爽柔和，更加符合啤酒消费者的口味需求。一经上市，就在啤酒市场上掀起了一场规模宏大的 J 牌小麦啤酒的消费热潮。

该新产品在投放市场初期，J 牌小麦啤酒作为一个概念产品和高新产品，要想很快获得大份额的市场，迅速取得市场优势，就必须对产品进行准确定位。J 牌集团把小麦啤酒定位于零售价两元一瓶的中档产品，包装为销往城市市场的 500mL 专利异形瓶装和销往农村、乡镇市场的 630mL 普通瓶装两种。合理的价位、精美的包装、全新的口味、高密度的宣传使 J 牌小麦啤酒上市后，迅速风靡本省及周边市场，而且远销到江苏、吉林、河北等外省市

场，当年销量超过10万吨，成为J牌集团一个新的经济增长点。由于上市初期准确的市场定位使J牌小麦啤酒迅速从诞生期过渡到到高速成长期。

高涨的市场需求和可观的利润回报使竞争者也随之发现了这座金矿，本省的一些中小啤酒企业不顾自身的生产能力，纷纷上马生产小麦啤酒。一时间，市场上出现了五六个品牌的小麦啤酒，而且基本上都是外包装抄袭J牌小麦啤酒，酒体仍然是普通啤酒，口感较差，但凭借一元左右的超低价格，在农村及乡镇市场迅速铺开，很快造成小麦啤酒市场竞争秩序严重混乱，J牌小麦啤酒的形象遭到严重损害，市场份额也严重下滑，形势非常严峻。J牌小麦啤酒因而从高速成长期，一部分市场迅速进入了成熟期，销量止步不前，而一部分市场由于杂牌小麦啤酒低劣质量的严重影响，消费者对小麦啤酒不再信任，J牌小麦啤酒销量也急剧下滑，产品提前进入了衰退期。

面对严峻的市场形势，是选择持续策略，还是选择撤退策略，或者是去开发新产品投放其他目标市场？在这关键时候，该企业负责人提出调整营销策略，提升J牌小麦啤酒的品牌形象和活力，重新退回到成长期或直接过渡到新一轮的生命周期，使自己重新成为小麦啤酒的市场引领者。

（四）衰退期营销策略

产品进入衰退期，销售量每况愈下；消费者已在期待新产品的出现或已转向；有些竞争者已退出市场，留下来的企业可能会减少产品的附带服务；企业经常调低价格，处理存货，不仅利润下降，而且有损于企业声誉。因此，在衰退期的营销策略有以下内容。

1. 收缩策略

即把企业的资源集中使用在最有利的细分市场、最有效的销售渠道和最易销售的品种上，力争在最有利的局部市场赢得尽可能多的利润。

2. 榨取策略

大幅度降低销售费用，也降低价格，以尽可能增加眼前利润。这是由于再继续经营市场下降趋势已明确的产品，大多得不偿失；而且不下决心淘汰疲软产品，还会延误寻找替代产品的工作，使产品组合失去平衡，削弱了企业在未来的根基。上述内容可用表6–5来概括。

表6–5　产品生命周期不同阶段的营销策略

	导入期	成长期	成熟期	衰退期
产品策略	确保产品的核心产品层次	提高质量、改进款式、特色	改进工艺、降低成本、产品改进	有计划地淘汰滞销品种
促销策略	介绍商品	品牌宣传	突出企业形象	维护声誉
分销策略	开始建立与中间商的联系	选择有利的分销渠道	充分利用并扩大分销网络	处理淘汰产品的存货
价格策略	撇脂价或渗透价	适当调价	价格竞争	削价或大幅度削价

第三节　品牌与商标

一、品牌与商标

（一）品牌的含义

品牌是用以识别某个销售者或某群销售者的产品或服务，并使之与竞争对手的产品或服务区别开来的商业名称及其标志，通常由文字、标记、符号、图案和颜色等要素或这些要素的组合构成。品牌是一个集合概念，它包括品牌名称(Brand Name)和品牌标志(Brand Mark)两部分。

品牌就其实质来说，它代表着销售者(卖者)对交付给买者的产品特征、利益和服务的一贯性的承诺。品牌还是一个更为复杂的符号，蕴含着深刻的含义：属性、利益、价值、文化、个性、用户。

案例 6-4　GE 公司长盛不衰的启示：品牌高于一切

美国通用电气公司(GE)曾为世界上许多大公司培养出了一大批 CEO。据统计，在世界 500 强中有 173 位 CEO 出自 GE，因此人们把它称 CEO 的摇篮。但是，通用电气的发展绝非一帆风顺，GE 品牌也绝非始终响彻云天，它是通过一百多年无数人的奋斗、诚信乃至于牺牲换来的。

1988 年，负责冰箱销售工作的部门主管(现任公司的总裁)发现有大批顾客对冰箱的压缩机不满意，而且这些问题在保修期之内。于是，他向公司总裁韦尔奇提出，应该收回 330 万冰箱压缩机，这个决定关系到 6 亿美元。提出这个问题之后，韦尔奇先生没有责怪他，详细地了解了相关的数据、信息。问了许多问题之后，韦尔奇最后说："你是对的，就按你所说的做。"

收回 330 万台冰箱压缩机，公司虽然遭受了巨大的损失，但却赢得了市场和用户的广泛好评。不为物质利益的损失所动，毫不动摇地坚持公司诚信的品格，把信誉始终摆在第一位，品牌高于一切，这就是 GE 的品牌战略。正是在生产经营中贯彻了以诚信为核心的品牌战略，GE 公司才成长为世界著名的大公司，在激烈的市场竞争中长盛不衰。

《商业周刊》公布了 2001 年度 100 个"全球最具价值品牌"名单，它们的价值均超过 100 亿美元。社会进入信息时代后，国际间企业竞争越来越转向形象竞争，塑造企业形象和品牌形象已变得越来越紧迫。知名品牌异常走俏，一股以名品为时尚、追求名牌的消费潮流一浪高一浪。名牌产品往往用心理的附加价值而产生"相乘"效果，使财源滚滚而来。

(二) 商标的含义

商品的品牌经过政府有关部门的审核，获准登记注册成为商标。商标实行法律管理，企业因此拥有该品牌的专用权，并受法律保护。因此，商标是一种法律术语，也就是享有法律保护的某个品牌。企业的商标可在多个国家注册并受到各国法律的保护。

商标是企业产权的组成部分，驰名商标更是企业的巨大财富。驰名商标是国际上通用的为相关公众所熟知的享有较高声誉的商标。与一般的商标相比，驰名商标有其独特的专属独占性特征。主要表现为以下两方面：

(1) 驰名商标的专用权跨越国界。

(2) 驰名商标的注册权超越优先申请原则。

所以企业必须增强商标意识，妥善拥有这一有价值的无形资产，使之更好地为企业经营服务。需要说明的是，在我国，商标有"注册商标"与"非注册商标"之分。注册商标是指受法律保护、所有者享有专用权的商标；非注册商标是指未办理注册手续、不受法律保护的商标。在过去相当长的时期里，我国习惯上将一切品牌(不论其注册与否)都称作商标。

知识链接

商标上的™ &®

在中国，商标上的TM也有其特殊含义，其实TM标志并非对商标起到保护作用，它与R不同，TM表示的是该商标已经向国家商标局提出申请，并且国家商标局也已经下发了“受理通知书”，进入了异议期，这样就可以防止其他人提出重复申请，也表示现有商标持有人有优先使用权。

用圆圈R，是“注册商标”的标记，意思是该商标已在国家商标局进行注册申请并已经商标局审查通过，成为注册商标。圆圈里的R是英文Register注册的开头字母。

资料来源：百度百科词条TM&R

（三）品牌与商标的区别

品牌与商标都是和以识别不同生产经营者的不同种类、不同品质产品的商业名称及其标志。品牌是市场概念，是产品和服务在市场上通行的牌子，它强调与产品及其相关的质量、服务等之间的关系，品牌实质上是品牌使用者对顾客在产品特征、服务和利益等方面的承诺。而商标是法律概念，它是已获得专用权并受法律保护的品牌，是品牌的一部分。

案例6-5　王老吉加多宝之争分析

事件概述

价值1080亿的“王老吉”商标合同争议案在历时380多日后最后以广药胜诉告终，鸿道将被停用“王老吉”商标。

事件发展

品牌起源清文宗咸丰二年(1851年)，王泽邦将解暑之用的药方制成凉茶，称之为王老吉，防病保健。之后，因配方合乎药理，价钱公道，因而远近闻名。王老吉凉茶畅销两广、湖南、湖北、江西、上海等地。后来，王老吉第三代传人于香港设店，又在澳门开设分店并将王老吉「杭线葫芦」的商标注册，成为第一个注册的华商商标。1956年国家实行工商业社会主义改造，王老吉凉茶归入国有企业——广州羊城药厂，隶属广药集团。1995年作为王老吉商标的持有者，广药集团将红罐王老吉的生产销售权租给了加多宝，而广药集团自己则生产绿色利乐包装的王老吉凉茶，也就是绿盒王老吉。1997年，广药集团又与加多宝的母公司香港鸿道集团签订了商标许可使用合同。2000年双方第二次签署合同，约定鸿道集团对王老吉商标的租赁期限至2010年5月2日到期。2001年至2003年期间，时任广药集团副董事长、总经理李益民先后收受鸿道集团董事长陈鸿道共计300万元港币。得到了两份宝贵的“协议”：广药集团允许鸿道集团将“红罐王老吉”的生产经营权延续到2020年，每年收取商标使用费约500万元。

2004年广药集团下属企业王老吉药业推出了绿盒装王老吉，2011年11月，广药集团开始将王老吉的其他品类授权给其他企业。对此，加多宝发表声明，双方的矛盾开始公开化，并在2011年底诉诸中国国际经济贸易仲裁委员会。

事件结果

2012年5月10日晚间，广州药业在香港联合交易发布公告称，根据中国国际经济贸易仲裁委员会2012年5月9日的裁决书，广药集团与鸿道(集团)签订的《“王老吉”商标许可补充协议》和《关于“王老吉”商标使用许可合同的补充协议》无效，鸿道(集团)有限公司停止使用“王老吉”商标，2012年5月15日，广药集团赢得王老吉商标。

商标争夺战的思考

1. 企业应重视商标专用权

“王老吉”商标争议，争议的背后在于商标的价值，根源是在于“王老吉”的商标注册专用权在中国的归属。加多宝不管如何向社会表现悲情和不甘，把王老吉商标从默默无闻做到年销售收入160亿，但它只是享有“王老吉”的商标使用权，并且还附带了使用的日期。而“王老吉”商标在中国的商标注册专用权是归属广药方。由于商标注册及保护具有地域性，即使加多宝拥有王老吉在中国香港和台湾及海外的商标注册权，但在内地使用王老吉商标也必须要依照我国《商标法》的规定。

可口可乐总裁曾说，如果可口可乐在世界各地的厂房被一把大火烧光，只要可口可乐的品牌还在，一夜之间就能恢复。这就是品牌的价值，国内企业应该在建立之初就树立品牌意识，与其为别人做嫁衣裳，不如用心经营拥有专用权的商标。

2. 赋予商标巨大的价值，需要企业用心经营

商标对于企业来说有着非常重大的意义，它不仅能指明商品或服务来源，更重要的是，它代表着商品的质量好坏。企业通过创建在市场中具有一定声誉的商标，特别是驰名商标，将可以获得比一般商品更强的竞争力。

资料来源：百度文库

知识链接

商标专用权，也称商标独占使用权，是指品牌经政府有关主管部门核准后企业独立享有的使用权。其受到法律保护，其他任何未经许可的企业不得使用。因此，企业欲使自己的产品品牌长久延续，必须通过国家许可的方式获得商标专用权，以求得法律保护。凡不拥有商标使用权，而假冒他人商标、仿冒他人商标、恶意抢注他人商标等行为，均构成侵权，必然会受到法律的制裁。

二、品牌名称

名称是企业形象和品牌形象的核心要素，是构成形象概念的基础。在营销实践中，常有“名不正则言不顺”的案例。

案例 6-6

日本胶卷市场上市场占有率最大的是“富士”和“樱花”。1950年代“樱花”市场占有率超过50%，然而“富士”份额越来越大，成为市场霸主。根据调查，樱花公司失败不是因为产品质量，而是产品名称，因为在日文里“樱花”一词代表软性的、模糊的、桃色的形象；相反“富士”一词则和日本的圣山联系在一起。“樱花”受制于这一不幸形象，各种广告宣传均无济于事，只有节节败退。

从传播学和营销学的角度，名称要简、特、新、亮、巧、合、法。

1. 简

越单纯、明快的名称，越易于和消费者进行交流。根据“日本经济新闻”调查，企业名称的字数对认知度有一定影响，名称越短越利于传播，4个字的名称在被调查者中的平均认知度为11.3%，8个字的名称认知度则只有2.88%。为此，当3M公司用“3M”于一般商业活动中时，只在涉及法律场合用全称(Minesota and Manufacturing Company)。

2. 特

名称应具备独特的个性，力戒雷同，避免与其他品牌名称混淆。日本索尼公司原名东京通讯工业公司，本想取名称的三个字(东电公司)的第一个字母 TTK 为品牌打入美国市场，却发现美国这类公司多如牛毛，如 ABC、AT&T 等。威田昭夫认为要使企业成为国际企业，必须有一个适合全世界的名称，他查了不少字典，终于找到拉丁词“SONUS”(声音)和“SONNY”(精力旺盛的小伙子)，把两个词综合变形为“SONY”，很快风行世界。

3. 新

名称要有新鲜感，赶上时代潮流，创造新概念。如“柯达”(Kodak)一词在英文字典中根本找不到，本身也没有任何含意，但从语言学来说，“K”音能给人留下深刻印象，同时“K”字图案标志新颖独特，消费者第一次看到它，精神往往会为之一振。

4. 亮

发音响亮、朗朗上口的名称，比那些难发音或音韵不好的名称容易传诵。健伍音响原名“特丽欧”(TRIO)，但 TRIO 音感的节奏性不强，前面的“TR”发音还不错，到“O”时读起来便头重脚轻，将前面的气势削弱了好多。后改为“KENWOOD”后效果就非常好，因为 KEN 与英文中 CAN(能够)有谐音之类，而且朗朗上口，读音响亮，WOOD(茂盛森林)又有短促音与和谐感，节奏感非常强，二者组合起来确实是一个非常响亮的名字。

5. 巧

名称要有一定的寓意，让消费者能从中得到愉快的、吉利的、优美的、高雅的等多方面的提示和联想。例如，下列品牌能让人引发相关的联想：“孔府家酒”——悠久的历史，中国的儒文化，高品位。“健力宝”——运动，强健体魄。“本田摩托”——大众化，价格不高，耗油少，停车方便。

6. 合

名称要适合市场上消费者的文化价值观念，不仅要适应目前目标市场的文化价值观念，而且要适应潜在市场的文化价值观念。在这里，文化价值指风俗习惯、宗教信仰、价值观念、民族文化、语言习惯、民间禁忌等。熊猫在我国乃至多数国家和地区均颇受欢迎，是“和平”和“友谊”的象征，但在伊斯兰地区却忌讳熊猫，因为它形似肥猪。仙鹤在我国、日本都视为长寿的象征，而在法国则被看成为蠢汉的代表。

7. 法

品牌经营者应注意，绞尽脑汁得出的名称一定要能够注册，受到法律的保护。为此，一要注意该品牌名称是否有侵权行为，是否已有相同或相近的品牌被注册。二要了解该品牌名称是否在允许注册的范围之内。如从《中华人民共和国商标法》“第八条规定”，商标不得使用下列文字、图案：①同中华人民共和国的国家名称、国旗、国徽、军旗、勋章相同或者近似的；②同外国的国家名称、国旗、国徽、军旗相同或者近似的；③同政府间国际组织的旗帜、徽记、名称相同或者近似的；④同“红十字”“红新月”的标志、名称相同或者近似的；⑤本商品的通用名称和图形；⑥直接表示商品的质量、主要原料、功能、用途、重量、数量及其他特点的；⑦带有民族歧视性的；⑧夸大宣传并带有欺骗性的；⑨有害于社会主义道德风尚或者有其他不良影响的。

案例 6–7

台湾顶新集团为了开拓大陆方便面市场，首先在商标名称上动了一番脑筋。他们细致推敲大陆消费者的消费心理，经过筛选淘汰，最终选定“康师傅”为商标名称，因为，“师傅”

是大陆人对专业人员的尊称，使用频率不亚于“同志”，同时，“康”字容易引起人们对“健康”“安康”“小康”的联想，再配上一位憨态可掬的“胖厨师”形象，于是一个富有号召力的品牌很快就树立了起来。

三、品牌标志

在 VI 视觉要素中，标志是核心要素。标志是指那些造型单纯、意义明确的统一标准的视觉符号，一般是企业或产品的文字名称、图案记号或两者结合的一种设计。

（一）标志的作用

企业标志和产品标志的作用可以概括为以下几点。

1. 引发品牌联想

好的品牌标志能使消费者产生关于产品属性的联想。如标志(PEUGEOT)汽车的狮子标志，这张牙舞爪、威风凛凛的兽中之王的形象，使消费者联想起该车的高效率、大动力的属性。

2. 促发喜爱感觉

风格独特的标志能够刺激消费者产生幻想，从而对该企业、该产品产生好的印象。如米老鼠、康师傅方便面的胖厨师印象等，它们是易记的、可爱的、能够引起消费者的兴趣，并使他们对其产生好感。

3. 引导公众识别

在激烈的品牌竞争中，优秀标志是帮助消费者识别、记忆的利器。例如，当消费者看到三叉星环时，立刻就会想到奔驰汽车；看到黄色大写 M 字母，就会想到“质量见长、注重服务、店面清洁、提供合适价值”的麦当劳快餐店。一般来说，标志设计越独特，消费者辨认花费的时间也越短。

（二）标志设计原则

标志是非语言性的第一人称，有时比语言性的传递手段更迅速、更有力、更准确，而且能冲破不同文化的束缚，为世界所通用。

1. 简洁鲜明、富有感染力

无论用什么方法设计的标志，都应该力求形体简洁，形象明朗，引人注目，而且易于识别、理解和记忆。同时，设计风格应鲜明、新颖，使标志具有独特的面貌和出奇制胜的视觉效果，易于捕捉消费者的视觉，产生强烈的感染力。

2. 独特新颖

标志是用来表达企业或产品的独特个性，又是以此为独特标记，让消费者识别出独特的品质、风格和经营理念。因此，在设计上必须别出心裁，使标志富有特色，个性显著，给人耳目一新的感觉。创立于 1977 年的苹果电脑公司的标志是一个被咬掉一口的红苹果，苹果——象征简单而圆满；咬去一口——反映公司要发展一切易于掌握和使用的电脑，这一标志给人留下深刻的印象。

3. 准确相符

标志的寓意要准确，即标志要与品牌名称相符，要和企业创品牌的理念相符。从 CI 系统的 MI 和 VI 关系看，MI 是 VI 的灵魂，VI 是 MI 的静态反映；离开 MI，VI 也就失去了基础和方向，同时，MI 也需要 VI 来体现和传播。为此，标志要巧妙地赋予寓意，形象地暗示，耐人寻味，这样才能有利于扩大企业和产品的知名度。

知识链接

MI又称MIS，是英文Mind Identity System的缩写形式。其具体含义是指在长期的经营实践活动中形成的与其他企业不同的存在价值、经营方式，以及生产经营的战略、宗旨、精神等。日本著名的百货商店银座松屋店曾将“顾客第一主义”作为其理念。麦当劳的企业理念是：“时间、质量、服务、清洁、价值。”企业理念识别的实质，在于确立企业的自我，以区别其他企业。

CI就是企业文化识别系统。CI是由MI、BI、VI所三者所构成的。VI是视觉系统，重点是对准市场销售开发的系统。MI、BI是思想系统行为规范到文化体系。VI全称Visual Identity，即企业VI视觉设计，通译为视觉识别系统。是将CI的非可视内容转化为静态的视觉识别符号。设计到位、实施科学的视觉识别系统，是传播企业经营理念、建立企业知名度、塑造企业形象的快速便捷之途。企业通过VI设计，对内可以征得员工的认同感、归属感，加强企业凝聚力。对外可以树立企业的整体形象、资源整合，有控制地将企业的信息传达给受众。通过视觉符码，不断地强化受众的意识，从而获得认同。

4. 优美精致

标志设计要符合美学原理，应把握一个“美”字，使其符合人类对美的共同感知。在点、线、面、体等方面造型处理时，构成独立于各种具体事物的结构美感。

5. 稳定适时

品牌标志要为公众所熟知和信任，就必须长期使用，广泛宣传，因此稳定性、一贯性是必须的。但随着时代的变迁和企业自身的变革、发展，标志所反映的内容和风格有可能落后于时代，因此在保持相对稳定的同时，也应具有时代精神，作必要的调整和修改。

6. 通用性强

在各要素中，标志运用最频繁，除了应用在商品包装上外，还要适合电视传播，霓虹灯装饰，要适合各种工艺制作和有关材料使用，如压印、横印、丝网印、彩印等。所以，标志的通用性不可忽视，应确保在任何使用条件下清晰、可辨。

案例 6-8

提起TCL，人们印象最深的还是它的“王牌彩电”。TCL集团由四大部分组成，即TCL王牌电子有限公司、TCL电器销售有限公司、TCL通讯设备股份有限公司和TCL信息产业集团有限公司。前三者是TCL目前的支柱和利润来源，而后一家则是TCL未来的方向，是TCL新战略的核心。为此，TCL对标志进行了三次修改和调整，使其不仅具有现代色彩，也更符合企业变革的方向和特征。

TCL集团最初的标志为“棱形”图样　　TCL集团2000年以前的标志　　TCL集团最新的标志

TCL集团标志演变

四、品牌策略

品牌策略是企业依据产品状况和市场情况，最合理、有效地运用品牌的策略。

（一）无品牌策略

产品有可能是没有品牌的，由于产品的特征和生产者降低成本的考虑，有些产品有可能不注重品牌。如未经加工的原料产品（棉花、矿砂），商品本身不具备明显的质量特点（电力、煤炭），临时性或一次性产品等。

（二）统一品牌策略

统一品牌策略也叫家族品牌，即生产者的各种产品使用相同的品牌推向市场。如美国通用电气公司所有产品只用一个品牌——GE。

使用这一策略的优点在于：(1)可以节省发展多产品的各种费用；(2)能以同一品牌众多产品来显示企业实力；(3)新产品上市可以借助已有品牌的信誉更容易打入市场。其缺点是：家庭品牌中一个成员出了问题，很容易“株连”其他成员，甚至影响品牌声誉。

案例 6-9

金霸王 Duracell 是一家公司的名称，也是一个电池产品的品牌，发展至今已有百年历史。目前金霸王碱性电池世界销量第一，占全球碱性电池销量的 40%。然而，随着市场需求的变化及多样性，金霸王在中国的市场份额有所下降。为了扭转局势，该公司决定实施家族品牌扩张战略，充分利用优势品牌资源，实施差异性营销策略，重新对市场进行细分，为不同市场推出适当产品（见表 6-6）。

	金霸王超能量 8X	金霸王普通 6X	金霸王金能量 4X
目标市场	超高级碱性电池市场	高级碱性电池市场	中档碱性电池市场
市场定位	世界最先进的高科技新一代电池，性能最为卓越	世界最好的电池设计，最持久的优秀表现	来自世界一流的电池设计，给予物超所值的享受
目标消费者	1. 月收入 3000 元以上人群 2. 高性能电器和电池使用者 3. 愿意购买顶尖产品	月收入在 1500 元以上的中高收入人群	中低收入人群
使用寿命	比一般电池长达 8 倍	6 倍	4 倍
适用电器	掌上电脑、数码相机	股票信息机、电动玩具、普通闪光灯照相机	手电、遥控器、闹钟

（三）个别品牌策略

个别品牌策略是企业给它的不同产品分别冠以不同的品牌，如上海牙膏厂生产的“美加净”“中华”“白玉”等不同品牌的牙膏。其优点是生产企业的声誉与个别产品的成败与否分离，某一产品的失败不会严重损害生产者的声誉。其缺点是加大了产品的促销费用。

案例 6-10

美国的菲利浦·莫里斯公司生产最著名的是“万宝路”牌香烟，“卡夫”酸奶和奇妙酱、“果珍”饮品、“麦斯维尔”咖啡以及“米勒”啤酒也是该公司的产品，为防止产品之间冲突，选择个别品牌策略，突出品牌，淡化企业形象。

（四）商业品牌策略

商业品牌是指零售商自己设计生产，或选择合适的加工企业，以商店名义生产和命名，最终在本店销售的商品品牌。在西方发达国家的大中型零售企业，特别是连锁商店，无不注重自有品牌的开发和培养。美国的零售巨头之一希尔斯公司所销售的商品中90%都是商业品牌；英国著名的马狮百货集团的商品一律采用“圣米高”品牌。我国国内零售企业也开始深入研究和实施这一策略，上海华联超市集团已拥有“华联超市”品牌商店1000多个。

商业品牌能得到足够发展，其原因在于：①由于较低的制造成本、简易的包装、减少交易环节和营业费用，使商品价格低廉。②大型零售商业本身拥有覆盖面广、物流通畅的销售网络，商品分销具有无可比拟的优势。③零售企业处于与顾客接触的最前沿，能够及时准确地把握市场需求，推进产品设计和开发。

案例 6-11　大润发自有商品发展历程

始于1996年的大润发连锁超市，创始地点在中国台湾，其大卖场的定位迎合了市场发展潮流。1997年至今，大润发在内地已经取得了良好的发展成果，不仅占领了各大一二线城市，而且自2008年以来，便在营业额与单店销售额方面名列全国零售企业前茅。而纵观大润发品牌的快速发展，其自有品牌战略的推进以及自有商品的发展，无疑是非常关键的影响要素。2007年，大润发推出了品牌的自营产品，其产品定位质优价廉，强调在优质竞争的背景下提升品牌竞争力，而不是一味地强调价格竞争，不做最低价销售。在价格策略上，大润发的自有商品价格约比行业领导品牌低八分之一。在此品牌与价格策略下，大润发的自有商品兼具价格优势与品质优势，迅速抢占中高收入群体消费市场。同年，大润发还特别推出了自有休闲服装品牌，定位简约时尚，以年轻人为销售主体，也占领了一定的市场份额。随后，在2010年、2011年，大润发相继推出涵盖童装与时尚男女装的“巧乐奇”品牌以及“蜜娅莉”女鞋品牌，定位优质、精选，目标群体为30岁左右的女性群体。2010年，大润发与欧尚连锁超市的合并，为企业自有商品发展带来了契机，在两家零售企业的自有商品融合之下，大大提高了自有品牌市场份额。以大润发目前的“大拇指”自有品牌商品为例，近五年来该品牌销售业绩平均增长率为30%，充分引起了消费者的关注，并为企业带来了更多利润。

（五）品牌延伸策略

在“产品策略”一章我们已经介绍了产品延伸策略问题，但是在实践中，往往会陷入一种“品牌延伸陷阱”。其表现为：

陷阱之一：损害原品牌的高品质形象。如果把高档品牌使用在低档产品上，就可能堕入这种陷阱。

陷阱之二：品牌淡化。若干年前，美国美能公司推出了一种洗发精和润发乳二合一的产品，取名为“蛋白21”，很快取得了13%的市场占有率，并成为知名品牌。公司又接连用这一品牌推出蛋白21发胶、蛋白21润发乳、蛋白21浓缩洗发精等产品。结果事与愿违，由于品牌延伸模糊了蛋白21作为二合一洗发护发用品的特征，从而也就淡化了消费者对它的独特偏好，结果蛋白21从13%的市场占有率降为2%。

陷阱之三：心理冲突。美国Scott公司生产一种舒洁牌卫生纸，舒洁本来是卫生纸市场的头号品牌，但随着舒洁餐巾纸的出现，消费者的心理发生了微妙的变化。结果舒洁卫生纸的头牌位置很快被宝洁公司的Charmin牌卫生纸所取代。

陷阱之四：跷跷板效应。在美国，Heinz原本是腌菜的品牌，而且它占有最大的市场份额。后来，公司又用Heinz代表番茄酱，做得也十分成功，使Heinz成为番茄酱品牌的第一位。但与此同时，Heinz丧失了腌菜市场上的头把交椅，由Vlasic取代。

因此，品牌延伸与否的决策，要充分考虑以下原则：

1. 品牌是否具有知名度和声誉

品牌延伸的目的就是要借助已有企业形象和产品品牌的声誉迅速扩展市场，因此品牌扩张的前提就是这一企业和产品具有较高的知名度和美誉度，在消费者心目中有很高的地位。只有这样，品牌联想效应才得以发挥，“爱屋及乌”的心理才会发挥作用。

2. 品牌的基本元素是否还适用

如果扩张产品是以不同的价值为基础，消费者不会理解两种不同的产品为何存在同一品牌识别下。品牌的基本元素包括商品质量、品牌形象、目标市场、品牌风格等。品牌延伸一般主张其主要元素成分相同，以建立一种良好的品牌联想，如果品牌联想不成功，原有品牌的个性就会因此而稀释。例如，派克笔本来是高档产品，是体面身份的标志，但彼特森上任后不是把精力放在改进派克笔的款式和质量，巩固发展已有的高档产品市场，而是热衷于品牌扩张，将“派克”这一金字招牌用于每支售价 3 美元以下钢笔上，结果“钢笔之王”的形象和声誉大受损害。

3. 品牌资产是否可以转移

品牌的资产就是品牌的最大优点，这个优点必须能沿用到延伸的新产品中去。如原品牌的品质、性能、售后服务等，应在新产品中充分体现出来。

4. 服务系统是否一致

服务系统一致指延伸产品与原产品的售前和售后服务应该相似，这样消费者不会产生差异感，这样的扩张就不会伤害到核心品牌的定位。否则，必然导致消费者改变对核心品牌原有价值的认知。

5. 销售渠道是否相同

延伸品牌的目的是要达到一个企业各个产品之间相辅相成的整体效果，使消费者在接触到延伸产品时能够联想到整个系列品牌的共性。如果销售渠道不同，在品牌延伸时还得另建销售网络，这就增加了成本，加大了风险，也就与品牌延伸策略的初衷背道而驰了。

本章小结

市场营销组合策略是本书的重要内容，产品策略是其中的首要因素，是整个营销组合的基础。市场营销的其他策略都是围绕产品策略展开的，产品策略在极大程度上决定着市场营销的成败。企业间的市场竞争集中体现在产品上，消费者最终是从产品上感受到企业的风格与实力，产生对企业是否满意的感受的。产品是包含若干属性的复合整体。本章对产品的属性、产品生命周期以及产品组合、品牌策略作了介绍和研究。现代营销理论认为，产品应当是能够被顾客理解的、能满足其要求的、由企业营销人员所提供的一切。整体产品概念包含四个层次：产品的核心层、产品的有形层、产品的附加层、产品的心理层。任何一个想在市场中取胜的企业都必须首先树立产品的整体概念。产品组合指企业制造或经营的全部产品的有机构成方式。对产品组合的衡量，一般涉及宽度、长度、深度和相互关联性等概念。常用的产品组合策略主要有扩充产品组合策略、缩减产品组合策略和产品线延伸策略。最后一部分重点讲述了品牌与商标的含义以及二者区别，品牌名称命名的技巧以及企业常用的品牌策略：无品牌策略、统一品牌策略、个别品牌策略、商业品牌策略以及品牌延伸策略等。

课后习题

一、单项选择题

1. 产品组合是指(　　)。

A. 在技术上和结构上密切相关，具有相同使用功能，规格不同而满足同类需求的一组产品。

B. 企业产品目录上列出的每一个商品

C. 企业生产经营的全部产品项目和产品线的组合方式

D. 企业各条产品线在最终用途、生产条件、销售分配渠道及其他方面的密切相关程度

2. 销售量的增长减慢，利润增长接近于零时，说明产品已进入(　　)。

A. 投入期　　B. 成长期　　C. 成熟期　　D. 衰退期

3. 香水制造商说服那些不用香水的女士使用香水，说服男士使用香水，其所采用的是(　　)。

A. 市场改进　　B. 产品改进　　C. 特性改进　　D. 市场营销组合改进

4. 一个家电企业生产 4 种电冰箱产品、8 种洗衣机产品、5 种空调产品，那么这个企业的产品线有：(　　)

A. 一条　　B. 三条　　C. 十七条　　D. 八条

5. 可口可乐公司的老板说，假若他的公司一夜之间被付之一炬，他第二天就可以从国际银行贷款数十亿美元重新开始。他凭借的是(　　)

A. 企业形象　　B. 商标　　C. 标准色　　D. 品牌

6. 从产品的整体概念来看，核心产品是指产品的(　　)

A. 基本功能　　B. 质量　　C. 商标　　D. 售前和售后服务

二、简答题

1. 生产企业尤其是名牌企业应该如何保护自己的品牌？

2. 企业有哪些常见的品牌策略？请结合具体实例谈一谈你的理解。

3. 产品生命周期各阶段的特点是什么？

4. 如何选择品牌和商标策略？

课后实训　产品生命周期及产品组合

一、实训目的：了解产品生命周期的含义、特点及策略，理解产品组合并能对企业的产品组合进行分析。

二、实训资料

河南鹤壁新环球公司在坚持“创造品牌、创造健康、创造未来”这一经营理念的同时，认识到将事业领域定位在“服务儿童健康与其成长”上较为适宜，企业在进行产品组合的过程中，已经把握好这一点。目前“鹤壁新环球”经营产品除了“小大人”矿物质奶外，还有“小大人”菠萝汁、“小大人”矿泉水 TOK 碱性饮料，“小大人”书包和“小大人”文具盒作为赠品委托定做。在这些产品中，TOK 饮料定位在成人运动饮料，矿泉水的主要市场亦是成人市场，因此，该两种产品与“小大人”品牌的特定内涵有一定距离。在营销产品组合上，以“小大人”矿物质奶为主，在现有 TOK 碱性饮料市场基础上，适应儿童需求特点，适当调整，推

出“小大人”碱性饮料。这样，既统一了品牌，又能在奶制品消费淡季(夏季)替代奶制品。

“鹤壁新环球”在广告宣传上具有一定的力度。通过连续两年多在中央电视台少儿节目时段播放广告，“小大人”已深入小朋友心中，但由于单一选择少儿节目时段播放，成人知晓率低，总知晓率不成比例，影响了广告效果。今后在广告宣传上，已有一定分量针对成人，并侧重产品功能介绍。“小大人”矿物质奶广告及公关宣传上有一定独特性，“从前我是小淘气，今日做个小大人”，“不做小皇帝，争当小大人”等宣传词句深受社会各界的好评，淡化了商业印记，具有不俗的思想文化品位。公司在终端的销售促进中，适当缩减全国性广告促销费用，增加对重点区域市场的地方性广告促销预算。

“鹤壁新环球”到目前为止，将产品营销组合落实为“拉”式策略，即通过电视、POP 广告吸引消费者购买。但由于市场铺货送货不到位，损失了部分应有的销售额。公司下一阶段转向“推”式策略为主，即通过商业性促销，激励中间商，强化销售渠道来提高市场占有率，进而达到扩大销售的目的，争取双赢。(资料来源：谢声．营销策划．广东经济出版社，2003)

三、实训内容与要求

分析案例并思考讨论：

1. 鹤壁新环球的产品组合营销策略同产品生命周期有什么内在联系?

2. 该公司生产的饮料在某一市场中体现的导入、成长、成熟三个阶段的营销策略，各有什么不同之处?

3. 试对你熟悉的企业的产品组合进行分析和评价。

四、实训组织方法及步骤

1. 学生进行分组，6~7 人一组。

2. 小组讨论分析，重点讨论第三题。

3. 班级讨论。每个小组派代表汇报小组讨论意见。

4. 教师讲评。

五、实训时间

2 小时

第七章　价格策略

案例导学

小米手机—穿越时空的价格诱惑

2011年8月，小米公司在北京“798”艺术区正式发布了高性价比智能手机小米手机1代，时隔一年，2012年8月，在同一个地点北京“798”艺术区D-Park广场，小米公司在小米科技新品发布会上，正式发布了智能手机小米手机2代，随着大屏幕打出小米手机2代1999元的定价，现场的米粉们纷纷起立鼓掌，爆发出狂热的尖叫声。这热烈的反响并不是因为它那四核的处理器，高水准的触摸屏，抑或是它那新的本土化操作系统，而是因为其裸机价格最终定为1999元(315美元)，比竞争对手苹果、三星、HTC低了一半还多。一些分析人士指出2015年中国智能手机的市场占有率有望达到全球市场的22%。智能手机无疑是一块巨大的蛋糕，但消费者对其价格高度敏感，苹果、三星等大品牌在提供了智能手机的最高水平的同时也在价格上树立了一个高门槛。小米手机坚持走高端低价的智能手机制造路线且已经获得成功。2011年小米手机两天便创造了300000台的预订量。一年后的2代升级手机，价格还是1999元。这个路线不仅行之有效，并且帮助了小米公司获得了前所未有的流行——一些媒体甚至称小米为中国对苹果的回答。根据官方数据统计，小米科技2012财年出货量为719万台，销售额(含税)达126亿元。这也是小米科技首次对外披露2012全年准确销售数据——距雷军2012年7月披露小米销售额为60亿，出货量为320万台时隔仅半年，这是小米所交的一份相对满意的答卷。

思考与讨论：

1. 该案例中，小米手机用到了什么定价策略?
2. 试分析新产品在进入市场时可选用的定价策略有哪些?

学习目标

1. 掌握定价的影响因素。
2. 了解企业的定价目标。
3. 掌握定价的方法和策略。
4. 通过学习价格策略，能客观地分析影响企业定价的因素，并能为企业产品进行合理的定价。

第一节　定价原理

价格是公司经营者最重要的决策之一，是市场竞争的一种重要手段。在大多数情况下，价格一直是购买者选择的主要决定因素。企业要明确定价需要考虑的主要因素，选择适当的定价方法，在营销过程中还要根据消费者及竞争对手对价格作出适当调整或改变，定价是否得当，将直接关系到产品的销量和公司的利润率。确定合理的定价和价格政策，是各类公司经营者面临的具有现实意义的重大课题。

一、影响产品定价的因素

影响定价的因素有很多，主要因素包括以下几种。

（一）产品成本

产品成本是指产品在生产过程和流通过程中所花费的物质消耗及支付的劳动报酬的总和。一般来说，产品成本是构成价格的主体部分，且同商品价格水平成同方向运动。企业产品定价以成本为最低界限，产品价格只有高于成本，企业才能补偿生产商的耗费，从而获得一定盈利。

一般情况下，企业产品成本越高，其价格也越高；成本越低，价格也越低。企业产品的总成本除生产成本外，还包括产品在流通环节中的流通费用。工商企业都不是以个别成本去决定企业产品的价格，而是以社会平均成本为依据制订自己产品的价格，所以企业应努力降低其个别成本。如果企业个别成本低于社会平均成本，则可获得高额利润，并有充分的调价余地，企业的市场竞争力也随之增强。

（二）市场需求

1. 价格与需求

这里说的需求，是指有购买欲望和购买能力的有效需要。影响需求的因素很多，这里只讨论价格对需求的一般影响。在其他因素不变的情况下，价格与需求量之间有一种反向变动的关系：需求量随着价格的上升而下降，随着价格的下降而上升，这就是通常所说的需求规律。需求规律通常由需求曲线来反映。根据表 7–1 可绘制出如图 7–1 所示的需求曲线图。

表 7–1　某物品需求表

价格/元	数量/公斤	价格/元	数量/公斤
5	1000	2	4000
4	2000	1	5000
3	3000		

2. 价格与供给

供给是指在某一时间内，生产者在一定的价格下愿意并可能出售的产品数量。有效供给必须满足两个条件：有出售愿望和供应能力。在其他因素不变的条件下，价格与供给量之间存在正相关关系：价格上升供给量增加，价格下降供给量下降。供给曲线反映了这一规律，如图 7–2 所示。

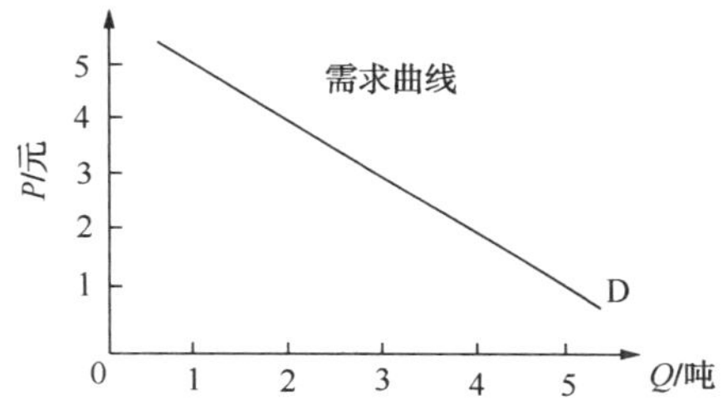

图 7–1　需求曲线

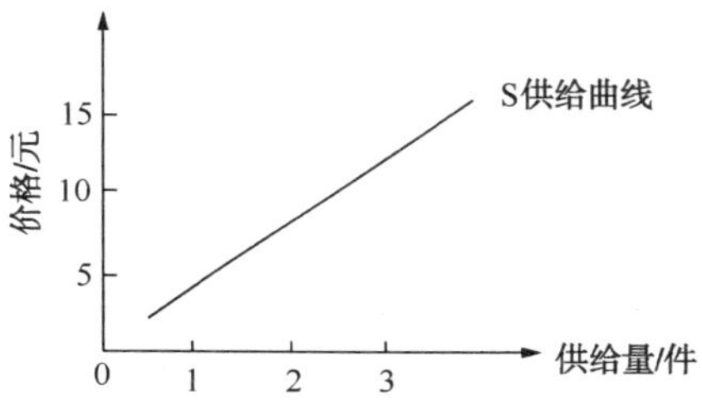

图 7–2　供给曲线

3. 供求与均衡价格

受价格的影响，供给与需求的变化方向是相反的。如果在一个价格下，需求量等于供给量，那么市场将达到均衡。这个价格称为均衡价格，这个交易量称为均衡量。当市场价格偏高时，购买者减少购买量使需求量下降。而生产者受高价吸引增加供应量，使市场出现供大于求的状况，产品积压必然加剧生产者之间的竞争使价格下跌。当市场价格偏低时，低价引起购买数量的增加，但生产者因价格降低减少供给量，使市场供小于求，购买者之间产生竞争导致价格上涨。如此变化的结果，迫使价格趋向供求曲线的交点 O 这一平衡点。O 点对应的价格轴上的 P 点便是均衡价格，对应的数量轴上的 Q 点便是均衡量。均衡价格即理论上的销售价格是相对稳定的价格。但需要指出的是，由于市场情况的复杂性和多样性，供求之间的平衡只是相对的、有条件的，不平衡则是绝对的、经常性的。

4. 价格与需求弹性

产品价格除受成本影响外，还受市场需求的影响，即受商品供给与需求相互关系的影响。当商品的市场需求大于供给时，价格应高一些；当商品的市场需求小于供给时，价格应低一些。如中秋节前几个月，因为月饼制作导致蛋黄需求量大，所以，蛋的价格会涨；春节期间，少数餐饮店营业，用餐价格会比平时上涨。反过来，价格变动影响市场需求总量，从而影响销售量，进而影响企业目标的实现。因此，企业制定价格就必须了解价格变动对市场需求的影响程度。反映这种影响程度的指标就是商品的需求价格弹性系数。

需求价格弹性是指因价格变动而引起的需求量变动的比率，也称需求弹性。它反映需求变动对价格变动的反应的灵敏程度。需求弹性是用需求弹性系数表示的：

$$E=(\Delta Q/Q)/(\Delta P/P)$$

式中，E 为需求弹性系数；P 为原价格；Q 为原需求量；ΔP 为价格的变动量；ΔQ 为需求的变动量。由于价格与需求一般呈反方向变动，因此弹性系数是一个负值，采用时取其绝对值。不同的产品具有不同的需求弹性。从弹性强弱角度决定企业的价格决策，主要有以下几种类型：

（1）$E=1$，称为需求无弹性，反映需求量与价格等比例变化。对于这类产品，价格无论怎么变化都不会对总收入产生多大影响。因此企业定价时，可选择实现预期盈利率为价格或选择通行的市场价格，同时把其他营销策略作为提高盈利率的手段。

（2）$E>1$，称为需求弹性大或富有弹性，反映了价格的微小变化都会引起需求量大幅度变化。定价时，应通过降低价格、薄利多销来增加盈利。反之，提价时务求谨慎以防需求量锐减，影响企业收入。这种弹性的商品如计算机、汽车、昂贵装饰品等高档产品、奢侈品等。

（3）$E<1$，这类产品缺乏弹性，需求量的变化小于价格自身的变动。定价时，较高水平的价格往往能增加盈利，低价对需求量的刺激不大，薄利不能多销，相反会降低企业的总收入。如粮食、盐、煤气等生活必需品以及生产资料等便属于此类，人们不会因为价格上涨而少买许多，也不会因价格下跌而多买许多。

知识链接

影响需求价格弹性的因素

1. 消费品占消费者家庭预算中的分量。如果该商品在家庭预算中所占的分量小，消费者往往对价格变化的反应小，即该商品的价格需求弹性就小，反之则大。

2. 有无替代品。如果一种商品具有满足消费者特殊需求的特定功能，而没有其他商品可以代替它，那么消费者可能不管价格如何也会购买；如果一种商品有其他的商品能代替它的功能，那么该商品一提价，消费者就会转而去购买代替品。因此，有代用品的商品的价格弹性大，无代用品的商品的价格弹性小。一种商品的代用品的种类越多，代用品能代替的功能越强，其价格弹性就越大。例如洗染店里的烫衣项目和干洗项目，两者的价格弹性不一样，烫衣在一般家庭里自己能够进行，因而它的价格弹性就大，而干洗在家里就难以做到，因而它的价格弹性就小。

3. 是否必需品。一般来说，必需品是消费者生活中的不可缺少的商品，因此它的价格弹性小，即使价格上升，消费者也必须买。奢侈品的价格弹性大，因为它对消费者来说是可有可无的，价格上升，消费者就会抑制自己的消费。

4. 时间的长短。价格弹性会随着消费者为适应价格变化而需要进行调节的时间长短而有所不同。在价格变动的最初短时间内，消费者可能对价格的变化很敏感，因而价格弹性相对大一些。随着时间的推移，消费者已经逐渐习惯了的价格，这时，价格弹性就会变小。

（三）竞争因素

成本因素和需求因素决定了价格的下限和上限，然而在上下限之间确定具体价格时，则在很大程度上要考虑市场的竞争状况，竞争性定价在当今市场上越来越普遍，价格战也越打越激烈，没有人不受竞争影响。在缺乏竞争的情况下，企业几乎可完全依照消费者对价格变化的敏感性来预期价格变化的效果，然而由于有了竞争，对手的反应甚至可完全破坏企业的价格预期。因此，市场竞争是影响价格制定的一个非常重要的因素。一般说来，竞争越激烈，对价格的影响越大。

（四）政策因素

企业在定价过程中要充分注意考虑政府宏观调控和市场管制措施及有关法规。政府主要运用经济、法律和行政手段对经济运行进行调控，或直接对市场价格实行最高限价和最低限价的管制。

案例 7.1

雄安新区是继深圳特区、浦东新区之后，我国又一具有全国意义的新区。设立雄安新区消息公开后，一大批“炒房团”开始观望，准备在新区置业，“炒房团”的行为无疑会带动此地房价飞速上涨。针对有上涨趋势的雄安新区房价，雄安新区临时党委、筹委会坚持“房子是用来住的、不是用来炒的”的定位，严禁大规模开发房地产，对新区区域内的有关土地、房地产开发等项目逐一摸底调查，逐一核对登记，分门别类、集中清理、依法整治。雄安新区临时党委、筹委会坚决严厉打击土地、房地产领域的违法犯罪行为，对炒房炒地、圈地围地等行为，持续保持严管严打高压态势。

除了上述主要因素外，企业定价还必须考虑企业实力的强弱、公司经营政策、分销渠道、营销组合等其他因素。企业在制定价格策略时，必须综合、充分地研究影响价格的多种因素，制定出最合理的产品价格。

二、企业的定价目标

定价目标是指企业要达到的定价目的。企业定价还受到企业定价目标的影响，不同的定价目标会导致企业不同的定价方法和策略，从而定出不同的价格。

（一）当期利润最大化目标

营销的最终目标是企业获得利润。所以，利润最大化是企业定价重要的目标之一，是指企业将利润最大化作为企业财务管理的最终目标。追求最大利润，几乎是所有企业的共同目标。但利润最大化并不等于制订最高价格，定价偏高，消费者不能接受，产品销售不畅，反而难以实现利润目标。同时，高价会刺激竞争者介入及仿冒品增加，更不利于提高企业市场地位与形象。所以，希望实现利润最大化也同样可以制定低廉的价格。

（二）市场份额领先目标

这是很多企业普遍采用的一种定价目标。较高的市场份额可以保证企业产品的销路，便于企业掌握消费者需求变化，易于企业形成控制市场和价格的能力。拥有最大的市场份额后企业将享有最低的成本和最高的长期利润。为争取市场份额领先，企业需要制定一个尽可能低的价格，广开销路。

案例 7.2

格兰仕企业的微波炉，当初就是用低价来逼退竞争者而获得市场份额最大化，形成规模效应的。格兰仕用价格这个武器为自己带来了丰厚的利润。

如果具有下述条件之一时，企业就可考虑通过低价来实现市场占有率的提高。

（1）市场对价格高度敏感；

（2）生产与分销的单位成本会随着生产经验的积累而下降；

（3）低价能吓退现有的和潜在的竞争者。

（三）产品质量最优化目标

如果一个公司想树立在市场上成为产品质量领先地位目标的话，往往就会用高价格来弥补高质量和研究开发的高成本。但不可忘记：产品优质优价的同时，应辅以相应的优质服务。

案例 7.3

在国内厂家大打价格战时，海尔结合产品档次和服务水平的提高，在产品价格方面始终坚持比同行的价格高的策略，不断塑造海尔的品牌价值。在一波又一波的价格战中，海尔始终没有追杀，而是保持自己的良好形象。海尔也成了哈佛商学院写入哈佛案例的第一个中国企业。

（四）生存目标

生存目标是企业处于不利环境中实行的一种特殊的过渡性目标。如果企业遇上生产能力过剩、激烈竞争或者消费者需求改变时，为避免倒闭，企业必须制定一个低的价格，借助于大规模的价格折扣，以保本价格、甚至以低于成本的价格出售产品，以期迅速收回资金，维持营业，争取研制新产品的时间，重求生机。如在 2002～2004 年“非典”期间，在市场不景气的情况下，许多餐饮企业为了生存，在定价时只求保本，待抗“非典”胜利市场需求回升后再提高价格。此外，也有一些企业集团或公司为方便接待来往的客户而开办一家餐饮企业，此类餐饮企业也通常以保本为定价目标。

（五）防止竞争目标

这种定价目标是指企业按照竞争需要来制订价格。一般来说，企业对竞争者的行为都十分敏感，尤其是价格的状况。企业从有利于竞争的目标出发选择定价目标，一般有以下几种。

（1）力量较弱的企业，应采用与竞争者价格相同或略低于竞争者的价格出售产品的方法。

（2）力量较强的企业想扩大市场占有率，可采用低于竞争者的价格出售产品的方法。

（3）资本雄厚并拥有特殊技术或产品品质优良，或能为消费者提供较多服务的企业采用高于竞争者的价格出售产品的方法。

（4）为防止别人加入同类产品竞争的企业在一定条件下，往往采用一开始就把价格定得很低的方法，从而迫使弱小企业退出市场或阻止对手进入市场。

案例 7.4

2012 年的京东商城、当当网、天猫、亚马逊、易迅、苏宁易购、国美网上商城七大电商展开的“价格战”就是一场以竞争为目标，被业界冠以“史上最强的电商价格战”。在这场战争中电商们投入了近 70 亿元，产生了 1.1 万亿元销售额。业内人士评价：2012 年 6 月开始的价格战，是电商史上的一幕大戏，可能会引起整个商业形态的快速转型。

与 2012 年只有“价格战”一个关键词相比，2013 年的电商大战增添了不少新内容。但 2013 年的价格战热度丝毫未减。2013 年 6 月，为了年中促销，电商纷纷摩拳擦掌，先是口水战，从京东商城推出“别闹”开始，其他电商纷纷用“别”字组词造句，像苏宁的“别慌”、国美的“都别装”、天猫的“别扯”、易迅的“别吹”、当当的“都别吵”。随后即是实打实的价格战。这次价格战涉及面更广，不仅京东、苏宁易购、天猫等价格战老手参与其中，之前对价格战不怎么热衷的亚马逊和当当网也加入了战团。

与往年不同之处是，2017 年 6 月 18 日并未突然出现流量井喷场面。一位业内人士说：“今年价格战不是集中在一个时间点，而是拉伸到整个 6 月。进入 6 月各大商家促销开始，并在 17 日、18 日、19 日形成小高潮。”

三、定价的程序

（一）确定定价目标

企业价格的制定是一种有计划有步骤的活动，是实现企业营销目标和总体战略的具体工作。因此，必须首先明确企业的定价目标。

（二）估计市场需求

商品价格与市场需求一般情况下是成反比关系的。价格会影响需求，在正常情况下，市场需求会按照和价格相反的方向变动。价格提高，市场需求就会减少。企业商品的价格会影响需求，需求的变化会影响企业的产品销售乃至企业营销目标的实现。因此，估计市场需求状况是制定价格的重要工作。

（三）估算成本

企业在制定商品价格时，要进行成本估算，这是任何企业都不能例外的。企业商品价格的上限取决于市场需求及有关限制因素，而最低价格不能低于商品的经营成本费用，这是企业价格的下限，低于这个限度，企业无法维持再生产和继续经营。

(四)分析竞争状况

企业价格的制定除取决于需求状况、成本状况之外，还受市场竞争状况的强烈影响。如果企业的产品和竞争者的同种产品质量差不多，那么两者的价格也应大体一样；如果企业的产品不如竞争者的产品，那么产品价格就应定低些；如果企业的产品优于竞争者的产品，那么价格就可以定高些。

(五)选择定价方法

企业要根据定价目标、产品的性质、需求情况及竞争状况等因素，选择合适的定价方法。

第二节　定价方法

企业定价方法，是指企业在一定的定价目标指导下，参考产品成本、市场供求、竞争、消费者心理等因素，具体地计算产品价格的一种方法。从不同的定价目标出发会产生不同的定价方法。归纳起来，主要有成本导向定价法、需求导向定价法、竞争导向定价法等。

一、成本导向定价法

成本导向定价是企业以产品成本为中心的生产方导向定价思路。其目标是在不亏本的情况下获得尽可能高的利润。通常包括成本加成定价法、目标收益定价法和边际成本定价法等方法。

(一)成本加成定价法

这种定价方法就是在单位产品成本的基础上，加上预期的利润额作为产品的销售价格。售价与成本之间的差额即利润称为“加成”。其计算公式为：

单位产品价格=(单位产品的固定成本+单位产品的变动成本)×(1+成本加成率)

【例】某企业生产某种产品10000件，单位可变成本为20元，固定总成本为200000元，预期利润率为15%。可计算如下：

固定总成本200000(元)

单位固定成本200000÷10000=20(元/件)

单位可变成本20(元/件)

单位总成本20+20=40(元/件)

预期利润率15%

产品售价=40+40×15%=46(元/件)

这种定价方法的优点在于价格能补偿并满足利润的要求；计算简便，有利于核算；能协调交易双方的利益，保证双方基本利益的满足。缺点是定价依据是个别成本而并非社会成本，忽视市场供求状况，难以适应复杂多变的竞争情况。因而，这种方法一般适用于经营状态和成本水平正常的企业，以及供求大体平衡、市场竞争比较缓和的产品。

(二)目标收益定价法

这是根据企业的总成本和预计的总销售量，加上按投资收益率制定的目标利润额，作为定价基础的方法。其计算公式是：

$$价格=\frac{总成本+投资总额\times 投资收益率}{销售量}$$

【例】某企业生产某种产品，投资总额为 2000000 元，预期投资收益率为每年 15%，预计年产量为 100000 件(假设全部售完)。假设该企业年固定成本消耗为 400000 元，单位产品可变成本为 6 元。那么，该产品的市场价格可计算如下：

投资总额 2000000(元)

投资收益率 15%

固定成本消耗 400000(元)

可变成本 6×100000＝60000(元)

总成本 400000+60000＝1000000(元)

预计产量(销售量)100000(件)

根据上述公式，可得

$$价格=\frac{1000000+2000000\times 15\%}{100000}=13(元/件)$$

这种定价法首先要估算出不同产量的总成本，估算未来阶段可能达到的最高产量，然后确定期望达到的收益率，才能制定出价格。因此，这种定价法有一个缺陷，即企业是根据销量倒过来推算价格，但是价格又是影响销量的一个因素。这一定价法适合产品有专利权或在竞争中处于主导地位的产品。

(三) 边际成本定价法

边际成本定价法，也叫边际贡献定价法，即在定价时只计算变动成本，不计算固定成本，只要定价高于变动成本，就可获得边际收益。此方法重点是在考虑变动成本的回收后尽量补偿固定成本。其计算公式为

单位产品价格＝(总的变动成本+边际贡献)÷预计销售量

这种方法一般在竞争十分激烈、市场形势严重恶化的情况时采用。此时高价会导致产品滞销积压、丢失市场，因此不如低价保市场，减少库存积压，减少企业损失。只要售价不低于变动成本，生产可以维持；如售价低于变动成本，则生产越多亏本越多。

二、需求导向定价法

需求导向定价法是一种以市场需求强度及消费者感受为主要依据的定价方法，包括认知价值定价法、需求差异定价法和反向定价法。

(一) 认知价值定价法

认知价值定价法又称“理解价值定价法”，是根据消费者所理解的某种商品的价值，或者说是消费者对产品价值的认识程度来确定产品价格的一种定价方法。

认知价值定价法的关键是要正确地估计消费者的认知价值。如果估计过高，会导致定价过高，影响产品的销售；如果估计过低，会导致定价过低，产品虽然卖出去了，却不能达到定价绩效的目标。当产品的价格水平与消费者对产品价值的理解和认识程度大体一致，或者产品价格稍低于消费者对产品价格的理解和认识程度时，消费者就很容易接受这种产品；反之，消费者就不会接受这种产品，产品就很难销售出去。运用认知价值定价法一定要注意把自己的产品和竞争者的产品进行比较，准确地确定市场对产品的认知。在确定产品的认知价值时，有必要进行市场调研。

案例 7.5

巴厘克服装是印度尼西亚久负盛名的民族服装，深受印度尼西亚和东南亚各国妇女的喜爱。随着社会的发展，人们对服饰的时代感要求增强，一位印度尼西亚青年企业家适应了消费者这一要求，将巴厘克服装的传统图案革新成现代图案，使巴厘克服装集精美与典雅于一身，融娟秀与华丽于一体。一位日本人见到革新后的巴厘克服装赞叹不已，告诉这位年轻企业家，如此漂亮的服装在日本市场上定会有销路。这位年轻企业家经过准备，带着巴厘克服装及模特儿来到日本，举办了一场十分壮观的服装展销活动。许多社会名流、贵妇应邀光临了这场服装展销。但展销结束时并没有多少人购买巴厘克服装，年轻的企业家大惑不解，请来了日本专家进行咨询。专家经分析后认为，问题出在价格上，这种高雅的服装，消费者大多为社会上层的贵妇名流，这样低的价格上层妇女如果穿在身上，她会感到脸上无光，并遭人讥笑。听了专家的诊断，年轻的企业家恍然大悟，回去后再次改进，使巴厘克服装更加漂亮。次年当他第二次率领模特儿来到日本举办巴厘克时装展览时，定价比上次高三倍。结果，他所带的巴厘克服装很快被抢购一空。

（二）需求差异定价法

需求差异定价法指企业对同一产品，不是以成本差异为基础，而是根据不同的顾客不同的地域需求的强弱，采取不同价格的一种定价方法。需求差异定价法主要有以下几种形式。

（1）以顾客为基础的需求差异定价。消费者收入不同，其需求弹性大小也就不同；据此企业对同一项产品或劳务可制定不同的价格。例如，旅游业对中外游客、中国移动对新用户和老用户都采取了差异定价。

（2）以地点为基础的需求差异定价。对于同种商品，因其在不同地理位置的市场上，存在不同的需求强度，据此制定出不同的价格。例如，旅游点或名胜古迹地区的旅馆饭店的定价，通常高于一般地区。

案例 7.6

2012 年年底，有记者在广州调查，飞天茅台在不同的地点销售，价格相差很大。飞天茅台的指导价为 1519 元，而广州友谊商店定价 2090 元，高端商超定价约为 1800 元，烟酒商行的售价则均低于指导价，约为 1500 元，最低售价为一家烟酒商贸行的 1300 元。

（3）以产品为基础的需求差异定价。对同一项产品的不同形式制定不同的价格，且这种价格上的差异并不代表成本上的差异。例如，在服装、家用电器等产品中，常以豪华型、大众型为依据，对相同产品制定不同的价格。

（4）以时间为基础的需求差异定价。当商品的需求随着时间的变化而变化时，对同一种产品在不同的时间应该制定出不同的价格。例如，不同季节的应季商品，在相应的季节里，需求量大，可适当提高价格；反之，产品的价格定低一些。

案例 7.7

民航机票的差别定价规则

按顾客	一般人、教师、学生、军人、团体、儿童等
按时间	早班、晚班、首班、寒暑假、节假日等
按距离	单程、来回程、联程等
按档次	特等舱、普通舱、包机等
按出票时间	预购、即购等

需求差异定价法是许多企业采用的一种常见的定价方法。这种方法比单一价格销售产品更能增加销量，获得更多的“消费者剩余”，即顾客在购买商品时所预料的、情愿付出的价格与市场实际价格之间的差额使企业的赢利达到最大化。

实行需求差异定价法必须具备一定的前提。这些前提条件包括：

第一，符合国家的相关法律法规和地方政府的相关政策；

第二，市场能够细分，且各细分市场其有不同的需求弹性。顾客对产品的需求有明显的差异。

第三，顾客在主观上或心理上确实认为产品存在差异。不要引起顾客的反感，使他们不会产生被歧视的感觉而放弃购买，抵制购买。

思考与讨论：生活中有哪些产品采用了需求差异定价法？分别是哪种形式的需求差异定价法？

（三）反向定价法

反向定价法是指企业依据消费者能够接受的最终销售价格计算自己从事经营的成本和利润后，逆向推算出产品批发价和零售价。

其计算公式为：

出厂价格＝市场可销零售价格×(1－批零差价率)×(1－销进差率)

这种定价方法不以实际成本为主要依据，而是以市场需求为定价出发点，力求使价格为消费者所接受。分销渠道中的批发商和零售商多采取这种定价方法。

案例 7.8

小天鹅股份有限公司有一个独特的产品价格观：“小天鹅产品定价是由消费者确定的。”小天鹅公司开发新产品前先做市场调研，从全国各地区、各阶层消费者的实际需求、购买欲望和购买能力等方面看消费者对什么产品能接受什么样的价位，然后再研究决定开发什么样的产品。定下来以后就对设计人员提出要求，不仅包括技术设计、功能设计和工艺设计的要求，也包括成本控制的要求。“小天鹅”认为，“小天鹅”产品定价由消费者确定的，不是一个空洞的口号，而是一个实实在在的运作过程。

三、竞争导向定价法

竞争导向定价法是以市场同行业竞争对手的价格为主要依据，根据应付竞争或避免竞争的要求来制定自身同类产品价格的方法。主要包括随行就市定价法、招标投标定价法和产品差别定价法。

案例 7.9　价格战如何打——国内杀毒软件渠道价格战的启示

虽然各杀毒软件厂家力图回避价格大战，但事实证明价格战往往成为竞争取胜的利器。与家电、PC 市场的价格战相比，杀毒软件厂家的价格大战似乎更加理智和更有策略。杀毒软件市场的两次价格大战都是因为新兵的加入而引发的。

1998 年是杀毒软件市场的一个分水岭，这一年，瑞星开始介入杀毒市场，而这时候江民已稳占 80%的市场份额。要想撼动这块巨石，其难度可想而知。瑞星瞅准机会，当时江民的杀毒软件零售价为 260 元，出厂价定在 90 元。瑞星突出奇兵，将产品的出厂价定在 20 元，零售价为 230 元。与江民相比，瑞星的经销商可获得更多的差价。当时 Windows 上的宏病毒的泛滥给了瑞星一个喘息的机会，瑞星借机大肆宣扬瑞星 8.0 杀毒软件对杀宏病毒的奇效。

在高额差价的引诱下，经销商开始大量进瑞星的产品。在三个月的时间内，瑞星就销掉 5 万套产品。特别是为了争夺北京市场，瑞星使出了浑身解数，不惜一切代价，以极低的价格出售，让利给代理商。高额利润的诱惑，使一些江民的代理商也倒戈奔向瑞星。

瑞星的知名度也渐渐上升，又开始了下一轮的价格策略：涨价战。瑞星煞有介事，提前通知经销商一周后涨价：出厂价为 48 元。经销商因为担心涨价而失去瑞星的市场，又开始向瑞星订货。涨价战又大获全胜，瑞星如法炮制，没过多久，又将价格涨到 68 元。

瑞星不断吞食江民的市场份额。这时候，江民已真正感到对手的威胁，于是组织反击。江民把出厂价降到 70 元，而且其价格策略与瑞星相同："KV 本周是 70 元，下周还是 70 元。"毕竟江民是老大，轻轻一击，瑞星的日子就不好过。一看到江民跟着降价，本来想再涨价的瑞星，只得放弃。

这时，CIH 病毒的出现，无疑对瑞星是一个福音。瑞星又趁势出击，宣布"下周从 68 元涨到 88 元"。瑞星巧妙地实施"价格涨降大战"，这一战直到 2000 年才结束，结果是瑞星与江民面对面地谈论江湖大事了，再不是任由江民发号施令。

就在瑞星与江民之间的战事刚刚平息，金山杀了进来。杀毒软件市场顿时风声鹤唳。对任何一个市场的新进入者来说，低价策略都是极具杀伤力也最立竿见影的方法。2001 年 8 月，金山挟 5 元的体验版杀毒产品冲向市场，一下子就撞开了一个市场大洞，代理商一口气订了 15 万套货。这个时候，瑞星几乎卖不动，江民的 KV 也不那么畅销了。谁都知道，这一次价格大战将是刺刀见血的。如果不针对金山进行阻击，市场将可能会被一点点吞噬掉。在激烈的竞争中，昔日的杀毒老大江民也挺不住了，2001 年 9 月底，江民应声而降，代理商的批发价下降 20%，产品的零售价也从 178 元降至 128 元。江民把这个策略描述为："以前我吃肉别人吃菜，现在我要改吃菜让别人喝汤"。

这场价格大战，连杀毒市场的价格战的始作俑者瑞星也没反应过来，急匆匆地推出了历时两年开发出来的"瑞星杀毒软件 2002 版"，才稳住阵脚。就在金山和江民大打降价战时，瑞星不降反升，零售价由原来的 188 元上涨为 198 元，好像要游离于这场价格战之外。

（一）随行就市定价法

随行就市定价法是竞争导向定价法中被企业广泛接受的最简单的一种定价方法，是指企业使自己的产品价格与竞争产品的平均价格保持一致。这种"随大流"的定价方法，主要适用于需求弹性比较小或供求基本平衡的商品。在这种情况下，单个企业把价格定高了，就会失去顾客；而把价格定低了，需求和利润也不会增加。所以，随行就市成了较为稳妥的一种定价方法。这样，既避免激烈竞争，减少了风险，又补偿了平均成本，从而获得平均利润，而且易被消费者接受。如果企业能努力降低成本，还可以获得更多利润。

案例 7.10

某大型商超开业初期，采用低价策略成功地打开了市场后，下一步便是针对主要对手来制定价格。每周三都要派出大量人员到两个主要竞争对手处采价，然后迅速汇总，星期四晚上调整价格，迎接双休日的销售高峰。在竞争导向定价法中，它主要运用了随行就市法，以主要竞争对手的价格作为基础，只是稍微进行下调，从而既保证了价格的优势，也不致收入过分降低。

（二）招标投标定价法

一般是指在商品和劳务的交易中，采用投标招标方式，由一个买主对多个卖主的出价择优成交的一种定价方法。在国际上，建筑包工和政府采购往往采用这种方法。

投标定价法有如下步骤。

1. 招标

招标是由招标者发出公告，征集投标者的活动。在招标阶段，招标者要完成下列工作：

（1）制定招标书。招标书也称招标文书，是招标人对招标项目成交所提出的全部约束条件。包括：招标项目名称、数量；质量要求与工期；开标方式与期限；合同条款与格式等。

（2）确定底标。底标是招标者自行测标的愿意成交的限额，它是评价是否中标的极为重要的依据。底标一般有两种：一为明标，它是招标者事先公布的底标，供投标者报价时参考；二是暗标，它是招标者在公证人监督下密封保存，开标时方可当众启封的底标。

2. 投标

由投标者根据招标书规定提出具有竞争性报价的标书送交招标者，标书一经递送就要承担中标后应尽的职责。在投标中，报价、中标、预期利润三者之间有一定的联系。一般来讲，报价高，利润大，但中标概率低；报价低，预期利润小，但中标概率高。所以，报价既要考虑企业的目标利润，也要结合竞争状况考虑中标概率。

3. 开标

招标者在规定时间内召集所有投标者，将报价信函当场启封，选择其中最有利的一家或几家中标者进行交易，并签订合同。

（三）产品差别定价法

产品差别定价法是指企业通过营销努力，使同种同质的产品在消费者心目中树立起不同的产品形象，进而根据自身特点，选取低于或高于竞争者的价格作为本企业产品的价格。产品差别定价法是一种进攻性的定价方法。产品差别定价法的运用，首先要求企业必须具备一定的实力，在某一行业或某一区域市场占有较大的市场份额，消费者能够将企业产品与企业本身联系起来。其次，在质量大体相同的条件下实行差别定价是有限的，尤其对于定位为“质优价高”形象的企业来说，必须支付较大的广告、包装和售后服务方面的费用。因此，从长远来看，企业只有通过提高产品质量，才能真正赢得消费者的信任，才能在竞争中立于不败之地。

案例 7.11

在市场区隔上，红牛作为行业老大，一年销售额 200 亿元以上，主要在一线市场，而东鹏特饮将目标定义在二、三线及以下市场，成功避开了跟红牛的正面冲突；在渠道上，红牛主要集中在 KA 和连锁便利店，而东鹏特饮在小店领域做得非常棒；在价格上，同样容量 250mL 的产品，红牛主流终端价 5.5~6 元/罐，东鹏特饮终端价 3.5 元/瓶。

思考与讨论：湖南电视台的“爸爸去哪儿”播出后，节目中的爸爸们和孩子们的身价水涨船高。请问：这些爸爸们及孩子们的出场费的制定是采用哪种定价法？

第三节 定价策略

制定价格不仅是一门科学，而且需要一套策略和技巧。定价方法侧重于产品的基础价格，而定价策略是根据市场中不同变化因素对产品价格的影响程度，运用不同的定价艺术有技巧地制定出适合市场变化的灵活机动的产品价格，从而实现定价目标的企业营销战术。

一、新产品价格策略

新产品定价合理与否，关系到其能否及时打开销路、占领市场和获得预期利润的问题，对于新产品以后的发展具有十分重要的意义。常见的新产品定价技巧和策略有三种：撇脂定价策略、渗透定价策略和满意定价策略。

（一）撇脂定价策略

撇脂定价策略即在新产品上市初期，把价格定得高出成本很多，以便在短期内获得最大利润。这种策略如同把牛奶上面的那层奶油撇出一样，故称之为撇脂定价策略。

撇脂定价策略适用于具有独特技术、不易被仿制、有专利保护、生产能力不太可能迅速扩大等特点的新产品，用时市场上要存在高消费或时尚性需求。

这种定价策略的优点在于：能尽快收回新产品投资，并在短期内获取收益；以高价树立优质产品的形象，为今后的降价创造条件。不足之处在于：高价产品投放市场，限制用户购买，不利于开拓市场；高利润富有吸引力，促使竞争者迅速介入。

案例 7.12

1945 年美国雷诺公司从阿根廷购进圆珠笔专利，迅速制成大批成品，并趁第一颗原子弹在日本爆炸的新闻热潮，将圆珠笔取名原子笔。由于圆珠笔确实使用方便，免去使用墨水笔的诸多不便和烦恼，短期内无竞争者能模仿，该公司每支笔制造成本才 0.5 美元，却以 20 美元的零售价投放市场。半年时间，雷诺公司生产原子笔投入 2.6 万美元，竟获得 15.6 万美元的丰厚利润。以后竞争者见原子笔获利甚厚而蜂拥而至，原子笔价格不断下降，雷诺公司把每支笔价格降至 0.7 美元，给竞争者有力一击。

（二）渗透定价策略

渗透定价策略和撇脂定价策略相反，它是以低价为特征的。把新产品的价格定得较低，使新产品在短期内最大限度地渗入市场，打开销路。就像倒入泥土的水一样，很快地从缝隙里渗透到底。

渗透定价策略作为一种长期价格策略，适用于能尽快大批量生产、产品差异小、特点不突出、易仿制、技术简单、顾客对价格敏感性强的新产品。

这一定价策略的优点在于：能使产品迅速渗入市场，扩大市场份额，产生规模经济效益；阻止竞争对手介入，有利于控制市场；能为公司的未来赢得广泛的忠诚用户。缺点在于：利润低，收回成本周期长；如果产品的生命周期短，那么结果将是灾难性的；如果初始价格过低，那么一旦提价，就要克服顾客的心理障碍。

（三）满意定价策略

满意定价策略是一种折中价格策略，是介于撇脂定价和渗透定价之间的定价策略，所制定的价格既可使企业获得相当的利润，又能使顾客感到满意。

这种策略既有利于扩大市场，保证弥补投入期的高成本，又能确保顾客和企业满意，因而称为满意价格策略，该策略适用于需求价格弹性较小的日用生活必需品和主要的生产资料。

案例 7.13

1989 年夏季，由美国可口可乐公司与杭州茶厂合资组建的中华食品公司开始灌装供应“雪碧”，把许多国产饮料挤出了市场，甚至一些“正宗进口”的洋饮料也甘拜下风。是什么原因使“雪碧”获得这样的成功？

为了占领杭州饮料市场，中华公司采取了多种策略，包括产品策略、分销策略、广告促销策略等等，其中价格策略的成功，是“雪碧”成功的不可忽视的重要因素。针对大众消费水平，把“雪碧”价格确定在 0.65 元/瓶，介于国产普通汽水和进口易拉罐之间。当时，国产汽水每瓶 0.45 元，但口味不及“雪碧”；进口饮料如“粒粒橙”每罐 3.4 元，不是一般人所能问津的。价格适中，切合大众消费需求的 0.65 元一瓶就能一炮打响。

同时，中华公司给予各个销售点较高的销售利润，即让一部分利润给零售商。在杭州各销售点每销一瓶“雪碧”可得利 0.12 元，而普通国产汽水每瓶的销售毛利只有 0.07 元，故各零售点均愿销售“雪碧”。同时，尽管“粒粒橙”的销售毛利更大，但是问津者毕竟少，在销量上远不敌“雪碧”，经销它们易造成积压，阻碍流动。

二、产品组合定价策略

一个企业往往并非只提供一种产品，而是提供许多产品。产品组合定价策略的着眼点在于制定一组使整个产品组合利润最大化的价格。常用的产品组合定价有以下几种形式。

（一）产品线定价

产品线定价是利用顾客对产品线系列产品的价格的理解来定价。对产品线内的不同产品，要根据产品的质量和档次、顾客的不同需求及竞争者产品的情况确定不同的价格。如服装商店对男士西服定价 220 元、650 元、1100 元 3 个水平，顾客自然会以 3 个质量等级来对应选购 3 种价格的产品。企业采用这一策略应注意档次的划分要适当，商品档次既不要分得过细也不要过粗，价格档次的差距既不要过大也不要过小。

案例 7.14

日本松下公司设计出五种不同的彩色立体声摄影机。从 4.6 磅简单摄影机到带有自动定焦距、有感光控制器和两种速度的变焦镜头的 6.3 磅复杂摄影机，每一种后继机都比前一种多了附加新功能，为价格差异提供了质量差异的证据。松下公司详细考虑了包括计算各产品成本之间、顾客对产品不同特点的评价之间、与竞争者的价格之间的差异，制定出相应的价格等级。另外，他们发现，如果两种等级摄影机之间的价格差异较小，购买者会选择质量较高级的那种，而且此时两产品的成本差异小于价格差异，将提高企业的总利润；如果价格差异较大，购买者会选择较低档的那种产品。

与上述差异价格策略相反，统一定价是另外一种产品线定价策略。为吸引消费者、促进销售，有的企业针对顾客求廉心理，对其经营的同类商品用整齐划一的价格，实行薄利多销。对于统一定价的商品大多是大型商场所忽略的日用小商品，如“2 元商品”“均价商品”“50 元专柜”等。企业通过不同商品的有赔有赚，给顾客以便宜、便于交易、好奇等刺激，吸引不少消费者。

（二）附属产品定价

附属产品，又称受制约产品，必须与主要产品一同使用的产品。大多数企业采用这种策略时，将主要产品定价较低，而附属产品定价较高。例如，打印机的耗材，企业通常对主要产品(打印机)进行低价定价，然后对耗材进行高定价获取利润。附属产品可以在一个品牌的销售和利润中占很大比重，比如拍立得的相纸就特别贵，相机反而没有那么贵，小几百块就行。但是，将附属产品的价格定得太高也存在一定风险，容易引起不法分子生产低廉的仿制品，反过来与正规商品竞争。

(三) 组合产品定价

企业经常将一些产品捆绑在一起进行销售，捆绑价低于单价产品的价格总和。如化妆品公司将润肤露、洗发水、啫喱水、防晒霜等捆绑在一起进行销售，虽然有的消费者并不需要其中的某项，但看到价格比单件购买便宜很多，便买下了。所以这一组合的价格必须有较大降幅，以此推动顾客购买。

案例 7.15

某省"移动套餐"的"花式"共有 7 种，月租费较低的是 30 元和 98 元两种，比较高一些的有 568 元和 788 元两种，而属中间状态的有 168 元、268 元和 388 元三种。缴纳月租费的"档次"不同，所被"赠与"的免费通话时间也是差别很大，总的原则是：月租费缴得越多，"被赠"的时间就越长、"折扣"也越大。月租费缴 30 元的，每月"被赠"的通话时间是 48 分钟；而月租费缴 788 元的，每月"被赠"的通话时间达 2588 分钟。

三、折扣定价策略

折扣定价策略是指企业为回报或鼓励购买者的某些行为，将其产品基本价格调低，给购买者一定的价格优惠。长期以来，折扣一直被企业作为增加销售的主要方法之一，是企业常用的定价策略。一般有下列几种折扣方式。

(一) 现金折扣

现金折扣是为了鼓励顾客尽早付款，加速资金周转，降低销售费用表，减少企业风险，而给购买者的一种价格折扣。如顾客在 30 天内必须付清货款，如果 10 天内付清货款，则给予 2%的折扣；20 天内付清货款，给予 1%的折扣。这种折扣的大小一般根据提前付款期间的利息和企业利用资金所能创造的效益来确定。

(二) 数量折扣

这种折扣是企业给那些大量购买产品顾客的一种减价，以鼓励顾客购买更多的货物。数量折扣有两种：一种是累计数量折扣，即规定在一定时间内，购买总数超过一定数额时，按总量给予一定的折扣；另一种是非累计数量折扣，规定顾客每次购买达到一定数量或金额时给予一定的价格折扣。

(三) 功能折扣

也称交易折扣，即生产者根据各类中间商在市场营销中所担负的不同业务职能和风险的大小，给予不同的价格折扣。其目的是鼓励中间商大批量订货，扩大销售，争取顾客，与生产企业建立长期、稳定、良好的合作关系。一般而言，给予批发商的折扣较大，给予零售商的折扣较小。

案例 7.16

某机械企业产品的零售价格为 500 元，如给予零售商的折扣是 25%，给予批发商的折扣是 20%，则该批发商对零售商的销售价格为 500×125% = 375 元，企业对批发商的销售价格为 375×120% = 300 元。

（四）季节折扣

这种折扣是企业给为淡季购买商品的顾客提供的一种价格折扣。目的是鼓励消费者反季节消费，使企业的生产和销售在一年四季保持相对稳定。这样有利于减轻企业储存的压力，从而加速商品销售，使淡季也能均衡生产，旺季不必加班加点，有利于充分发挥生产能力，如商家在夏季对冬季服装进行的打折促销便是季节折扣。

四、心理定价策略

（一）尾数定价策略

尾数定价又称零头定价，是指利用消费者数字认知的某种心理，尽可能在价格数字上不进位，而保留零头。消费者会认为这种价格经过精确计算，购买不会吃亏，从而产生信任感。同时，价格虽离整数仅相差几分或几角钱，但给人一种低一位的感觉，符合消费者求廉的心理愿望。如 200 一双的鞋与 198 一双的鞋相比，虽然只高出 2 元钱，但对价格敏感的消费者来说，感觉则是两个不同价格级别的产品，从而冲破他们的价格心理防线。尾数定价具有一定的促销作用，通常适用于基本生活用品。对品牌、优质产品不一定适合。

知识链接

尾数定价策略的应用

尾数定价法应用十分广泛。在美国，5 美元以下的商品，习惯以 9 为尾数；5 美元以上的商品，习惯以 95 为尾数。日本的家用电器，习惯以 50、80、90 为尾数。中国许多商品，常以 8、88、98、99 为尾数。99 尾数不仅可满足消费者的求廉心理，而且迎合了消费者追求“天长地久”的传统心理，可增加商品对消费者的吸引力；而 88 尾数则适应了人们对“财运大发”的企盼，从而引起消费者的共鸣。

（二）整数定价策略

整数定价是指针对消费者的求名、求便心理，将商品价格有意定为以“0”结尾的整数。在日常生活中，对于难以辨别好坏的商品，消费者往往喜欢以价论质，而将商品的价格定为整数，使商品显得高档，正好迎合了消费者的这种心理。如将一套西服定价为 1000 元，而不是 998 元，尽管实际价格仅相差 2 元钱，给人的感觉却是这套西服上了一个档次，因为它的价格是在 1000 元的档次上，而不是在 900 元的档次上。因此，对那些高档名牌商品或消费者不太了解的商品，采用整数定价可以提高商品形象。另外，将价格定为整数还省去了找零的麻烦，提高了商品的结算速度。

（三）声望定价策略

声望定价是企业利用自己长期市场经营实践在消费者心目中树立起的声望，通过制定较高的价格，来满足消费者的“求名”“炫耀”心理的一种定价技巧。在消费过程中主要表现为对名牌产品、名牌商店、购物环境及某种特定服务的追求。多数消费者购买名牌产品不仅仅看重其一流的质量，更看重品牌所蕴含的身份、地位、名望等社会象征意义。该策略适用于高档名牌商品、奢侈品及具有特色的服务、商店或特定的地点等。

（四）习惯定价策略

习惯定价策略是按照消费者的习惯心理制定商品价格。消费者在长期的购买实践中，对某些经常购买的商品，在心目中已经形成了习惯性的价格标准，不符合其标准的价格则易引起消费者的疑虑，从而影响购买。例如，消费者已经习惯于袋装牛奶的价格为 2.5 元左右。近几年来，价格发生多次变动，每一次变动消费者都做出了敏感的反应。企业对这类商品定价时，要充分考虑消费者的这种习惯性倾向，不可随意变动价格，否则，一旦破坏消费者长期形成的消费习惯，就会使其产生不满情绪，导致购买的转移。若确实需要调价格，则需做好宣传工作，让消费者充分了解调价原因，做好心理准备，择机调价。

（五）招徕定价策略

招徕定价是指企业为了招徕更多的消费者，有意将某些消费品的价格定得很低，甚至远远低于成本，以吸引消费者由此及彼地购买其他商品，从而增加总赢利的一种定价策略。其巧妙利用了消费者“从众”“求廉”“投机”的心理需求。对于习惯性消费的日用品，消费者普遍存在“求廉”心理，一旦某种商品价格低于市价，消费者将蜂拥而来，这种冲动性从众心理使很多消费者根本不考虑该商品对自己是否有用或用途多大而盲目购买。而在购买过程中，随着消费者在销售现场滞留时间的延长，其在购买了“特价”商品以外，则不知不觉地购买了大量的其他商品。而这恰恰是企业使用招徕定价的最主要的目的，而并非在于推销“滞销商品”。招徕定价法适合综合性商场、超级市场、专卖店采用。

案例 7.17

在节假日或换季时，常看到商家打出来这样的招徕广告：商品大减价、大出血、大拍卖、清仓处理、跳楼价等。

而有一家小店，它的招徕定价策略让人忍俊不禁。

第一个月是：“老板娘跑了，老板娘跑了，老板无心经营，清仓大处理。”

第二个月是：“老板娘回来了，老板娘回来了，老板庆祝，打折大酬宾。”

最终，这家小店长年累月地用这个方式促销，不仅不能起到促销的效果，还让周围的居民感到是一种干扰。所以，在使用招徕定价策略时，要不断创新才能达到预期效果。

案例 7.18　伟达公司的定价策略

伟达公司是隶属北京市某局的生产矿泉水的一个中型企业。其产品主要以中低档为主，销售方式主要以人员推销为主。

1994 年经市场调查，公司发现矿泉水的市场潜力很大，于是决定贷款 5000 万元引进一条年产 1.2 万吨的生产线。经过两年的努力，公司按预定规模正常运转，500 毫升瓶装水成本也由 0.95 元降到 0.65 元，但其却追求高价位、高品质。结果，该公司新产品线上的产品大量积压，大量广告费也打了水漂。

伟达公司在对矿泉水产品销售特性没有充分了解和科学预测的基础上盲目定价是失败的主要原因：首先，矿泉水市场产品多，竞争激烈，价格成为产品销售最敏感的因素，高定价必将促使消费者购买其他产品；其次，矿泉水替代品很多，供需交叉弹性较大，产品定价过高人们会购买其代用品；另外，伟达公司制定的价格没有针对市场进行细分，没有考虑消费对象的承受能力。

案例思考

1. 伟达公司与康师傅、乐百氏这样的纯净水生产大家相比有何优劣势？应采取何种定价策略来发挥优势，避开劣势？

2. 伟达公司在装配了新的生产线后定价策略应做何调整？

3. 矿泉水市场是否存在高档品市场？在北京地区开拓高品质、高价位的市场是否可行？

本章小结

企业的价格策略，关系到企业的利润、产品的销售、促销等一系列问题，是市场营销组合的重要内容之一。本章介绍了价格策略的主要内容，企业定价必须考虑的影响因素，影响定价的基本因素有产品成本、市场需求、竞争因素和政策因素。

企业定价还要选择定价的方法，定价的一般方法有三类：①成本导向定价法，包括成本加成定价法、目标收益定价法、边际成本定价法等；②需求导向定价法，包括认知价值定价法、需求差异定价法、反向定价法；③竞争导向定价法，包括随行就市定价法、产品差别定价法、招标投标定价法。在市场竞争中，企业不仅需要运用定价方法确定产品的基础价格，还要运用定价策略修正、调整产品的基础价格。常用的价格策略有：①新产品定价策略；②产品组合定价策略；③折扣定价策略；④心理定价策略。

课后习题

一、单选选择题

1. 超市经常会推出一些低于成本价格出售的商品，以带动其他产品的销售，这种定价方法属于(　　)

A. 招徕定价　　B. 整数定价　　C. 声望定价　　D. 尾数定价

2. 中国服装设计师李艳萍设计的女士服装以典雅、高贵享誉中外，在国际市场上，一件“李艳萍”牌中式旗袍售价高达 1000 美元，这种定价策略属于(　　)

A. 声望定价　　B. 基点定价　　C. 招徕定价　　D. 整数定价

3、“吉列”公司给其产品剃须刀架定价很低，而给其产品剃须刀片定价很高，这种定价方法属于(　　)

A. 产品群定价　　B. 产品线定价法

C. 选购产品定价　　D. 组合产品定价法

4. 目前电力供应部门对用电费用采取分时制，即在晚上 10 时至第二天早上 6 点按照半价收取电费，这种定价属于(　　)

A. 认知价值定价法　　B. 需求差异定价法

C. 随行就市定价法　　D. 市场定价法

5. 需求量的变动幅度大于价格的变动幅度的商品称为(　　)

A. 富有弹性　　B. 缺乏弹性　　C. 单一弹性　　D. 无弹性

6. 假设某企业预期的产品销售量为 80 万件，生产这一产量的总成本为 1000 万元，该企业希望利润为成本的 20%，则该企业应将其产品的价格定为(　　)。

A. 10 元/件　　B. 15 元/件　　C. 20 元/件　　D. 25 元/件

7. 新产品投入市场时，当市场需求显得对价格极为敏感时，可采用(　　)

A. 撇脂定价　　B. 渗透定价　　C. 折扣定价　　D. 尾数定价

二、简答题

1. 简述影响产品定价的因素。

2. 企业的定价方法有哪些？

3. 心理定价策略包括哪几种形式？

课后实训 7　手机产品价格制定调研

实训目的：

结合本章产品定价有关知识内容，熟练掌握商品品牌与市场定位、价格制定之间的关系，以市场手机产品价格制定调研的形式，了解目前商品价格如何影响消费心理。

实训课时：

2 课时

实训内容：

（1）班级分组，每组 6~7 人，并给予不同的分工

（2）选择调研形式：网络调研、实地调研

（3）针对所选择的形式，利用网络及手机卖场等，开展调研。（注意文字、数据、图片、视频资料的收集）

（4）根据调研收集的数据，撰写调研分析报告。（主要品牌之间的对比，以及不同目标客户的价格心理分析）

（5）PPT 分组汇报

（6）教师点评

第八章　分销策略

案例导学

当国内企业还在策划如何争得广告“标王”时，可口可乐、百事可乐、宝洁公司等外资企业却在考虑如何争取更多的货位、更大的陈列排面和更好的陈列空间；当国内企业在为新闻炒作操心劳力时，外资企业却在悄悄地拜访中间商，出货、理货、陈列、给终端送去POP广告和礼品，提升客情关系。当国内企业一个个“标王”倒下时，可口可乐、百事可乐、宝洁公司产品却在终端市场牢牢占据有利的位置。

人们开始醒悟：强调广告拉动作用，不重视铺市与终端促销，结果是广告在电视上天天见，但消费者在终端市场难觅其产品踪影，这是一种资源浪费。于是：

——当健力宝公司发现其产品的铺市率不足16%时，深感自己花大力做公关形象宣传是失策。于是“百车、千人、万家店”计划出台，配备百台送货车、数千名终端服务和促销人员，建立数万家零售终端。

——TCL总裁李东生认为营销通路是可以不计成本的，只计较是否比竞争对手更多、更快地把产品放在消费者面前。公司组建庞大的销售队伍，配人、配车、配仓库，深入城乡每一个角落，在每一个商店里都能看到TCL的产品。

——柯达公司1999~2000年推出“9万9当老板计划”，2001年又推出“轻轻松松当老板”终端推广计划。这不仅迎合了下岗工人强烈要求，也实现了柯达对通道的占领和控制。这一举动是对富士公司一个强有力的打击。

学习目标

1. 了解分销渠道的含义、作用、类型，了解中间商的类型。
2. 理解分销渠道的设计和管理。
3. 了解分销渠道模式。

第一节　分销渠道概述

一、分销渠道的概念

分销渠道是指产品或服务从制造商向消费者转移过程中，取得这种产品和服务的所有权或者帮助其转移所有权的企业或个人。它主要包括批发商、代理商、零售商以及处于渠道起点和终点的生产者和消费者。企业的产品只有通过合适的分销渠道才能及时有效地以合适的方式传递到顾客手中，因此分销渠道可以看作是为顾客增加价值的顾客价值交付系统。

> 思考与讨论：市场营销渠道与分销渠道是同一个概念吗？

二、分销渠道的作用

1. 所有权转移

分销渠道承担的最本质功能就是完成产品从生产者到消费者的所有权转移。在这个过程中，生产者出售了他的产品，获得了收入，消费者付出了货币，取得了所需要的商品。

2. 信息沟通

分销渠道通过其成员间的相互合作，联系及信息交流，承担着生产与消费之间的信息沟通作用。链接产销双方的中间商，最了解市场状况、掌握市场信息，可以随时向生产企业和消费者传递信息，使产品适销对路，既可以避免生产的盲目性，又能指导消费。

3. 促进销售

通过各种促销手段，以消费者乐于接受的、富有吸引力的形式，把商品和服务的有关信息传播给消费者。

4. 融资作用

资金的融通关系到企业能否长期生存和发展。营销渠道通过各成员形成了一条资金流，各级成员的销售收入通过它汇总到厂家，保证了产商的再生产活动。

5. 承担风险

产品从生产领域到消费领域转移过程中会面临许多不确定因素和物质实体的耗损，如市场需求变动、不可抗拒的天灾人祸、运输和存储装卸过程中的商品破损等。这些风险均要由分销渠道成员承担。对于小型企业来说这个作用非常重要，小企业实力弱，经受不起风险，营销渠道的各个成员就起到了分担风险的作用，这样企业可以集中有限的资源来支持自己的长项。

6. 洽谈生意

在分销渠道的成员之间，按照互惠互利的原则，彼此协商，达成有关商品的价格和其他条件的最终协议。

三、分销渠道的分类

（一）按照是否通过中间商环节划分

可以分为直接渠道和间接渠道。

1. 直接渠道

是指产品由生产者流向最终消费者或用户的过程中不经过任何中间商的分销渠道。一般来说，工业生产资料中的大型生产设备、原材料等，消费品中的鲜活食品和服务等大都采用直接渠道。

直接渠道的优点主要有：

（1）了解市场。生产者通过与用户直接接触，能及时、具体、全面地了解消费者的需求和市场变化情况，从而能及时地调整生产经营决策。

（2）减少费用。销售环节少，商品可以很快地到达消费者手中，从而缩短了商品流通时间，减少流通费用，提高了经济效益。

（3）加强推销。技术含量较高的商品，生产者可以对推销员进行训练，有利于扩大销售。较之中间商，消费者往往更信赖生产者直销的商品。

（4）控制价格。一般情况下，分销渠道越长，生产者对产品价格控制的能力越差；分销渠道越短，对价格控制能力也越强。

（5）提供服务。生产者能够直接给用户提供良好的服务，增强企业竞争力，促进产品销售。

直接渠道也存在缺点：

（1）生产者增设销售机构、销售设施和销售人员，这就相应增加了销售费用，同时也分散生产者的精力。

（2）由于生产者自有的销售机构总是有限的，致使产品市场覆盖面过窄，易失去部分市场。

（3）由于生产者要自备一定的商品库存，这就相应减缓了资金的周转速度，从而减少了对生产资金的投入。

（4）商品全部集中在生产者手中，一旦市场发生什么变化，生产者要承担全部损失。

案例 8.1

安利是美国最大的著名直销企业，总公司位于美国密歇根州大急流市亚达城，于1959年由杰·温安洛和理查·狄维士在家中的地下室创立。主要经营日用消费品，涵盖了纽崔莱营养保健食品、雅姿美容化妆品、个人护理用品、家居护理用品和家居耐用品等系列，安利同时兼任生产及销售商。

安利采用直销的经营模式，产品从工厂生产出来，经过经销商、直销员或者专卖店，直接到客户手中，减少中间的流通环节，并保证其售前、售中、售后服务，让顾客可以得到更好的服务。安利的销售模式被认为是最好的模式，美国哈佛大学将安利的奖金制度作为一个MBA案例，让学生学习；中国人民大学MBA市场营销也将安利的营销模式收录进去，日本的早稻田大学也将其收录，可见其较高的市场价值及学术认可度。

2. 间接渠道

是商品从生产者流向消费者或用户的过程中经过若干中间商的渠道模式。一般来说，日用消费品如牙膏、牙刷、油盐酱醋等，工业品中的小型工具如小五金等，采用这种间接渠道。

间接渠道的优点是：

（1）中间商具有庞大的销售网络，利用这样的网络能使生产商的产品具有最大的市场覆盖面。

（2）充分利用中间商的仓储、运输、保管作用，减少了资金占用和耗费，并可以利用中间商的销售经验，进一步扩大产品销售。

（3）对生产者来说减少了花费在销售上的精力、人力、物力、财力。

间接渠道也存在一定的缺点：

（1）流通环节多，销售费用增多，也增加了流通时间。

（2）生产者获得市场信息不及时、不直接。

（3）中间商对消费者提供的售前售后服务，往往由于不掌握技术等原因而不能使消费者满意。

思考与讨论：直销就是传销吗？

（二）按照经过的流通环节的多少划分

可以分为长渠道和短渠道。

分销渠道的长短一般是按通过流通环节的多少来划分，具体包括以下四层：

（1）零级渠道：制造商→消费者。

（2）一级渠道：制造商→零售商→消费者。

（3）二级渠道：制造商→批发商→零售商→消费者或制造商→代理商→零售商→消费者。

（4）三级渠道：制造商→代理商→批发商→零售商→消费者。

零级渠道最短，三级渠道最长。长渠道是指产品分销过程中经过两个或两个以上的中间环节，短渠道是指企业仅采用一个中间环节或直接销售产品。

（三）按照每个流通环节使用同种类型中间商的数目来划分

可以分为宽渠道和窄渠道。

渠道的宽窄取决于渠道每个环节中使用同类型中间商数目的多少。企业使用的同类中间商多，产品在市场上的分销面广，称为宽渠道。如一般的日用消费品（毛巾、牙刷等），由多家批发商经销，又转卖给更多的零售商，能大量接触消费者，大批量地销售产品。企业使用的同类中间商少，分销渠道窄，称为窄渠道，它一般适用于专业性强的产品，或贵重耐用的消费品，由一家中间商统包，几家经销。它使生产企业容易控制分销，但市场分销面受到限制。

案例 8.2

可口可乐和百事可乐公司销售饮料时就选择了宽渠道，单单零售商这个层级中就拥有成千上万的零售商（超市、便利店、杂货店、加油站、报刊亭、快餐店、网吧等）。可口可乐和百事可乐这样像毛细血管一样的分销渠道，显然是其他品牌饮料无法比拟的。

四、中间商的类型

中间商是指在生产者与消费者之间参与商品交易业务，促使买卖行为发生和实现的、具有法人资格的经济组织或个人，在流通领域，履行商品从生产厂家到消费者之间的信息沟通、所有权转移和实物转移等各种职能。它是联结生产者与消费者的中间环节。中间商一般包括批发商、零售商和代理商。

（一）批发商

批发商是指向生产企业购进产品，然后转售给零售商、产业用户或各种非营利组织，不直接服务于个人消费者的商业机构。批发商位于商品流通的中间环节，交易对象是生产企业或零售商。一方面它向生产企业收购商品，另一方面它又向零售商批销商品，并且是按批发价格经营大宗商品。批发商具有购买、分销、运输、储存、资金融通、风险承担、提供服务等作用。

案例 8.3　中国特色的小商品市场

义乌小商品批发市场（又名中国小商品城）位于浙江中部义乌市，创建于 1982 年，是我国最早创办的专业市场之一。20 多年来，经历四次搬迁八次扩建，义乌小商品批发市场现拥有营业面积 260 多万平方米，商位 50000 余个，从业人员 20 万，日客流量 20 多万人次。2013 年市场总成交额达 683.02 亿元，被国家市场监督管理总局授予“重质量、守信誉”市场荣誉称号，是国际小商品的流通、研发、展示中心，我国最大的小商品出口基地。

义乌小商品批发市场由中国义乌国际商贸城、篁园市场两个市场簇群组成，市场拥有43个行业、1900个大类、170万种商品，几乎囊括了工艺品、饰品、小五金、日用百货、雨具、电子电器、玩具、化妆品、文体、袜业、副食品、钟表、线带、针棉、纺织品、领带、服装等所有日用工业品。其中，饰品、袜子、玩具产销量占全国市场1/3强。物美价廉，应有尽有的特色鲜明，在国际上具有极强的竞争力。

至今，义乌小商品市场每年出口交易额约300亿元人民币，且逐年大幅度增长。每天有来自世界各地的5000多名外商采购商品，有200多家外国公司常驻义乌，将义乌的商品批发到本国销售。义乌小商品市场已经成了地道的国际市场。有了义乌市场，还有没有必要年年办广交会。因为义乌市场已经是天天开门的“广交会”。

（二）零售商

零售商是指将商品直接销售给最终消费者的中间商，处于商品流通的最终阶段，直接为广大消费者服务。零售商的交易对象是最终消费者，交易结束后，商品脱离流通领域，进入消费领域；零售商销售产品的数量比较少，但消费频率高；零售商数量多、分布广。零售商的职能包括购、销、调、存、加工、拆零、分包、传递信息、提供销售服务等。

目前国内外的零售商根据其经营特征可分为如下几种类型。

1. 百货商店

百货商店是指经营包括服装、鞋帽、首饰、化妆品、装饰品、家电、家庭用品等众多种类商品的大型零售商店。其特点是经营范围广、商品类别多、花色品种齐全，能满足消费者多方面的购买需要。

知识链接

世界上最早的百货商店是1862年在法国巴黎创办的，名称为好市场。世界上最大的百货商店是美国的希尔顿百货商店。在中国，百货商店是城镇零售商业的一种重要形式。百货商店的经营范围广泛，商品种类多样，花色品种齐全，兼备专业商店和综合商店的优势，便于顾客广泛挑选，能够满足消费者多方面的购物要求，拥有一定的现代化的管理手段和服务设施，服务质量较高。商店内按商品的类别设置商品部或商品柜，实行专业化经营。随着社会经济的不断发展，百货商店的经营方向和经营内容也在不断地发生变化，呈现出两个新的发展趋势：一是经营内容多样化，除销售商品外，还附设咖啡厅、小吃部、餐饮部、娱乐厅、舞厅、展览厅、停车场、休息室、电话间等多种服务设施；二是经营方式灵活化，除零售外，还兼营批发，并设立各种廉价柜、折扣柜，以满足顾客的多层次需求，提高商店的竞争能力。

2. 专业商店

专业商店是指专门经营某一类或某一种商品的商店，如钟表店、眼镜店、体育用品专卖店等。其特点是商品品种、规格齐全。专业商店的经营要求具有较高的专业知识和操作技能，销售和服务密切结合，能提供周到的服务。

3. 超级市场

超级市场又叫“自选市场”，其特点是由顾客自选自取、自我服务、定量包装、预先标价，顾客选货后在出口处付款，其特点是顾客可直接触摸商品，容易诱发其购买动机，从而加速商品流通，增大商品销售额，提高零售商业的功能；还可以节约售货时间，节约商店人力和费用。

案例 8.4

伴随着互联网的发展，各行各业都开始逐渐地实现自身与互联网的融合，生鲜行业也是如此，其中盒马鲜生可谓是典型代表。

盒马鲜生是马云旗下的新零售超市业务，与普通的超市菜市场、餐饮店不同，它是超市+餐饮+物流+APP 的复合功能体，即一个门店，前为消费区，后为仓储配送区，囊括超市、餐饮、物流、体验和粉丝运营五大中心。

在生鲜电商如雨后春笋一般蓬勃发展之时，盒马鲜生更是异军突起，成为生鲜电商中的一匹黑马。盒马鲜生由侯毅创立，是阿里巴巴投资的"新零售"项目，拥有创新性的 O2O 生鲜零售经营模式，被认为将"颠覆传统超市""改变生鲜业竞争格局"。盒马鲜生也交出了令人满意的答卷，仅半年就实现了盈利，其各项财务指标远超同业平均水平。

4. 购物中心

购物中心是多种零售店铺、服务设施集中在一个建筑物内或一个区域内，向消费者提供综合性服务的商业集合体。这种商业集合体内通常包含数十个甚至数百个服务场所，业态涵盖大型综合超市、专业店、专卖店、饮食店、杂品店以及娱乐健身休闲场所等。

5. 便利店

便利店是一种以经营最基本的日常消费用品为主、规模相对较小、位于住宅区附近的综合商店。其特点是经营时间较长，很多是全天 24 小时营业。因能随时满足消费者的即时需求，所以商品的价格相对较高。如 7-Eleven、千惠、新佳宜等属于此类。

6. 连锁商店

连锁店是指众多小规模的、分散的、经营同类商品和服务的同一品牌的零售店，在总部的组织领导下，采取共同的经营方针、一致的营销行动，实行集中采购和分散销售的有机结合，通过规范化经营实现规模经济效益的联合。其特点是由中心组织统一向生产者进货，以较大的订购批量，获得更大的价格优待，采取薄利多销的方针争取顾客。

案例 8.5

连锁经营最早出现在美国，第一家颇具规模的连锁商店是 1859 年乔治·F·吉尔曼和乔治·亨廷顿·哈特福特在纽约创办的大美国茶叶公司，在六年时间内，该公司发展了 26 家正规店，全部经销茶叶。在 1869 年更名为"大西洋和太平洋茶叶公司"，到 1880 年时已经发展到 100 多家分店的规模。在同一时期的另一家通过连锁经营取得成功的公司是"胜家缝纫机公司"，它于 1865 年开始采用"特许经营"分销网络的方式进行产品销售，收到很好的效果，迅速打开产品销路，成为该行业的领导者。经过一百多年的发展，这一经营形式在世界各地得到迅速推广，尤其是日本的连锁店的发展速度更为惊人，以 7-Eleven 为例，1974 年 5 月，日本的 7-Eleven 第一家本土便利商店在东京都江东区开张，到 2003 年时，7-Eleven的本土商店的总店数达到 10000 家，2005 年 5 月，它在广东省开出中国内地的第 200 家店。

7. 无店铺零售业

无店铺零售业是指经销商不通过店铺而直接向消费者销售商品和提供服务的营销方式。其形式主要包括电话购物、邮购、网上购物、自动售货机和电视购物等。

（三）代理商

代理商是指接受生产者委托，从事销售业务赚取佣金，但不拥有商品所有权的中间商。代理商按其和生产者业务联系的特点，又可分为企业代理商、销售代理商、代销商和经纪商。

1. 企业代理商

企业代理商是指受生产者委托，签订销货协议，在一定区域内负责代销生产企业制造的产品的中间商，生产企业按照销售额的一定比例，给付其佣金作为报酬。企业代理商以代理服饰、机器设备、钢铁、家具、汽车用品、电器用品和某些食品最为常见。

2. 销售代理商

销售代理商是受制造商委托，负责销售制造商某些特定产品或全部产品的代理商，它不受地区的限制，并对定价、销售条件、广告、产品设计等有决定性的发言权。所以，它实际上是委托人的独家全权代理商。这种代理商在纺织、木材、某些金属产品、某些食品、服装行业中使用较多。销售代理商也实行佣金制。

思考与讨论：企业代理商和销售代理商有何区别？

3. 代销商

代销商又称寄售商，是指受生产者委托进行现货代销业务的中间商。生产者根据协议向寄售商交付产品，销售后所得的货款扣除佣金及有关销售费用后，再支付给生产者。寄售商要自设仓库或营业场所，以便储存、陈列商品，使顾客能及时购得现货。

4. 经纪商

经纪商是指专门为买卖双方提供产品价格及一般市场信息，为交易双方洽谈销售业务的中间商，双方一旦成交，经纪商提取一定佣金。它们与买卖双方没有固定的关系。

案例 8.6

新环境房屋网属于新环境房地产经纪有限公司，是新环境房地产集团精心打造的网上房地产交易平台，于 2014 年正式上线运营，现已成为华中地区最大的房地产信息服务网站。

新环境房屋网采用 O2O(线上+线下)运作模式，首创四位一体安全保障体系，管理团队皆由知名互联网企业、房地产行业从业多年的精英组成，同时拥有 500 家新环境房产实体门店，遍布湖南、湖北、陕西、四川海南等省份，6000 名专业经纪人，每日为用户提供万套优质真房源。与传统房产平台相比，更专注于租房、房屋买卖、商铺买卖信息服务。

第二节　分销渠道的设计和管理

一、影响分销渠道设计的因素

影响分销渠道设计的因素很多，其中主要因素有以下几种。

（一）产品因素

产品的特性不同，对分销渠道的要求也不同。

1. 价值大小

一般而言，商品单价越小，分销渠道一般宽又长，以追求规模效益。反之，单价越高，路线越短，渠道越窄。

2. 体积与重量

体积庞大、重量较大的产品，如建材、大型机器设备等，要求采取运输路线最短、搬运过程中搬运次数最少的渠道，这样可以节省物流费用。

3. 变异性

易腐烂、保质期短的产品，如新鲜蔬菜、水果、肉类等，一般要求较直接的分销方式，因为时间拖延和重复搬运会造成巨大损失。同样，对式样、款式变化快的时尚商品，也应采取短而宽的渠道，避免不必要的损失。

4. 标准化程度

产品的标准化程度越高，采用中间商的可能性越大。例如，毛巾、洗衣粉等日用品，以及标准工具等，单价低、毛利低，往往通过批发商转手。而对于一些技术性较强或是一些定制产品，企业要根据顾客要求进行生产，一般由生产者自己派员直接销售。

5. 技术性

产品的技术含量越高，渠道就越短，常常是直接向工业用户销售，因为技术性产品，一般需要提供各种售前售后服务。消费品市场上，技术性产品的分销是一个难题，因为生产者不可能直接面对众多的消费者，生产者通常直接向零售商推销，通过零售商提供各种技术服务。

（二）市场因素

市场是分销渠道设计时最重要的影响因素之一，影响渠道的市场特征主要包括如下诸方面：

1. 市场类型

不同类型的市场，要求不同的渠道与之相适应。例如，生产消费品的最终消费者购买行为与生产资料用户的购买行为不同，所以就需要有不同的分销渠道。

2. 市场规模

一个产品的潜在顾客比较少，企业可以自己派销售人员进行推销；如果市场面大，分销渠道就应该长些、宽些。

3. 顾客集中度

在顾客数量一定的条件下，如果顾客集中在某一地区，则可由企业派人直接销售；如果顾客比较分散，则必须通过中间商才能将产品转移到顾客手中。

4. 用户购买数量

如果用户每次购买的数量大，购买频率低，可采用直接分销渠道；如果用户每次购买数量小、购买频率高时，则宜采用长而宽的渠道。一家食品生产企业会向一家大型超市直接销售，因为其订购数量庞大。但是，同样是这家企业会通过批发商向小型食品店供货，因为这些小商店的订购量太小，不宜采取过短的渠道。

5. 竞争者的分销渠道

在选择分销渠道时，应考虑竞争者的分销渠道。如果自己的产品比竞争者有优势，可选择同样的渠道；反之，则应尽量避开。

（三）企业自身因素

企业自身因素是分销渠道选择和设计的根本立足点。

1. 企业的规模、实力和声誉

企业规模大、实力强，往往有能力担负起部分商业职能，如仓储、运输、设立销售机构等，有条件采取短渠道。而规模小、实力弱的企业无力销售自己的产品，只能采用长渠道。声誉好的企业，希望为之推销产品的中间商就多，生产者容易找到理想的中间商进行合作；反之则不然。

2. 产品组合

企业产品组合的宽度越宽，越倾向于采用较短渠道；产品组合的深度越大，则宜采取短渠道。反之，如果生产者产品组合的宽度和深度都较小，生产者只能通过批发商、零售商来转卖商品，其渠道则较长而宽。产品组合的关联性越强，则越应使用性质相同或相似的渠道。

3. 企业的营销管理能力和经验

管理能力和经验较强的企业往往可以选择较短的渠道，甚至直销；而管理能力和经验较差的企业一般将产品的分销工作交给中间商去完成，自己则专心于产品的生产。

4. 对分销渠道的控制能力

生产者为了实现其战略目标，往往要求对分销渠道实行不同程度的控制。如果这种愿望强，就会采取短渠道；反之，渠道可适当长些。

（四）环境因素

影响分销渠道设计的环境因素既多又复杂。如科学技术发展可能为某些产品创造新的分销渠道，食品保鲜技术的发展，使水果、蔬菜等的销售渠道有可能从短渠道变为长渠道。又如经济萧条时迫使企业缩短渠道。

（五）中间商因素

不同类型的中间商在执行分销任务时各自有其优势和劣势，分销渠道设计应充分考虑不同中间商的特征。一些技术性较强的产品，一般要选择具备相应技术能力或设备的中间商进行销售。有些产品需要特定的储备(如冷藏产品、季节性产品等)，就需要寻找拥有相应储备能力的中间商进行经营。零售商的实力较强，经营规模较大，企业就可直接通过零售商经销产品；零售商实力较弱，规模较小，企业只能通过批发商进行分销。

案例 8.7　三只松鼠的分销渠道

三只松鼠是依赖线上电商渠道起家的互联网坚果品牌，从 2012 年成立之后，仅用 6 年的时间就卖出了 160 多亿元坚果和零食，并且每年的销售额几乎保持翻番增长，可以说是当前中国销售规模最大的食品电商企业。

三只松鼠是通过哪些渠道来进行分销的?

一、线上营销渠道

1. 三只松鼠一直以旗舰店为主的方式在线上立足，而线上营销最大的优势就是可以快速推出一款产品并对新品进行测试。

2. 除了旗舰店以外基于微信生态圈的社交电商是线上营销的另一种渠道，线上营销可以更快、更有效率地让消费者了解商品，从而等商品一成熟便迅速推向全国。

二、线下营销渠道

1. 直营连锁的三只松鼠投食店，就目前而言已达到 45 家，这 45 家店可以帮助客户消费信息的回流。

2. 2B 分销渠道，这种营销方式是以零售通为代表，而且目前三只松鼠在零售通的业绩表现是零食品类中的第一名。

3. 松鼠小店，这是三只松鼠目前正在尝试的联盟店，通过这些营销渠道可以便捷地服务消费者。

来源：商源网 www.siglff.com 2019 年 12 月 31 日

二、分销渠道策略

在进行中间商数目的确定时，企业可以选择的策略有三种。

（一）密集分销

密集分销，是指制造商通过尽可能多的、适当的批发商、零售商来推销其产品，使广大消费者和用户能随时随地买到企业的产品。密集分销策略的主要目标是扩大市场覆盖面，使消费者和用户可以随时随地买到商品。消费品中的便利品，如饮料、洗涤剂、方便食品等适合采用密集分销。可口可乐、宝洁、蒙牛等企业采用的就是密集分销策略。

（二）选择分销

选择分销，是指制造商在某一区域内仅通过少数几个精选的、最合适的中间商来推销其产品。这种策略的特点是：比独家分销面宽，有利于开拓市场，展开竞争；比密集分销面窄，有助于厂商对中间商进行控制和管理，同时还可以有效地节省营销费用。这一策略的重点在于着眼稳固企业的市场竞争地位，维护产品在该地区的良好声誉。同时，促使中间商之间彼此了解，相互竞争，能够使被选中的中间商努力提高销售水平。选择性分销适用于消费品中的选购品，如家用电器、高档服装等。从某种意义上说，也适合于各类产品，特别是新产品开发与试销阶段。

（三）独家分销

独家分销，是指制造商在某一地区内仅选择一家中间商推销其产品。通常双方签订排他性协议，即生产者只选择该中间商经销其产品，同时规定分销商不得经营竞争者的产品。独家分销是一种最极端的形式，是最窄的分销渠道，通常对某些技术强的耐用消费品、名牌商品及专利产品适用，独家分销对生产者的好处是有利于控制中间商，提高中间商的经营水平，加强产品形象，并可获得较高的利润率。但这种形式具有一定风险，如果独家分销商因经营管理不善或其他原因发生意外，生产者将蒙受损失。

案例 8.8　录像带的渠道革新

1992 年美国圣诞节市场爆出一个大冷门：迪斯尼公司发行的卡通录像带“美女与野兽”成了最畅销和最赚钱的商品，开卖只两个多月时间，卖出了 2000 万盘，盈利 2 亿美元。

秘诀何在？原来，迪斯尼公司的成功之道在于率先推出了“行销通路革新”。就习惯而言，录像带应出现在文化商店和电器商店之中，这是人们通常想到也是通常使用的销售渠道。然而，文化市场总是受流行风左右，今天还十分红火的东西，明天说不定就会遭受冷落。更重要的是，由于现代人的生活高度紧张，有兴趣也有时间专门逛录像带市场的人毕竟有限。问题的症结找出来了：录像带的滞销在于销售渠道不畅。

为此，迪斯尼公司大胆选择在超级市场和儿童玩具店出售录像带，把录像带与色拉油、蔬菜、瓜果及游戏机、洋娃娃放在一起。果然，那里川流不息的人潮给迪斯尼公司带来滚滚财源。

案例思考：

迪斯尼公司采用了何种分销策略？为何要采用这种策略？

三、分销渠道的设计

企业在设计分销渠道时，必须在理想的渠道和可能得到的渠道之间做出抉择。最后确定达到目标市场的最佳渠道。最佳渠道是对目标市场的覆盖能力最强、使目标市场的顾客满意程度最高、能给企业提供较多利润的渠道。企业的分销渠道设计过程一般由以下几个步骤构成。

（一）建立分销渠道目标

渠道目标，就是在企业营销目标的总体要求下，选择分销渠道应达到的服务产出目标。这种目标一般要求建立的分销渠道达到总体营销策略规定的服务水平，同时使全部渠道费用减少到最低限度。企业在认真分析影响销售渠道选择决策的主客观因素的基础上，划分出若干分市场，然后决定服务于哪些分市场，并为之选择和使用最佳渠道。

（二）确定分销渠道模式

确定分销渠道模式，即决策分销渠道的长度。企业应根据影响渠道的主要因素，决定采取什么类型的营销渠道，是派销售人员上门推销或自设销售商店的直接渠道，还是选择通过中间商的间接渠道，以及通过什么规模和类型的中间商。

一般认为生产者—批发商—零售商—消费者(包含两个中间层次)的模式是比较典型的市场营销渠道类型。当然，营销渠道的长与短是相对而言，因为随着营销渠道长短的变化，其产品既定的营销职能不会增加或减少，而只能在参与流通过程的机构之间转移或替代。如某制鞋公司决定改由自己的推销机构直接向顾客出售商品，由此，公司必须把原来批发商、零售商承担的储存、运输、融资等职能全部承担统管起来。因此，渠道长度决策的关键点是选择适合企业自身特点的渠道类型，权衡利弊得失，使营销渠道产生最理想的销售效益。

知识链接

选择网络分销渠道，降低运营成本

网络营销相对传统营销模式的最大优势是减少了商品流通的中间环节。选择一个适于产品属性的网络分销渠道，可以大大降低企业的运营成本，获取利润的最大化。所谓“网络分销渠道”，是指应用互联网提供可利用的产品与服务，以便使用计算机技术手段的目标市场或者其他使用技术手段的目标市场通过电子手段进行与完成交易活动。

网络营销是一种直销方式，能够减少商品流通的中间环节，比如批发商、零售商等。虽然传统营销方式里也有直销方式，上门推销商品，但是具有较大的盲目性和较低的成功率。对于那些容易数字化的产品，比如大部分的无形产品与服务，可以脱离凭借传统配送渠道而直接通过网络实现远程传输，而对于大部分的有形产品，还必须凭借传统配送渠道来实现货物的空间移动；对于那些产品形态较为依赖传统分销渠道的，可以运用电子网络技术实施改造，减少渠道运作过程中人为的失误与因时间耽搁而导致的损失，将分销渠道的运营效率提高到最大限度。

与传统的分销模式相比，网络分销主要具有以下几大优势。

第一，降低交易成本。交易成本是某经济行为主体在市场交易活动进行过程中，为了实现交易而支付的费用，

第二，降低流通成本。网络分销加快了流通速度，缩短了流通时间，缩减了交易双方的空间距离。在网络分销中，互联网把全球各个地方的制造商和客户或者消费者联系起来，大大缩减了交易双方的空间距离，交易双方在网络上能够完成收集信息、签订合同及支付等整个交易过程，商品实体则从距离客户最近的物流公司以最快捷的方式直接送到客户的手中，而很多服务也可以由商家通过网络直接提供给消费者。

第三，降低沟通成本。网络分销以它快速、高效、低成本的沟通优势弥补了传统分销沟通能力差的弱势，大大降低了沟通成本。同时它也大大减少了传统分销渠道在沟通上所花费的时间、精力和财力，使其核心业务大大提升，进而提高了整个渠道的运行效率，降低了运营成本。

第四，提高分销效率。通过网络分销，企业可以更有效地对客户关系进行管理，对大规模的顾客进行加工处理，这样能帮企业实现对顾客的集成化管理，提高企业分销渠道运作效率。

（三）确定渠道成员的条件和义务

制造商在确定了渠道的长度和宽度之后，需要进一步规定渠道成员彼此的条件和应尽的义务，即制定“贸易关系组合”协议，协议主要涉及价格政策、销售条件、地区权利以及每一方为对方提供的服务及应尽的责任义务。

价格政策要求制造商制订价目表，对不同地区、不同类型的中间商和不同的购买数量给予不同的价格折扣比率，价格政策的原则及主要内容应得到中间商的理解和认可。销售条件是中间商的付款条件及生产者的担保。对及时全部付清货款的中间商应给予现金折扣，生产者还应向中间商提供有关产品质量保证和跌价保证，生产者的跌价保证能够吸引并激励中间商大量购货。

除上述条件外，生产者还应明确中间商应具有的特许权力，规定交货的时间、结算条件以及彼此为对方提供哪些服务。如制造商需提供维修、配件、培训、促销等义务和责任，而经销商需提供市场信息和各种业务统计资料等义务和责任。对于双方的义务和权力，必须十分谨慎地确定，尤其是采用特许代理或独家代理等渠道形式时，更应当明确双方的义务和责任。

在确定了制造商与经销商之间的贸易组合协议之后，营销渠道的设计还应认真地研究渠道的经济成本，即比较不同渠道方案的销量及成本。如认真地衡量公司使用自身的销售力量能获得的销量及成本以及使用经销商或代理商的销量与成本。这个问题在产品销售的不同阶段会得出不同的结论。一般而言，在产品销售前期，利用代理商的成本较生产者自销成本低，但到销售的中、后期阶段，即当销售增长超过一定水平时，用代理商的成本则愈来愈高。这是因为代理商的佣金比公司推销员的佣金高得多。

（四）选择中间商

中间商选择合理与否，对企业产品进入市场、占领市场、巩固市场和发展市场有着关键性的影响。选择中间商时，应主要考虑以下因素。

1. 服务对象

不同制造商有不同的目标市场，不同中间商有不同的服务对象。生产企业选择分销渠道，应首先考虑中间商的服务对象是否与企业要求达到的目标市场相一致，只有一致的中间商才能选择。

2. 地理位置

中间商的地理位置直接影响产品能否顺利到达目标顾客手中。因此，选择中间商必须要考虑其地理分布情况，要求既要接近消费者，又要便于运输、储存及调度。

案例 8.9　茶颜悦色的选址

这家开业于 2013 年 12 月的奶茶店，近年来收获了不少关注。虽然店铺只蜗居在长沙一座城市，但网络江湖上处处是它的传说。根据百度指数显示，茶颜悦色近几年的搜索热度几乎能与奶茶界的网红天花板喜茶和奈雪的茶相媲美。

微博上关于茶颜悦色的讨论已经达到了数亿，小红书上关于茶颜悦色的“打卡”笔记层出不穷，更过分的是，闲鱼上还有茶颜悦色代喝代打卡服务……在搜索框内随手一输入“长沙”，“茶颜悦色”必然紧跟其后，它已然成为与“臭豆腐”齐名的长沙特产。

茶颜悦色这一个本土小众的茶饮品牌，为何能够引发如此多的关注？除了其产品概念、经营理念，其迥异的选址法则也为人津津乐道。

选址是门店运营的精髓，好的地段万里挑一。在这开店第一步上，茶颜悦色上百家门店，走出了与传统选址截然不同的“魔鬼”步伐。

一、聚焦长沙，225 家门店密集排布，“心机”扎堆商业中心

如果你的茶饮品牌拥有两百多家门店，你会如何布局？全国范围广撒网？数十个城市雨露均沾？茶颜悦色“任性”地全员驻扎长沙一个城市。

据 DT 数据统计，截至 2020 年 7 月 27 日，茶颜悦色在长沙共有 225 家门店，这个数字相当于喜茶在一线城市的门店之和，是 CoCo 和一点点的 2.2 倍，是书亦烧仙草和蜜雪冰城的 2.7 倍。

在一座城市里高密度排布，可以说是茶颜悦色独一无二的选址特色。面积二十平左右的店铺档口扎堆排布，相同的门头和 LOGO 将品牌特色快速渗透。在这两百多家茶颜悦色门店中，有 142 家位于天心、岳麓和芙蓉长沙三大核心区域，在商业信息最为浓厚的天心区，茶颜悦色的门店数量甚至达到了 63 家，平均每 2.2 平方公里就有一家茶颜悦色。如果说一家店能够辐射周边 3 公里，那么茶颜悦色已经完成了区域的多层级覆盖。

茶颜悦色并不遮掩重磅押注商业中心区的“小心机”。长沙最为著名的商业街五一广场，以 0.64 平方公里的大小，容纳了 41 家茶颜悦色，而在芙蓉区的解放路蔡锷路口，这一个路口就有 5 家茶颜悦色，其中有 3 家紧挨在一起。有人这样形容初见茶颜悦色的“魔幻”感：“一条步行街视野范围内就至少有 3 家，一条十字路口可以看到 5 家，甚至一个美食街门口左边一家，右边一家，进去里面第一家还是茶颜悦色。”

对比其他网红茶饮店铺的“分布式”选址法，茶颜悦色以最直白粗暴的“刷脸”式开店法实现了其在长沙商业中心、景区、机场店等高流量地盘的全面覆盖。如此密集的门店布局，看起来相当反商业化，不过却也透露着茶颜悦色的野心。每一家门店都相当一个符号，高密度的品牌覆盖能够不断强化和刺激人们的视觉和心智，快速提高品牌效应，提高了品牌的辨识度。

二、谨慎出湘：专注“下沉市场”，首店落子湖北武汉

尽管许多消费者都在千呼万唤茶颜悦色“走出长沙”，但在过去的六年里，茶颜悦色始终没有迈出这一步，直到今年，茶颜悦色才将湘外首店选择在了与长沙相近的湖北武汉。

对于茶颜悦色外地市场的开拓，茶颜悦色创始人吕良用“诚惶诚恐”来形容。据虎嗅的报道，吕良对于茶颜悦色的外拓之路非常明确，茶颜悦色暂时不打算进军一线城市。“我们还是走下沉市场的。”吕良说，首选武汉，也顺应着这套发展理念。

从距离上看，武汉毗邻长沙，地理距离较近，无论是在消费人群还是在消费文化上差异较小，一定程度上能够避免新店“水土不服”的症状。同时也因为距离相近，能够从源头避免吕良最担心的“品质”问题，供应链能够及时跟进，从奶茶的原材料到出品都有保障。

将目光转移至城市本身。据第一财经报道，去年武汉社会消费总额超过了 6000 亿元，超越深圳位列中国消费城市第六名。同时，武汉拥有全国最大的大学生群体，城市中 83 所

高校覆盖了百万量级的大学生。这蓬勃且旺盛的消费能力，正为茶颜悦色的出湘之行铺平道路。

来源：节选自58商铺写字楼，2020年9月11日

3. 经营范围

在选择中间商时，如果其经营主要竞争对手的产品，就需格外谨慎，当然，若本企业产品在品质、价格、服务等方面优于同类产品，也可以选择。

4. 销售能力

即考察中间商是否有稳定的、高水平的销售队伍，健全的销售机构，完善的营销网络，丰富的营销经验。

5. 物质设施与服务条件

一些特殊商品要求一定的物质设施和储运条件，这就要求中间商具备这种物质储运条件。此外，有些商品属高档耐用消费品，需要提供一系列的售中和售后服务，这也同样对中间商提出了要求。

6. 财务状况

中间商财务状况的好坏，直接关系到其是否可以按期付款，甚至预付货款等问题。企业在选择中间商时，必须对此严加考察。

7. 合作诚意

若没有良好的合作诚意，再有实力的中间商也不能选择。

8. 营销经验

生产者要尽可能选择营销经验丰富的中间商。以便产品顺利地通过中间商推销出去。如果中间商不具备较好的经营知识和能力，则不宜选用。

四、分销渠道管理

分销渠道管理的实质就是要解决分销渠道中存在的矛盾冲突，提高分销渠道成员的满意度和积极性，促进渠道的协调性，提高分销的效率。

（一）选择分销渠道成员

如果企业确定了间接分销渠道，下一步就应作出选择中间商的决策。如果选择得当，能有效地提高分销效率。选择中间商首先要广泛搜集有关中间商的业务经营、资信、市场范围、服务水平等方面的信息。其次，要确定审核和比较的标准。再次，要说服中间商接受各种条件。

生产者为自己的产品选择中间商时，常处于两种极端情况之间：一是生产者可以毫不费力找到分销商并使之加入分销系统，例如一些畅销著名品牌很容易吸引经销商销售它的产品。另一个极端是生产者必须通过种种努力才能使经销商加入渠道系统中来。但不管是哪一种情况，选择中间商必须考虑以下条件：

（1）中间商的市场范围。市场范围是选择中间商最关键的因素，选择中间商首先要考虑预定的中间商的经营范围与产品预定的目标市场是否一致，这是最根本的条件。

（2）中间商的产品政策。中间商承销的产品种类及其组合情况是中间商产品政策的具体体现。选择时一要看中间商的产品线，二要看各种经销产品的组合关系，是竞争产品还是促销产品。

（3）中间商的地理区位优势。区位优势即位置优势，选择零售商最理想的区位应该是顾

客流量较大的地点，批发商的选择则要考虑其所处位置是否有利于产品的储存与运输。

（4）中间商的产品知识。许多中间商被具有名牌产品的企业选中，往往是因为他们对销售某种产品有专门的经验和知识。选择对产品销售有专门经验的中间商就能很快地打开销路。

（5）预期合作程度。中间商与生产企业合作得好会积极主动地推销企业的产品，这对生产者和中间商都很重要。有些中间商希望生产企业能参与促销，生产企业应根据具体情况确定与中间商合作的具体方式。

（6）中间商的财务状况及管理水平。中间商能否按时结算，这对生产企业业务正常有序运作极为重要，而这一点取决于中间商的财务状况及企业管理的规范、高效。

（7）中间商的促销政策和技术。采用何种方式推销商品及运用什么样的促销技术，这将直接影响中间商的销售规模和销售速度。在促销方面，有些产品广告促销较合适，有些产品则适合人员销售，有些产品需要有一定的储存，有些则应快速运输。选择中间商时应该考虑中间商是否愿意承担一定的促销费用以及有没有必要的物质、技术基础和相应人才。

（8）中间商的综合服务能力。现代商业经营服务项目甚多，选择中间商要看其综合服务能力如何，如售后服务、技术指导、财务援助、仓储等。合适的中间商所提供的服务项目与能力应与企业产品销售要求一致(见表 8-1)。

表 8-1　选择中间商条件一览表

销售和市场方面的因素	产品和服务的因素	风险和不稳定因素
• 市场专业知识 • 对客户的了解 • 和客户的关系 • 市场范围 • 地理位置	• 产业知识 • 综合服务能力 • 市场信息反馈 • 经营产品类别	• 对工作热情 • 财务实力及管理水平 • 预期合作程度 • 工作业绩

(二）激励渠道成员

中间商需要激励以尽其职，虽然使他们加入渠道网络的因素和条件已构成部分的激励，但还需生产者不断地督导和鼓励。

对中间商的激励主要有以下几点：

1. 了解中间商的特征

激励中间商并使其有良好表现，必须从了解中间商的特征开始。

（1）中间商并非受雇于生产者，而是一个独立的经营者。经过一定的实践后，他会安于某种经营方式，执行自己目标所必需的手段，自由制定经营政策。

（2）中间商经常以顾客的采购代理人为主，而以供应商的销售代理人为辅，任何有销路的产品他都有兴趣经营。

（3）中间商试图把所有商品组成产品组合出售。

（4）中间商一般不愿保留某些品牌的销售信息，以及反馈消费者对产品的使用意见。

认识中间商的这些特征，就可以认识某些生产者的“刺激-反应”的思考是多么可笑。这些生产者设计出一些激励因子，如果这些未能发生作用，他们就改用惩罚的办法。这些负面办法的根本问题是生产者没有认真研究中间商的需求和特征。而把握中间商上述特征，正是生产者设计激励措施的基础和核心。

2. 提供优质产品

为使双方合作朝着健康方向发展，生产者应不断提高产品质量，扩大生产规模，不断满足中间商的要求。唯有如此，双方之间的关系才会长久，才会取得良好的效益。企业的产品优质、畅销，是对中间商最好的激励。

3. 对重要中间商以特殊政策

重要的中间商指生产者的主要分销商，他们的分销积极性至关重要。对于这些分销商应采取必要的政策倾斜：

(1) 互相投资、控股。生产者和中间商通过相互投资，成为紧密利益统一体，从经济利益机制上保证双方合作得更一致、更愉快。

(2) 给予独家经销权和独家代理权。在某一时段、某一地区只选择一家重要中间商来分销商品，有利于充分调动其积极性。

(3) 建立分销委员会。吸收重要中间商参加分销委员会，共同商量决定商品分销的政策，协调行动，统一思想。

4. 共同促销

生产者需要不断地进行广告宣传来增强或维持产品的知名度和美誉度，否则中间商可能拒绝经销。同时，生产者也希望中间商也承担一定的广告宣传工作。另外，生产者还应经常派人前往一些主要中间商处，协调安排商品陈列，举办产品展览等。

5. 人员培训

随着产品科学技术含量越来越大，对中间商的培训也越来越重要，生产者应经常向中间商提供这种服务，尤其对销售人员和维修人员的培训更重要。

6. 协助市场调查

任何中间商都希望得到充分的商业情报。因此，生产者应协助中间商搞好市场分析和市场调查。这包括寄发业务通讯及期刊等，并保持良好的沟通状态，尤其在销售困难的情况下，中间商特别希望生产者能协助进行市场分析，以利推销。实践表明，生产厂家只有与中间商保持经常的密切的联系，才能减少彼此之间的矛盾。

7. 销售竞赛

除了销售利润外，生产者还给予销售成绩优秀者一定的奖励。奖励可以是奖金，也可以是奖品，也包括免费旅游或精神奖励，如在公司的刊物或当地报纸上公布于众。

8. 物质利益保证

为进入市场，扩大市场份额和争取中间商，往往需要给中间商一个具有竞争力的销售量边际利润，这是一种最简单而直接的手段。如果中间商经销产品的利润不高，他就会缺少积极性。有的生产者为鼓励重要中间商全心全意地经销本企业产品，承诺“只要认真经销本产品，保证不亏本”。有的企业为了获取中间商的全面合作，建立起报酬制度。如一家企业不直接付给25%的销售佣金，而是按下列标准支付：

保持适度的存货，付5%；

满足销售配额的要求，付5%；

有效地服务顾客，付5%；

及时通报顾客的意见及建议，付5%；

正确管理应收账款，付5%。

案例 8.10

（1）杜邦公司建立了一个分销商指导委员会，定期讨论销售的有关问题。

（2）天琼公司是生产滚珠轴承的厂商，定期分派专人对中间商进行多层次的访问。

（3）施奎亚·D公司是生产断路器和配电盘的厂商，要求其销售代表每月用一天时间与每一分销商一起站柜台，以便了解分销商的经营情况。

（4）戴伊可公司实行每年一次为期一周的休养周制度，由 20 个本公司高级管理人员和 20 名中间商的管理人员参加，以便通过交流研讨有关问题，加强联系。

（5）派克汉尼芬公司主要提供液压动力产品，每年发出一次邮寄调查表，要求其中间商对公司的工作进行评估。该公司还用录像带、业务通讯向中间商通报有关新产品情况，并建议中间商如何改进他们的销售。

（三）渠道冲突与管理

由于分销渠道是由不同的独立利益企业组合而成的，出于对各自物质利益的追求，相互间的冲突是经常的。渠道冲突必须正视，并采取切实措施来协调各方面关系。

1. 渠道冲突的类型

渠道冲突有两种：横向冲突和纵向冲突。

（1）横向冲突。横向冲突是指存在于渠道同一层次的渠道成员之间的冲突。如某产品在某一市场采取密集型分销策略，其分销商有超市、便利店、大卖场等，由于各家公司的进货数量、进货环节不同引起进货成本的差异，加上各企业不同的促销政策，同一产品在不同类型零售企业中会有不同的零售价。为此，这些商业企业之间有可能发生冲突。

（2）纵向冲突。纵向冲突指分销渠道不同层次类型成员之间的冲突，如生产者与批发商之间的冲突，生产者与零售商之间的冲突等。生产者要以高价出售，并倾向于现金交易，而中间商则愿意支付低价，并要求优惠的商业信用；生产者希望中间商只销售自己的产品，中间商只要有销路就不关心销售哪一种产品；生产者希望中间商将折扣让给买方，而中间商却宁肯将折扣让给自己；生产者希望中间商为他的产品商标做广告，中间商则要求生产者付出代价。同时，每一成员都希望对方多保持一些库存等等。

案例 8.11

2004 年 3 月，格力与国美发生了渠道之争。2004 年 2 月成都国美单方面将格力一款原本零售价为 1680 元的 1P 挂机降价为 1000 元，原本零售价为 3650 元的 2P 柜机降价为 2650 元。格力要求成都国美停止这种低价销售行为，并停止向国美供货。2004 年 3 月 9 日，国美下发了“清理格力库存”的通知，要求国美各地分公司在 3 月 10 日中午 12 时以前将格力产品的全部库存及业务清理完毕。至此，格力和国美正式分手，终止了合作关系。

自 1997 年格力成立第一家联营销售公司开始，格力已陆续在全国 30 多个省、市、自治区成立了股份制销售公司，并以此作为格力的主要销售模式。所以，格力在 2004 年与国美的争端中并未受到影响。《格力 2004 年报》显示，2004 年格力的销售收入和净利润实现大幅增长，销售收入 138.32 亿元，同比增长 37.74%；净利润 4.2 亿元，同比增长 22.74%。

2. 处理渠道冲突原则

网络冲突是一种营销管理的推动力量，它能迫使管理阶层不断检讨和改善管理。处理渠道冲突的原则有如下内容：

（1）促进渠道成员合作。分销渠道的管理者及其成员必须认识到网络是一个体系，一个成员的行动常常会对增进或阻碍其他成员达到目标产生很大影响。处理矛盾及促进合作的行动，要从管理者意识到网络中的潜在矛盾就开始。生产者必须发现中间商与自己不同的立场，例如中间商希望经营几个生产者的各种产品，而不希望只经营一个生产者的有限品种。因为实际上中间商只有作为买方的采购代表来经营，才会获得成功。

(2) 密切注视网络冲突。在分销渠道网络中经常会发生拖欠货款、相互抱怨、推迟完成订货计划等线索，渠道管理者应关注实际问题或潜在问题所在，并及时收集真正的原因。

(3) 设计解决冲突的策略。第一种是从增进渠道成员的满意程度出发，采取分享管理权的策略，接受其他成员的建议。第二种是在权力平衡的情况下，采取说服和协商的方法。第三种是使用权利，用奖励或惩罚的办法，促使渠道成员服从自己的意见。

(4) 渠道管理者发挥关键作用。合作是处理冲突的根本途径，但要达到目标，渠道管理者应主动地走出第一步，并带头作出合作的努力。

(5) 渠道成员调整。单纯地注意冲突和增进合作并不一定能保证完成渠道分销任务，有时有些渠道成员确实缺乏必要的条件，如规模太小、销售人员不足、专业知识不足、财务状况不良等。此时，就应果断作出调整和改组的决策。

五、分销渠道评估

分销渠道评估的实质是从那些看起来似乎合理但又相互排斥的方案中选择最能满足企业长期目标的方案。因此，企业必须对各种可能的渠道选择方案进行评估。评估标准有三个，即经济性、控制性和适应性。

（一）经济性标准

经济标准是最重要的标准，主要是比较每个方案可能达到的销售额及费用水平。在分销渠道评估中，应该将分销渠道决策所可能引起的销售收入增加同实施这一渠道方案所需要花费的成本做一比较，以评价分销渠道决策的合理性。首先，比较由本企业推销人员直接推销与使用销售代理商哪种方式销售额水平更高。其次，比较由本企业设立销售网点直接销售所花费用与使用销售代理商所花费用，看哪种方式支出的费用大，企业对上述情况进行权衡，从中选择最佳分销方式。

（二）控制性标准

企业对分销渠道的设计和选择不仅应考虑经济效益，还应该考虑企业能否对其分销渠道实行有效地控制。因为分销渠道是否稳定对于企业能否维持其市场份额，实现其长远目标是至关重要的。

企业对于自销系统是最容易控制的，但是由于成本较高，市场覆盖面较窄，不可能完全利用这一系统来进行分销。而利用中间商分销，就应该充分考虑所选择的中间商的可控程度。一般而言，特许经营、独家代理方式比较容易控制，但企业也必须相应作出授予商标、技术、管理模式以及在同一地区不再使用其他中间商的承诺。在这种情况下，中间商的销售能力对企业影响很大，选择时必须十分慎重。如果利用多家中间商在同一地区进行销售，企业利益风险比较小，但对中间商的控制能力就会相应削弱。

然而，对分销渠道控制能力的要求并不是绝对的，并非所有企业、所有产品都必须对其分销渠道实行完全的控制。如市场面较广、购买频率较高、消费偏好不明显的一般日用消费品就无须过分强调控制；而购买频率低、消费偏好明显、市场竞争激烈的高级耐用消费品，对分销渠道的控制就十分重要。又如在产品供过于求时往往比产品供不应求时更需强调对分销渠道的控制。总之，对分销渠道的控制应讲究适度，应将控制的必要性与控制成本加以比较，以求达到最佳的控制效果。

（三）适应性标准

在评估各渠道方案时，还有一项需要考虑的标准，那就是分销渠道是否具有地区、时间、中间商等适应性。

1. 地区适应性

在某一地区建立产品的分销渠道，应充分考虑该地区的消费水平、购买习惯和市场环境，并据此建立与此相适应的分销渠道。

2. 时间适应性

根据产品在市场上不同时期的适销状况，企业可采取不同的分销渠道与之相适应。如季节性商品在非当令季节就比较适合利用中间商的吸收和辐射能力进行销售；而在当令季节就比较适合扩大自销比重。

3. 中间商适应性

企业应根据各个市场上中间商的不同状态采取不同的分销渠道。如在某一市场若有一、二个销售能力特别强的中间商，渠道可以窄一点；若不存在突出的中间商，则可采取较宽的渠道。

案例 8.12　制造商分销模式个案

个案 1　三株模式：联络处+分公司+子公司+工作站

三株公司在 1997 年达到鼎盛时期，业绩为 40 多亿元人民币，其主要依靠其分销模式。三株公司在中心城市成立了省级联络处，联络处管辖 200 个地市级分公司，分公司管辖 1980 个县级子公司，子公司管辖 6890 个乡镇一级的工作站。20 多万销售大军分布在全国各个市场，尤其是深入到农村的穷乡僻壤。

除三株模式外，当年的红桃 K、莲花味精、505 腰带都是相似模式。其特点是：不依靠中间商、自己控制渠道、铺市率高、覆盖面广、采取免费户外广告和传单战、军事化管理，人称“准传销模式”。问题是管理难度大，人员成本高。

个案 2　TCL 模式：分公司模式

TCL 的总裁李东生说；“分销渠道不计成本利润，只计较是否比竞争对手更多更快地把产品卖给消费者。”所以，TCL 就摆脱家电销售大户的控制，自己建立各地的分公司，组建自己的推销队伍、车队和周转仓库，把产品送到城乡每一个商店，牢牢控制零售终端，当乡下的农民几乎可以在每一个商店都看到 TCL 产品时，他们的首选自然是 TCL 了。

TCL 模式优点是：由于是完全控制渠道，所以掌握了主动权、支配权，利于多品牌、多品种的市场推进。缺点是投资大，渠道运作成本高，营销网络不是利润中心。

个案 3　美的模式：分公司销售平台+直线经销商网络

美的公司 1997~1998 年将产品分类成立各自为利润中心的事业部制分公司，总公司以 5 亿~10 亿元的代价成立专业物流公司，在总部、销售分公司和售后服务中心之间建立广域网，依靠一批直线经销商占领市场。2000 年已形成 3000 多营销人员、5000 多家商场、1000 多个服务网点的体系。

个案 4　华帝模式：代理制+分公司+专卖店

华帝公司几年来发展迅速，其主干产品炉具全国销量第一。它的分销模式是以代理制为主，分公司为辅，只在重点市场建立分公司，并逐渐建立自己控制的专卖店。分销工作主要是强化终端，实行专业 VI 设计，培训促销人员。

个案5　长城模式：1+1 通路

河北保定长城集团公司在低档皮卡汽车市场中拥有60%的占有率。早在1997年长城便开始新型的1+1通路模式，即每一位经销商由厂家配备一名驻店业务员，同吃、同住、同工作。这一模式的优点是厂家对经销商提供贴身服务，从接货、入库、展场摆放、信息反馈到现场促销，驻店业务员都承担一定业务，为返回货款提供监督作用。

（四）分销渠道评估的方法与内容

生产者除了选择和激励分销渠道成员外，还必须定期评估他们的绩效。如果某一网络成员的绩效过分低于既定标准，则须找出主要原因，并考虑可能的弥补办法。

1. 评估方法

测量中间商的绩效，主要有两种办法可供使用：

（1）将每一中间商的销售绩效与上期的绩效进行比较；并以整个群体的升降百分比作为评价标准。对低于该群体平均水平以下的中间商，必须加强评估与激励措施。如果对后进中间商的环境因素加以调查，可能会发现一些不可控因素，如当地经济衰退等、主力推销员退休等。对此，生产商就不应对中间商采取惩罚措施。

（2）将各中间商的绩效与该地区的销售潜量分析所设立的计划相比较，即在销售期过后，根据中间商实际销售额与其潜在销售额的比率，将各中间商按先后名次进行排列。这样，企业的调查与激励措施可以集中于那些未达到既定比率的中间商。

2. 评估的内容

对中间商的评估并不仅仅着眼于销售量的分析，一般比较全面的评估应包括以下内容：

（1）检查中间商的销售量及其变化趋势。

（2）检查中间商的销售利润及其发展趋势。

（3）检查中间商对推销本公司产品的态度是积极的，一般的，还是较差的。

（4）检查中间商同时经销有几种与本企业产品相竞争的产品，其状况如何。

（5）检查中间商能否及时发出订货单，计算中间商每个订单的平均订货单。

（6）检查中间商对用户的服务能力和态度，是否能保证满足用户的需要。

（7）检查中间商信用的好坏。

（8）检查中间商对收集市场情报与提供反馈的能力。

（五）分销渠道成员的调整

对分销渠道成员调整，即对成员的加强、削弱、取舍或更换。

1. 调整的条件

对分销渠道成员的调整一般是在以下情况下进行的：

（1）合同到期。合同到期是一个重要的时刻，是续签，还是变更合同，或者中断合作？一般地说，没有找到合适的替代者之时，生产者不应该草率终止合作，而是更尽力地指导中间商。

（2）合同变更和解除。合同的变更指合同没有履行或没有完全履行前，按照法定条件和程序，由当事人双方协商或由享有变更权的一方当事人对原合同条款进行修改或补充。合同的解除是指在合同没有履行或没有完全履行前，按照法定条件和程序，由当事人双方协商或由享有解除权的一方当事人提前终止合同效力。

（3）营销环境发生变化。生产者在市场环境发生变化时，可能会发现自己原来所建立起的分销渠道网络有缺陷，这时必须对成员进行调整。

案例 8.13　联想公司分销渠道构造经历了两个阶段

第一阶段，即 20 世纪 90 年代中期实行代理制，即在全国建有几千家分销代理商，由分销商(批发性质)再到零售商。此模式能广泛利用社会资源，产品铺市率也较高。但管理混乱，经常失控，尤其是随着联想产品长度和宽度发展，原有渠道达不到共享的作用。

1998 年 8 月，联想开始了渠道重筑，其特点是：

（1）实行“1+1”特许专卖渠道模式。通过加盟专卖店来塑造联想形象，并强化控制。

（2）后分销模式。联想实行二级渠道模式，一级渠道是分布在全国 29 个省会城市的 70 余家授权代理商，二级渠道是 1100 余家面向最终用户的零售商。联想后分销模式实行“一级渠道有限发展，二级渠道有效指导、支持”的策略。所有二级渠道均需与一级渠道和厂家签署三方协议，严格执行厂商的销售计划。厂家则通过一级渠道向二级渠道提供支持和培训。

（3）保留直接面向行业及集团用户的行业代理商。

2. 调整的内容

为了适应多变的市场需求，确保渠道的畅通和高效率，进行渠道必要的调整是必需的，其主要内容是：

（1）增减个别中间商。企业在考虑增加或剔除个别中间商时，既要考虑这些中间商对企业产品销量和利益的影响，还要考虑可能对企业整个销售渠道将会产生什么影响。

（2）增减某个分销渠道。在增加或剔除个别分销渠道时，首要的问题是对不同的销售渠道的运作效益和满足企业要求的程度进行评价，然后比较不同分销渠道的优劣，以剔除运行效果不佳的分销渠道，增加更有效的分销渠道。

（3）改进整个分销渠道网络系统。即生产者对原有的分销体系、制度进行通盘调整。这是企业分销渠道改进中难度最大、风险最大的一项决策。因此，在采取这一策略时应进行详细的调研论证，使可能带来的风险损失降到最小。

第三节　分销渠道模式

企业营销渠道的建立，通常要受到社会、政治、文化和法律等多种因素的影响，因此，具体的分销渠道形态可能是多种多样的。但是，在多种多样分销渠道形态的背后，仍然可以抽象出不同的基本类型和基本特征，即形成几种基本模式。这些模式各具特性，但是它们最基本的区别在于渠道成员的相关关系和协作的密切程度，以及为达到这种协作程度的组织方式。

一、松散型分销模式

松散型模式是一种传统的市场营销模式，它在市场经济不甚发达、大量生产体制尚未形成规模时极为盛行。在当今较为发达的市场经济国家，这样的模式仍然存在。农产品由于其生产的分散性和季节性，需要通过各种销售组织使其产品进入市场；众多中小企业由于其财力和销售力量有限，也必须依靠市场和各种销售组织来推销产品；某些特定行业由于其行业产品特点和传统，仍沿袭松散型分销模式。

（一）松散型分销模式特征

1. 成员是在产权和管理上独立企业构成

松散型分销模式里，其成员由一个个独立的生产者、批发商和零售商组成，每一个成员都作为一个独立的企业实体来追求自己利益的最大化。

2. 网络之间缺乏信任感，且有不稳定性

在这种模式中，每个成员都是以自我为中心进行决策，决策中也只考虑自身的成本、规模、投资效率等。整个渠道缺乏统一目标，决策权分散在每一位成员或每一级渠道上，各成员之间并没有形成确切的分工结构。

3. 成员间靠谈判和讨价还价建立联系

在这种模式中，每一个成员关心的是商品能否进入下一个分销环节，很少考虑渠道的整体利益。为此，各成员之间联系是通过谈判和讨价还价建立的。由于成员之间缺乏信任感，渠道进出极其随意，除了交易关系外不存在其他相互联系和约束，所以网络成员之间的关系是松散的。

（二）评价

松散型分销模式具有一定的优点和局限性。

优点是企业必须时刻保持对市场的关注，不断改进产品改善管理以降低价格，保持产品的竞争力和对中间商、消费者的吸引力，这种压力会督促生产者持续努力。另外，由于中间商的独立地位，他们往往更能代表顾客的利益和要求，他们对产品的挑剔和选择会在市场规律的作用下淘汰许多不合格企业，从而扩大了行业优秀企业的市场份额。

不利之处是，由于中间商注重短期效应，生产者无法贯彻和执行长期市场战略，因而可能损失长远利益。由于网络成员缺乏合作，生产者无法从中间商处得到各种反馈意见。由于网络的不稳定性，造成销售的不稳定，生产者在建立和保障大规模专业化生产体系的正常运作要冒很大的市场风险。

我国改革开放以来，大量的企业由计划体制转向找市场、跑销路，很快繁荣了市场。但随着竞争局势、经济发展、新的法律颁布、技术进步等，不确定的短期的分销模式就会阻碍生产稳定运行。我国的企业应把握机遇，创造条件，对分销渠道模式进行变革。

二、公司型分销模式

公司型分销模式是指一家公司拥有和控制若干生产机构、批发机构、零售机构等，控制着分销的若干渠道乃至全部渠道，综合经营和统一管理商品的生产、批发和零售业务。

（一）公司型分销模式的特征

1. 产权、管理一体化

分销渠道成员的联系是建立在产权统一基础上的相互分工协作关系，通过企业组织内部的管理组织及其管理制度和方法，各部门或机构间保持有长期而稳定的层级结构，紧密连接着从生产到消费的各个环节。它们统一按照公司的计划目标和管理要求进行着内部的商品交换和转移，完成整个公司系统的生产和商品分销过程。

2. 建立途径是投资和兼并

公司型的分销模式形成途径主要是两个：一是通过企业投资设立新的分支机构来形成，如生产企业投资建立销售公司；二是通过企业间兼并、合并等形式将其他机构并入本公司系统而形成，如大型零售企业购买生产企业股权，生产企业兼并各种批发、零售机构等。

3. 基本类型分别由生产企业、商业企业控制

公司型的商品分销模式有两种基本类型：第一种是由生产企业拥有和管理，采用生产商业一体化经营方式。第二种是商业企业拥有和管理。如美国罗伯克·希尔思公司在全球拥有

3000多家零售商店，其约30%的商品是由该公司拥有一定股权的生产性企业制造的。

（二）公司型分销模式的优势

1. 有利于企业统一形象和品牌的树立

由于从生产到最终消费过程中的各个环节均置于单一企业的控制之下，因而可以始终按照统一目标、计划和规范来提供服务，使顾客能够在任何时间、地点均可获得相同质量、相同价格的产品和服务，从而使企业能在市场上树立统一形象，迅速提高和保持品牌的知名度、美誉度，获得竞争优势。

2. 最大限度地接近最终消费者

松散型分销模式的每个成员都只关心自身利益，只负责将产品推向下一环节而不关心市场变化。公司型分销模式改变了这一状况，由于生产机构和销售机构产权统一，荣辱与共，因此公司能够通过和顾客直接接触，全面了解市场信息。

3. 渠道效率较高，结构稳定，降低分销成本

由于渠道成员关系紧密，统一指挥，因此能够提高分工协作的程度，减少交易环节，简化分销程序，使商品能够更迅速地进入消费领域。另外，分销渠道结构稳定，减少了成员变动的成本和风险，也使交易成本大大减少。

4. 摆脱流通企业的控制

生产者的商品由于种种原因在商场上不能得到全面展示，中间商还往往会依仗其对流通渠道的控制要挟生产者，有的中间商甚至以“入场费”“赞助费”“广告费”“上货架费”等名义索取“苛捐杂税”。而公司型分销模式则可以避开上述问题。

5. 保证长期战略实施

短期行为常常损害公司的长远利益，公司型分销模式可以避免短期行为和不负责任的现象发生，确保长期战略的坚决贯彻。

（三）公司型分销模式的缺陷

1. 投资成本高

不论是控股、兼并、合并、收购，还是投资建立统一产权控制下的公司型分销渠道，都需要占用公司较多的资金，先期投资成本高，给日常经营活动带来较大的财务压力。

2. 管理成本大

当生产、经营和销售都统一在一个企业内部，就需要企业拥有健全的管理机构、高素质的管理人员、完善的管理程序和制度，用以管理、组织、协调和监督企业各项工作的完成。因此，管理成本十分高昂。

3. 灵活性差

公司型分销模式一经形成，其分销形式相对固定。当市场环境和企业经营目标发生变化时，这一形式很难立即发生变化。

三、管理型分销模式

管理型分销模式是介于松散型模式和公司型模式之间，一方面，它是由相互独立的经营实体构成的；另一方面，渠道成员之间存在着紧密的联系和共同协调。

（一）管理型分销模式的特征和优势

与松散型、公司型分销模式相比，管理型分销模式有其自身的特点和竞争优势。

1. 渠道成员的地位相差悬殊

在管理型分销模式中，通常存在一个或少数几个核心企业，这些企业由于其自身拥有强大的资产实力、生产规模、良好信誉及品牌声望，使其在渠道体系中具有优越的地位，构成对其他网络成员的巨大影响力。正因为如此，使一批中间商愿意接受核心企业的指导，成为渠道成员，围绕核心企业及其产品展开分销活动。

2. 渠道成员具有相对的独立性

分销渠道各成员在产权上是相互独立的实体，他们都有自己的物质利益。为此，核心企业可以避免公司型分销模式构建渠道的巨大投资和灵活性差的问题。

3. 渠道成员间的相互关系相对稳定性

管理型模式成员的相互关系是建立在由核心企业统一管理和协调的分工协作基础上的，在遵从核心企业的管理、协调和指导的前提下，能建立较高程度的合作关系，统一的分销目标和共享的信息资源，使渠道具有相对稳定性。

4. 分销目标趋向协调

由于核心企业的影响以及各成员相互关系的稳定，成员间的利益目标将由分散、相互矛盾的个体利益最大化，转向分销渠道的长期利益最大化，各成员的利益目标服从于整体利益最大化的目标。

（二）核心企业的作用和渠道成员的利益

核心企业是管理型分销渠道的中心和灵魂。作为渠道的“管理者”，核心企业是渠道形成的始作俑者，是网络计划的制定者，是网络运行的领导者和监督员。核心企业在分销渠道中的作用主要表现在：

（1）制定统一的经营目标。经营目标中包括销售量、加价水平、利润率、销售中各种可能的减价因素与幅度。

（2）库存计划。包括各成员的库存周转率、商品分类指导、必备商品目录及库存水平。

（3）商品展示计划与指导。帮助成员企业安排与指导店面陈设、店内商品布局，提供必要的陈设器材、产品介绍材料、样品和价签。

（4）人员销售计划。向成员企业推荐标准化的销售用语和销售展示规程，培训销售人员，设立鼓励销售人员的奖励措施。

（5）广告计划和推销活动计划。统一安排广告宣传活动和制定财务预算，选择适当的媒体，确定各种宣传和推销的主题。

（6）制定相关的职责并负责监督检查。如生产厂商的职责和任务、各分销商的职责与任务等。

管理型分销渠道之所以能够形成，并成为具有较高效率的分销组织形式，各种分销机构之所以能够参与其中，管理或接受管理，其根本原因在于各成员能从中获得好处。

对于核心企业和其他生产企业而言，其所获得的好处主要有：能极大地提高产品的销售量和盈利能力；避免或降低了相互间的竞争；生产和分销规模扩大，规模经济效益显著，并可持续、稳定、有计划地进行促销活动；便于控制和掌握各种分销机构的销售活动，极大地方便了生产调度和库存管理。

对于各种分销商而言，所获得的好处有：能及时、充分地获得商品的供给；能更好地安排经营资源；减少库存商品及资金占用；可获得生产厂商的质量保证和各种服务；能学到核心企业的管理经验。

四、特许分销渠道模式

特许经营是指特许商按照合同要求和约束条件给予加盟商一定的权利，允许加盟商使用特许商的品牌、商标、专利产品、技术以及经营模式的商业活动和经营方式。

（一）特许经营种类

特许经营的种类按不同的划分方法，可以归纳为以下几点。

1. 按所需资金投入划分

按所需资金投入可分为工作型特许经营、业务型特许经营和投资型特许经营。工作型特许经营只要加盟者投入很少资金，有时甚至不需要营业场所。业务型特许经营一般需要购置商品、设备和营业场所，如冲印照片、洗衣、快餐外卖等，所以需要较大的投资。投资型特许经营需要更多的资金投资，如饭店等。

2. 按交易形式划分

按交易形式划分，可分为四种：制造商对批发商的特许经营，如可口可乐授权有关瓶装商(批发商)购买浓缩液，然后充碳酸气装瓶再分销给零售商；制造商对零售商的特许，如石油公司对加油站之间的特许；批发商对零售商的特许，如医药公司特许医药零售店；零售商之间的特许，如连锁集团利用这一形式招募特许店，扩大经营规模。

3. 按加盟者性质划分

按加盟者性质划分，可分为区域特许经营、单一特许经营和复合特许经营。区域特许经营是指加盟者获得一定区域的独占特许权，在该区域内可以独自经营，也可以再次授权加盟商。单一特许经营是指加盟商全身心地投入特许业务，不再从事其他业务。复合特许经营是指特许经营权被拥有多家加盟店的公司所购买，但该公司本身并不卷入加盟店的日常经营。

4. 按加盟业务划分

按加盟业务划分，可分为转换型特许经营和分支型特许经营。前者是加盟者将现有的业务转换成特许经营业务，特许商往往利用这种式进入黄金地带。后者则是加盟商通过传统形式来增加分支店，当然需要花费更多的资金。

案例 8.14

早期的特许经营是商品商标型特许经营，在这一阶段，特许商向加盟商提供的仅仅是商品和商标的使用权，作为回报，加盟商需定期向特许商支付费用。例如，通用汽车公司、福特公司、爱克森石油公司、壳牌公司、可口可乐公司、麦当劳公司等都采取这种方式从事经营的，这也被称之“第一代特许经营”。

但是，“第一代特许经营”在实践中遇到一系列问题，麦当劳公司也一样。麦当劳兄弟1937 年创办汽车餐厅起家，通过改进厨房设备与生产程序，使汉堡生产制作速度大大提高，吸引了大量顾客。20 世纪 20 年代初，麦当劳利用特许经营形式建立自己的经营体系。一开始，他们采取的是“第一代特许经营”方式，即只在开业之初指导店铺外观和外送服务的细节，以后就两不相干了。这种“大撒把”式的方式造成了危机，许多加盟商按照自己的理解改变了汉堡口味，有的甚至增加了许多复杂的品种，这是对麦当劳经营方式的“腐蚀”。麦当劳看到这一点。1955 年麦当劳在芝加哥东北部开设了第一家“样板店”，并建立了一套严格的运营制度——QSCV 运营系统，即优质服务、质佳味美、清洁卫生、提供价值。麦当劳借助这样的经营模式推行了第二代特许经营，全世界所有麦当劳使用的调味品、肉和蔬菜的品质均由公司统一规定标准，制作工艺也完全一样，每推出一个新品种，都有一套规定。麦当劳正是依靠这样的经营使其获得迅速发展。

（二）特许经营纽带

特许经营以什么作为纽带来联系特许商和加盟店？这些纽带分别是：

1. 商标

产品商标、商店字号和服务字号，是一种可以明确描述的自然人或法人产品或服务的标志。无论是何种类型的特许经营，商标都是构成特许经营的基本因素，是其体系的基石。特许经营协议签字之后，特许商便把商标提供给加盟商使用，且负有严格维护该商标形象和声誉的义务。

2. 特殊技能

特殊技能是现代特许经营的重要组成部分。欧共体曾给特殊技能下过定义，即必须是秘密的、实质的和可鉴别的。所谓秘密，即特殊技能具有独创性，如果不与特殊商联系就不能获得。实质性指特殊技能对加盟商必须是有用的，能帮助其带来利益。可鉴别性指特殊技能可以用一种确切的方式描述下来，以证明它能满足保密和实质性的条件。

3. 经营模式

特许商不仅提供给加盟商商标、特殊技能，而且还提供一整套营销和管理的系统，包括培训、店址选择、行为规范、财务制度等。

（三）特许经营优势

特许经营已有一百多年的发展历史，它所取得的成功已为世人瞩目。近几年，特许经营在我国也有巨大发展。这一分销方式之所以长盛不衰，有其经营优势。

1. 特许商利用特许经营实行大规模的低成本扩张

对于特许商来说，借助特许经营的形式，可以获得如下优势：

（1）特许商能够在实行集中控制的同时保持较小的规模，既可赚取合理利润，又不涉及高资本风险，更不必兼顾加盟商的日常琐事。

（2）由于加盟店对所属地区有较深入的了解，往往更容易发掘出企业尚没有涉及的业务范围。

（3）由于特许商不需要参与加盟者的员工管理工作，因而本身所必需处理的员工问题相对较少。

（4）特许商不拥有加盟商的资产，保障资产安全的责任完全落在资产所有人的身上，特许商不必承担相关责任。

（5）从事制造业或批发业的特许商可以借助特许经营建立分销网络，确保产品的市场开拓。

2. 加盟商借助特许经营“扩印底版”

有人形象地把加盟特许经营比喻成“扩印底盘”，即借助特许商的商标、特殊技能、经营模式来反复利用，并借此扩大规模。

（1）可以享受现成的商誉和品牌。加盟商由于承袭了特许商的商誉，在开业、创业阶段就拥有了良好的形象，使许多工作得以顺利开展。否则，借助于强大广告攻势来树立形象是一大笔开支。

（2）避免市场风险。对于缺乏市场经营的投资者来说，面对激烈的市场竞争环境，往往处于劣势。投资一家业绩良好且有实力的特许商，借助其品牌形象、管理模式以及其他支持系统，其风险大大降低。

（3）分享规模效益。这些规模效益包括：采购规模效益、广告规模效益、经营规模效益、技术开发规模效益等。

（4）获取多方面支持。加盟商可从特许商处获得多方面的支持，如培训、选择地址、资金融通、市场分析、统一广告、技术转让等。

3. 特许经营因其管理优势而受到消费者欢迎

特许经营成功发展的另一个原因就是准确定位。由于能准确定位，使企业目标市场选择准确，能围绕目标市场进行营销策略组合，并能及时了解目标市场的变化，使企业的产品和服务走在时代前列。

本章小结

随着社会主义市场经济体制的进程和市场供求态势的剧变，通畅、高效的分销网络已成为企业一笔重要资产，越来越多的企业花大力气“圈地”“抢跑道”“争终端”，分销策略在市场营销策略中的地位日渐凸现。

按照不同的标准，分销渠道可以划分为不同类型，企业在选择时要综合考虑产品因素、市场因素、企业自身因素、环境因素和中间商因素，并使用经济性、控制性、适应性三原则予以评估。

分销渠道的管理实质是解决分销过程中的矛盾，激发积极性，提高分销效率。其具体体现在中间商选择、冲突的解决、对渠道成员的激励、评估及调整。所以这些内容的操作必须通盘考虑，综合运用。

分销网络具有四种类型，不管是松散型、公司型、管理型还是特许型，在今天都存在，企业应参考各种影响因素予以选择。

课后习题

一、单项选择题

1. 一般来说直接市场营销渠道主要用于分销(　　)

A. 工业用品　　B. 农副产品　　C. 生活消费品　　D. 食品

2. 宽渠道是指(　　)

A. 企业不通过流通领域的中间环节，采用产销合一的经营方式，直接将商品卖给消费者的渠道

B. 商品从生产领域转移至消费者或用户手中经过若干个中间商的分销渠道

C. 企业使用的同类中间商很多，分销规模广泛

D. 企业使用的同类中间商很少，分销面狭窄

3. 代理商的最大特点是：(　　)

A. 直接从事产品购销活动　　B. 不具有独立法人资格

C. 不拥有产品所有权　　D. 以购销差价为回报

4. 企业对各种可能的渠道交替方案进行评估，评估标准是(　　)

A. 可靠性、控制性、适应性　　B. 经济性、可靠性、适应性

C. 经济性、控制性、可靠性　　D. 经济性、控制性、适应性

5、在以下商品中，较适宜采用短渠道的是(　　)

A. 毛巾　　B. 手机　　C. T 恤衫　　D. 高档时装

6. 某企业开发了一种新产品投放市场，该产品体积大，重量重，宜采用的渠道是(　　)

A. 短渠道　　B. 长渠道　　C. 宽渠道　　D. 窄渠道

7. 独家分配的销售策略适用的商品主要是(　　)

A. 便利品　　B. 选购品　　C. 贵重商品　　D. 日用品

二、简答题

1. 简述分销渠道的概念和作用。

2. 分销渠道策略有哪些？

3. 影响分销渠道选择的因素有哪些？

4. 中间商包括哪些类型？

实训 8　销售渠道的选择与管理

一、实验目的

通过实验，能运用渠道管理理论和策略，根据产品和市场情况，选择合适的销售渠道，并对其进行考评、激励和调整，提高销售渠道的选择能力、策划能力、开发能力及对渠道各环节的处理能力。

二、实验条件

在海尔集团总部的年度末的工作总结会议上，集团营销中心经理李超平指出：“目前，各事业部在全国各大中城市的渠道上的发展及控制工作的成绩非常突出，尤其是海尔的专卖店和店中店，在许多同类产品的营销渠道中是极具特色和卓有成效的。但与此同时，考虑到家电市场的竞争日趋激烈，公司总部又提出了新的要求：一方面要在现有的基础上更好地巩固和扩展大中城市的销售量，另一方面要将部分市场力量投向逐步扩大的农村市场。总部的一份市场发展战略报告指出：在中国，广大农村市场具有很大潜力。中国的 13 亿人口中有 9 亿在农村，而目前农村的家电占有率很低。即使是在收入相对较高的胶东半岛，农村的冰箱占有率也只有 25%，空调、洗衣机的占有率更低。虽然在农村开发家电销售的前景十分广阔，但要真正拓开这一市场，一方面固然依赖于能提供更适合农民需求和收入水平的优质产品，另一方面也对销售渠道提出了更高的要求。但目前海尔在中小城市特别是农村地区所建立的销售渠道有限。显然，农村市场是海尔一定要努力争取的大市场，而如何建立一套合理的分销渠道则是这一市场能否取得成功的关键。”

主管营销的王副经理指出说：“如果开拓新市场只是为了把更多的海尔产品卖出去而不能确保这部分用户得到海尔优质服务的承诺，那么这种新市场的拓展反而可能会损坏海尔多年来努力创造的品牌效应。对所有的消费者都提供百分之百满意的优质服务，这是海尔的承

诺和经营理念之一。对某些市场(如农村地区)，如果客观条件不允许，那我们宁可不做。要做的话，就必须寻找一种可行的有效办法，这也是我们这次开会的主要目的之一。”

以下是海尔集团现有的营销渠道现状报告：

经过十几年的拓展，海尔集团已在国内建立营销网点近 10000 个，海外营销网点近 10000 个。

在对海外市场的拓展方面，海尔集团没有简单地把自己的人派到国外去开拓市场，而是采取了直接利用国外经销商现有网络的方法。现在海尔在 31 个国家建立了经销网，拥有近 10000 个营销点，这就使海尔的产品可以随时进入世界上任何一个国家。

在国内市场，海尔将全国的城市按规模分为五个等级：一级：省会城市；二级：一般城市；三级：县级市、地区；四、五级：乡镇、农村地区。

其中在一、二级市场上以店中店、海尔产品专柜为主，原则上不建立专卖店；在三级市场和部分二级市场建专卖店。目前海尔已在全国建有近 1000 个专卖店，并计划在全国的乡、县城都要建立海尔专卖店。四、五级网络主要面对农村，是二、三级销售渠道的延伸。海尔鼓励各零售商主动开拓网点。

同时，完善的营销网络是保证星级售后服务承诺的基础。为更好地向消费者兑现海尔的一级售后服务，也必须建立一套统一的营销网络。

海尔与经销商、代理商的合作方式主要有店中店和专卖店，而这也是海尔营销渠道中颇具特色的两种形式。

海尔集团在全国有影响力的大店、名店内开辟“海尔店中店”，主要是致力于拓展全国市场销售的主渠道。目前，在全国 40 个大中城市的大商厦中建起的海尔店中店、海尔电器园已达 100 余个，而有些商家自发建起的海尔店中店、电器园也数目可观。在海尔店中店里，集中展示、销售海尔系列产品，其售后服务更加完善。店中店的经理一般是由商场的经理或班组长兼任(个别情况下也可以外聘)，其主要职责是负责日常的销售工作，同时必须按海尔的规定定期向地区营销中心提交发货明细等统计数据及汇总报表，并定期到地区营销中心接受经理培训及新产品培训。

在各店中店、电器园派驻直销员，是海尔对营销体系加强控制的一个典型做法。直销员是海尔在当地招聘的员工，直销员的主要职责是现场解答各种咨询和疑问，向顾客提供面对面的导购服务。由于海尔的产品更新非常频繁，派驻直销员可以向顾客及时讲解海尔最新的产品信息。

海尔集团通过对中国目前的市场情况的调研和分析，从 1997 年起开始将市场发展重心转向中小城市特别是农村市场，决定在农村市场及许多二、三级市场以开设专卖店的形式销售海尔产品。

从 1997 年 1 月到 1998 年 6 月底，海尔集团已在全国 30 个省市自治区设立了 700 多家专卖店，尤其是在人称家电销售禁区的西藏自治区，海尔建立了第一家专卖店“拉萨海尔专卖店”。海尔专卖店可以说是遍地开花。

海尔在发展二、三级农村市场初见成效的同时，也大胆地尝试在大城市的新兴居民小区内开设专卖店。为了扩大海尔专卖店在当地的影响力，海尔集团营销中心通过一系列的工作对专卖店进行指导，从而为专卖店在当地扩大网络和销量发挥了极大的作用。为了提高专卖店经销海尔产品的积极性，集团营销中心还特意特定了海尔专卖店激励政策。从1998年7月初的试行情况来看，绝大多数专卖店都投入了极大的热情，积极性很高。专卖店在市场整体下滑的形势下，销售额仍保持了增长的势头，总销售额比6月份增长了20%。海尔集团还采取各种措施鼓励所有的专卖店利用本身的便利条件向下属的乡镇和农村开拓新的营销网点。

从全国的专卖店运转情况来看，绝大多数专卖店都能以积极的态度面对激烈竞争的市场，销售额也呈上升的趋势，知名度和影响力也逐步上升。但各地专卖店的发展很不均衡，主要存在以下一些问题：

首先，部分专卖店的保守意识比较强烈，不能主动走出去开拓市场网络，一味固守城镇，只等用户上门。其次，部分专卖店的依赖思想比较严重，在专卖店的促销活动、市场开拓方面一味依赖海尔各事业部去做，而不能主动根据当地的情况，针对具体市场的具体情况有的放矢。第三，部分专卖店缺乏对海尔文化的了解，不能按照海尔的标准要求进行管理，在售前和售中、售后均有未按要求执行的情况，甚至有的专卖店内摆入了非海尔的产品，以致给海尔的形象造成了极大的损害。因此，为加强对专卖店的监督和管理，海尔集团每年将对专卖店进行一次动态调整，不符合要求的将被取消专卖店资格。

海尔的市场实践表明，专卖店、店中店的形式为海尔产品的成功销售及品牌创立提供了极有力的支持。这种建立营销渠道的方式已被许多同类竞争产品所效仿。

在会上，各地营销中心的许多人也建议将这种渠道方式继续推广应用到新的市场中去。但令李经理担忧的是：这种方式是否真的适合继续维持下去并推广到农村地区？它的营销成本如何？是否能保证足够高的服务水平？如果可以沿袭这种运作方式，又应该如何去操作呢？

李经理认为，真正好的营销渠道必须充分考虑到各种分销方式的方便性、渠道的控制程度、市场拓展的效果和海尔品牌的效应。为此，他请与会者就这一原则和新的营销渠道策略的制定展开讨论。

三、实训内容及要求

对本案例进行分析，思考讨论以下问题：

（一）选择分销渠道主要应考虑哪些基本要素？应如何加强营销渠道的控制？

（二）假设你是李经理，你将选择何种方式来扩展大城市郊区的新兴居民小区市场，并进一步向富有巨大潜力的农村市场进军？如果请您来经营一家专卖店，你会怎样做？

讨论发言应做到：思路清晰连贯，观点明确，条理分明；能准确地使用专业术语，应用专业知识深入地解答和讨论问题，思想有明显的创新；能认真仔细倾听其他成员的意见，以适当的方式肯定或否定他人的观点，并正确地补充或纠正他人观点，在小组中能明显地发挥组织领导作用。

四、实训组织方法及步骤

（一）学生7~8人分为1组，进行无领导小组讨论。

（二）个人运用渠道管理理论对背景资料中企业销售渠道情况进行全面分析，准备讨论发言提纲。

（三）进行无领导小组讨论。总的时间为40分钟，讨论过程中每个人至少发言一次，每次发言不超过 3 分钟。欢迎发表不同见解，但最后必须就主题达成一致意见，即得出小组成员基本上共同认可的结论，并以充分的理由进行解释。

（四）讨论结束之前，每个小组选派一名同学代表小组向全班汇报本小组的结论和理由。

（五）各小组汇报，每组时间不超过 5 分钟。小组选派代表汇报后，小组其他成员可做补充。

（六）教师进行讨论总结讲评。

五、实训时间

2 小时

第九章　促销策略

案例导学

屈臣氏的成功促销案例

能让都市时尚白领一族以逛屈臣氏商店为乐趣，并在购物后仍然津津乐道，有种“淘宝”后莫名喜悦的感觉，这可谓达到了商家经营的最高境界。经常可以听到“最近比较忙，好久没有去逛屈臣氏了，不知最近又出了什么新玩意……”，逛屈臣氏淘宝，竟然在不知不觉中成了时尚消费者一族的必修课。作为城市高收入代表的白领丽人，她们并不吝惜花钱，物质需求向精神享受的过渡，使她们往往陶醉于某种获得小利后成功的喜悦，祈望精神上获得满足。屈臣氏正是捕捉了这个微妙的心理细节，成功地策划了一次又一次的促销活动。

屈臣氏的促销活动每次都能让令顾客获得惊喜，在白领丽人的一片“好优惠呦”“好得意呦”“好可爱啊”声中，商品被“洗劫”一空，积累了屈臣氏单店平均年营业额高达2000万的战绩。在屈臣氏工作过的人应该都知道，屈臣氏的促销活动算得上是零售界最复杂的，不但次数频繁，而且流程复杂，内容繁多，每进行一次促销活动更是需要花很多的时间去策划与准备。策划部门、采购部门、行政部门、配送部门、营运部门都围绕着这个主题运作。为超越顾客期望，屈臣氏所有员工都乐此不疲。屈臣氏在促销活动方面的造诣值得零售连锁企业借鉴。

屈臣氏常以节日促销活动为主，屈臣氏非常重视情人节、万圣节、圣诞节、春节等节日，促销主题多式多样，例如“说吧说你爱我吧”的情人节促销，“圣诞全攻略”“真情圣诞真低价”的圣诞节促销，“劲爆礼闹新春”的春节促销，还有以“春之缤纷”“秋之野性”“冬日减价”“10元促销”“SALE周年庆”“加1元多一件”“全线八折”“买一送一”“自有品牌商品免费加量33%不加价”“60秒疯狂抢购”“买就送”等为主题的促销活动。

屈臣氏促销活动之所以获得消费者青睐，在以下几方面的突出表现值得借鉴：

1. 持之以恒

很多消费者尤其是会员对屈臣氏的促销活动都非常熟悉，他们了解屈臣氏定期举行什么形式的促销活动，这归功于屈臣氏多年来的坚持，屈臣氏的常规促销活动每年都会定期举行，特别是自有品牌商品的促销，如“全线八折”“免费加量”“买一送一”“任意搭配”等会在每年中定期举办，并且在活动中经常都会包含：“剪角抵用券”“满50元超值10元换购”“本期震撼低价”。

2. 丰富多彩

屈臣氏一年24期常规促销活动，形式非常独有，与其他零售店的方式完全不一样，“自有品牌商品免费加量33%不加价”“60秒疯狂抢购”“买就送”更是丰富多彩，促销商品品种繁多，如：滋润精选、如丝秀发、沐浴新体验、皓齿梦工场、维有新健康、营养街、清亮新视界、知足便利店、关爱自己、完美纸世界、小工具课堂、优质生活、开心美味园、健康情报站、潮流点缀、旅游自助魔法、美丽港……非常多的趣味主题，介绍众多的个人护理用品，引导着消费。

3. 权威专业

屈臣氏的促销活动往往都会贯穿一个权威专业的主导线，每时每刻都在向消费者传递着自己在专业领域里权威专业的信息，让消费者有更大的信任感。屈臣氏的“健康知己”，为顾客提供日常健康知识咨询，《屈臣氏护肤易》《屈臣氏优质生活手册》《健与美大赏》《屈臣氏自有品牌特刊》《畅游必备品》向顾客推荐好的产品的同时，邀请行业界知名人物，与读者共同分享美容心得、健康知识。如“美白无瑕、靓丽心情”“健康身心迎夏日”“健康相伴、美丽随行”“和您分享”“美容专家扮靓 TIPS”“夏日护肤心得”“屈臣氏关心您”等主题，屈臣氏的《促销商品快讯》也是一本健康美容百科全书，除了众多的特价商品、新商品推介，还有介绍非常多的日常护理小知识。

4. 优惠实效

根据国人消费习惯，实惠才是硬道理，屈臣氏促销讲究的就是“为消费者提供物超所值”的购物体验，从“我敢发誓”到“冬日减价”“10 元促销”“SALE 周年庆”“加 1 元多一件”“全线八折”“买一送一”“自有品牌商品免费加量 33%不加价”“买就送”等，每一次都会引起白领丽人的惊呼，降价幅度非常大。每期都有的三个“10 元超值换购”商品、9 个“震撼低价”商品，每次都会被抢购一空。

5. 全员重视

屈臣氏的促销能达到一个好的结果，不仅仅是有好的策划思路，最重要的是有好的执行力，其全员重视为促销获得成功铺垫了基础，在屈臣氏举办一次促销活动需要非常大的工作量，在每次举行新的促销活动我们从店铺形象就可以发现，所有的宣传册、商品、促销主题宣传画、价格指示牌都得更换一新，店铺的员工更是要熟悉每次的促销规则，把所有促销商品陈列到位，更换所有的商品价格，按要求将宣传挂画摆放。每次更换促销活动主题，在屈臣氏叫“转销”、员工需要在停止营业后一直工作到凌晨，才可以把卖场布置好。为了每次促销活动让各个分店都能按总部思路执行，各分店的经理都要去参观样板店，促销开始的第二天，区域经理就马不停蹄地到各个分店巡视促销活动执行情况，随时监督各的工作部署。

6. 氛围浓郁

“创造一个友善、充满活力及令人兴奋的购物环境”是屈臣氏卖场布置的精髓，为了创造一个好的促销氛围，屈臣氏从不吝惜布置场地方面成本，每次促销会更换卖场所有的宣传挂画、价格牌、商品快讯、色条(嵌在货架层板前面的彩色纸条)、POP，虽然有浪费之嫌，同时舍得投入也是获得回报的根本。同时每次促销活动，屈臣氏都会有新的录像光盘提供给每个分店播放，宣传更多的促销信息。

7. 注重研究

屈臣氏研究认为，“小资情调”是白领一族的固有心态，仅仅廉价无法满足他们的需求，大奖也不是引起他们光顾的根本，新奇刺激的活动对他们更具有吸引力，提供一种方便、健康、美丽的服务才更能提升顾客忠诚度，如“60 秒疯狂抢购”，抽奖获得者可以在卖场对指定的货架商品进行“扫荡”，60 秒内拿到的商品都属于获奖者，这样的刺激对消费者终生津津乐道。屈臣氏在促销商品陈列方面有非常标准的原则，对收银台附近的商品陈列技巧，“推动走廊”的陈列方式，超值换购、震撼低价商品的陈列，促销端架的陈列、促销胶箱商品的凌乱美、HOT SPOT(热卖焦点)的陈列原则，这些都是在从顾客购物心理、视觉角度、走动习惯等多方面研究得出的结论。

8. 良好习惯

员工养成良好的促销推荐习惯。在屈臣氏的促销中，员工会随时告诉顾客，这是正在进行促销的商品，向顾客推荐促销商品，推介更多的优惠信息，可以获得顾客好感，屈臣氏的服务要求中要求员工必须做到这一点，门口的保安会礼貌地向入店顾客赠送一本商品促销手册，以让顾客获得更多的促销资讯。

屈臣氏层出不穷的促销招数主要有：超值换购、独家优惠、买就送、加量不加价、优惠券、套装优惠、震撼低价、剪角优惠券、某个系列满减满赠、VIP 会员卡、感谢日、销售比赛等等。

来源：创业网

学习目标

1. 了解促销及促销组合的含义。
2. 熟悉促销的各种方式和策略及其运用。
3. 掌握促销方案的制定。

第一节　促销组合

企业在给自己生产的产品制定了合理的价格以及找寻到合适的分销渠道之后，还应该思考应该怎样使自己的产品销售得更多、更好。这就需要企业开展促销活动。

一、促销的含义

（一）含义

促销是指企业通过各种方式向目标市场传递有关企业和产品的信息，以启发、推动和创造目标市场对企业产品的需求，并引起购买欲望和购买行为的一系列综合性活动。

促销的实质是企业与目标市场顾客之间的信息沟通。

（二）促销的功能

1. 传递信息，疏通渠道

在产品正式进入市场以前，企业必须及时向中间商和消费者传递有关的产品销售情报。通过信息的传递，使社会各方了解产品销售的情况，建立起企业的良好声誉，引起他们的注意和好感，从而密切生产者、经营者和消费者之间的关系，畅通销售渠道，为企业产品销售的成功创造前提条件。

2. 诱导消费，创造需求

企业针对消费者的心理动机，通过采取灵活有效的促销活动，诱导或激发消费者某一方面的需求，才能扩大产品的销售。并且，通过企业的促销活动来创造需求，发现新的销售市场，从而使市场需求朝着有利于企业销售的方向发展。

思考与讨论：作为一名消费者，你是否有过被各种促销方式或活动诱导而产生消费行为的经历？

3. 突出特点，强化优势

随着经济的不断发展，市场上同类产品之间的竞争越来越激烈，消费者在琳琅满目的商品之间也不知如何选择。企业应通过促销活动，宣传本企业的产品较竞争对手产品的不同特点，以及给消费者带来的特殊利益，使消费者充分了解本企业产品的特色以及能给消费者带来的特殊利益，引起他们的注意和欲望，进而扩大产品的销售，提高企业的市场竞争能力。

4. 强化形象，巩固地位

通过促销活动，可以树立良好的企业形象和商品形象，提高企业在消费者心中的声誉，如广告和公共关系。从而促使顾客对企业产品及企业本身产生好感，培养和提高“品牌忠诚度”，巩固和扩大市场占有率。

案例 9.1 Oppo 品牌营销案例分析

2016 年第三季度，Oppo 和 Vivo 在中国市场的出货量分别达到了 2010 万部和 1920 万，首度成为中国市场的冠亚军。具体到厂商，Oppo 和 Vivo 成为第三季度的冠亚军，华为、小米、苹果分列三到五位，其中 Oppo 的出货量是小米的两倍。

不禁让人惊叹，难道传统式营销又重新焕发出生机了么？一个传统又现代的企业如何在互联网时代做到如此成功呢？

Oppo 是一个既传统又现代的品牌，传统在于传播媒介与销售渠道，Oppo 通过电视广告、节目赞助、门店招牌等传统媒介打造了强势品牌影响力，通过线下约 20 万家门店销售 90%的产品；现代在于其国际范儿，经过多年精心经营，Oppo 成功塑造了国际、时尚、潮流的品牌形象，并在一次又一次的蜕变与飞速发展中壮大，逐步成为一家世界级公司。

传统：坚持优势并强化优势

在媒体多元化、时间碎片化时代，在网络广告投放、精准投放(富媒体广告)上升，移动互联网、微信朋友圈、自媒体兴起的年代，企业的首席品牌官真是遭遇巨大挑战。2014 年海尔宣布放弃传统硬广(指杂志类)投放，引发广告圈热议。

Oppo 的媒介组合则很传统：以湖南卫视、CCTV-1、CCT-5 为中心，赞助了不少热门栏目——《奔跑吧兄弟》《偶像来了》《挑战者联盟》《中国达人秀》《女神的新衣》《超级女声》《快乐大本营》等，可谓综艺节目的大金主。

Oppo 的品牌推广还包括线下活动及公关、报纸杂志户外配合、网络，前两者依然是传统手法。比如说赞助 2014 年南美超级德比杯顶级球赛，携手《瑞丽时尚先锋》推出米兰之旅，成为 NBA 官方市场合作伙伴等。报纸杂志户外这块，福建区域 Oppo 在动车站、万达 LED 等投放了大量的广告。网络广告方面包括开设官方网站、新浪微博、官方博客——相对传统，与腾讯、优酷、校内网、天涯等合作。

还有一块传统媒介，以门店为载体，Oppo 运用得十分充分——店招、代言人肖像展示、门型展架、拱门、门头横幅、门口地贴、室内灯箱等丰富的展示手法，把门店载体的广告作用发挥得淋漓尽致。

通过门店这种传统渠道销售产品，本质是 Oppo 认清自身的优势并进一步强化它。市场上有一种说法，Oppo、Vivo 属于步步高系，它们与中国商界传奇人物段永平及目前依然存在的小霸王渊源深厚。段永平把广东一家亏损小厂做到 10 亿元产值(小霸王)，其后出走创立步步高电子。段永平把小霸王成功的模式复制到步步高，取得更大成功，之后分拆，黄一禾、陈明永(Oppo)、沈炜(Vivo)各执掌一块事业。认真来看，从 Oppo、Vivo、步步高身上，均可以隐约看到之前小霸王运营手法的影子。步步高电子拥有及赋予 Oppo 的优势在于——

在中国广阔的三到五线市场有着丰富的渠道与经验积累。

2014 年，小米在中国市场出货量超越苹果、三星，成为当时销量最大的智能手机；2015 年，通过电商渠道销售出的智能手机上升到 22%。当本土智能手机巨头把精力集中到拓展线上与一、二线市场的抢夺时，Oppo 的选择是坚持优势市场并做大这一市场，十年的沉积与磨炼让它扎实地掌握了三到五线市场。

现代：时尚与国际并存

现代具体表现为成功塑造“高大上”的品牌形象和“把手机卖向全球”晋级国际企业。

财经记者谢丽容在《智能手机隐形战争》一文中提到 Oppo，“瞄准三线城市以下最庞大的年轻用户……并成功树立了‘低端市场上的高端手机’的市场形象”。黎万强(小米联合创始人)在《参与感》一书中记录 Oppo：“找巨星不找偶像，比如莱昂纳多的代言就非常成功；品牌包装很取巧，很多人以为是韩国品牌、法国品牌，从品牌的名字到品牌的设计都偏韩范、国际范。”

韩国女星鞠知延、金敏智，奥斯卡最佳男主角莱昂纳多，中国时尚明星陈坤、江一燕、鹿晗、李易峰、杨幂等众多当红巨星先后代言 Oppo，再加上多个热门综艺节目里一众明星使用 Oppo 手机，品牌形象足够高端大气上档次。

时尚高端的品牌形象外还有那句火爆的广告语“充电 5 分钟，通话 2 小时”——成为流行语。它为什么能赢得用户的心？不拼情怀、不拼文采，略带朴实的诉求传递出 Oppo 充电速度快的功能。

另一个国际范儿表现为逐步成长为国际企业的征战与拼搏。低调、强调本分文化并且“野心勃勃”的 Oppo 并不会止步于中国市场。摘录 OIA 于 2015 年 1 月发布的《数读 Oppo 2014：国产手机创新力量的崛起》中的一小段：“2014 年，Oppo 加快了国际化的步伐。Oppo 的发布会在新加坡、北京同步召开，在印尼的工厂已经开工，在泰国、印尼、越南等国已经成为销售额排名前五的品牌，手机产品已进入东南亚、南亚、中东、非洲、拉丁美洲和澳洲等地区。”据外媒数据，2016 年上半年 Oppo 在印度出货量 230 万部，名列印度市场中国品牌第二。

当然，市场上没有永远的王者，只有实实在在的消费者。Oppo 的成功引发了企业的思考：在互联网营销时代，传统促销也有其威力。

来源：搜狐网 GMA-CHINA　2016-11-07

二、促销组合的构成要素

促销组合的构成要素可以从广义和狭义两个角度来考察。

(一) 广义构成要素

就广义而言，市场营销组合的各个因素都可以纳入促销组合，诸如产品的功能、式样、包装的颜色与外观、价格、品牌、分销渠道等，因为它们都从不同角度传播产品的某些信息，推动对产品的需求。

(二) 狭义构成要素

就狭义而言，促销组合只包括具有沟通性质的促销工具，主要包括各种形式的广告、展销会、商品陈列、销售辅助物(目录、说明书等)、劝诱工具(竞争、赠品券、赠送样品、彩券)，以及宣传等。

思考与讨论：有人认为促销就是打折，促销就是买一赠一，你怎么看？

（三）促销方式

企业的促销方式主要包括：广告、人员推销、营业推广、公共关系。促销组合是指企业根据促销目标的需要，对广告、人员推销、营业推广、公共关系等各种促销方式进行适当选择和搭配(表9-1)。

表9-1　四种促销方式优缺点比较

类型	方式	优点	缺点
非人员推销	广告	传播面广、快、生动形象、表现手法丰富，容易引起注意	停留时间短、费用高、针对性不强，不易促成即时购买
	公共关系	影响面广、可信度高，效果持久，可提高企业美誉度	程序复杂，投入大，效果难以控制
	营业推广	强烈刺激性，可促成即时购买，立竿见影	接触面窄，影响小，可能影响品牌
人员推销	人员推销	直接快速，反应及时，有利于双向沟通，有利于与顾客建立长期关系	人才难得，费用高，面窄，管理难度大

三、促销策略组合

促销策略组合研究的是对各促销手段的选择及在组合中侧重使用某种促销手段。一般有以下三种倾向。

（一）推式策略

推式策略是指利用推销人员与中间商促销，将产品推入渠道的策略。这一策略需利用大量的推销人员推销产品，它适用于生产者和中间商对产品前景看法一致的产品。推式策略风险小、推销周期短、资金回收快，但其前提条件是须有中间商的共识和配合(见图9-1)。

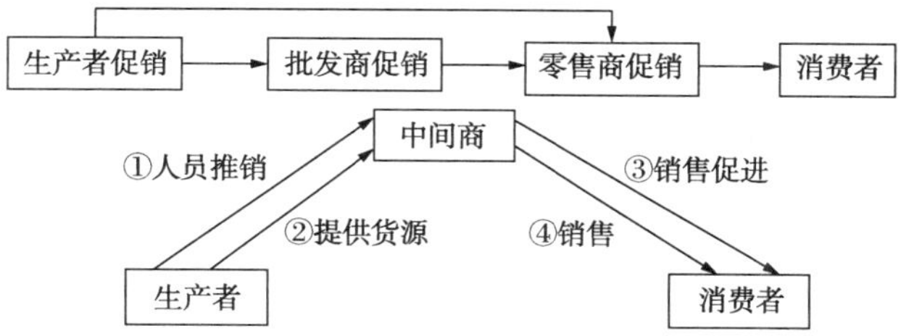

图9-1　推式策略

推式策略常用的方式有：派出推销人员上门推销产品，提供各种售前、售中、售后服务促销等。

（二）拉式策略

拉式策略是企业针对最终消费者展开广告攻势，把产品信息介绍给目标市场的消费者，使人产生强烈的购买欲望，形成急切的市场需求，然后“拉引”中间商纷纷要求经销这种产品(见图9-2)。

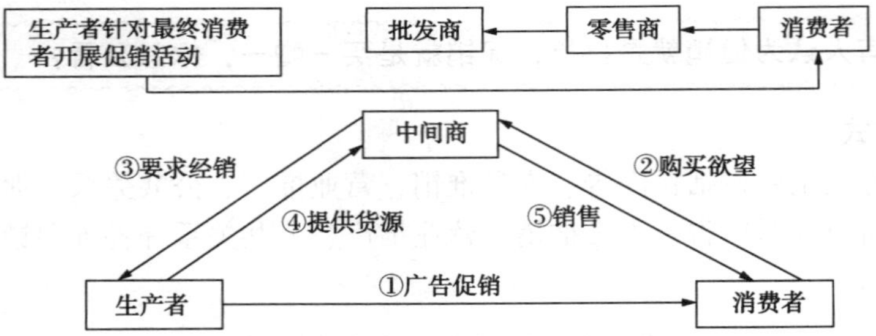

图 9-2　拉式策略

在市场营销过程中，由于中间商与生产者对某些新产品的市场前景常有不同的看法，因此，很多新产品上市时，中间商往往因过高估计市场风险而不愿经销。在这种情况下，生产者只能先向消费者直接推销，然后拉引中间商经销。

拉式策略常用的方式有：价格促销、广告、展览促销、代销、试销等。

（三）推拉结合策略

在通常情况下，企业也可以把上述两种策略配合起来运用，在向中间商进行大力促销的同时，通过广告刺激市场需求。其程序如图 9-3 所示。

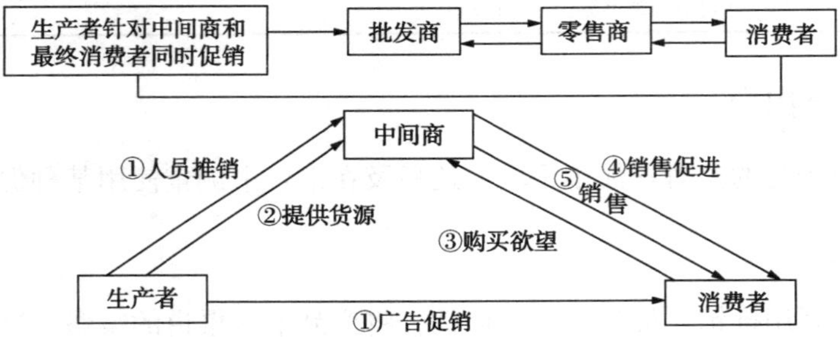

图 9-3　推拉结合策略

在“推式”促销的同时进行“拉式”促销，用双向的促销努力把商品推向市场，这比单独地利用推式策略或拉式策略更为有效。

四、影响促销组合因素

由于不同的促销手段具有不同的特点，企业要想制定出最佳组合策略，就必须对促销组合进行选择。企业在选择最佳促销组合时，应考虑以下因素。

（一）促销目标

促销目标取决于企业的整体营销目标，但在不同时期及不同的营销环境下，企业进行的促销活动都有其特定的促销目标。企业促销目标可以分为两类，一是有利于增强企业获利能力的长期目标，二是有利于提高销售和利润的短期目标。促销目标不同，对促销方式选择的侧重点也就不同，前者注意企业良好形象的树立，处理好企业与社会、企业与政府、企业与公众等之间的关系，借以创造良好的外部环境。在促销的四种手段中，公共关系是实现这一目标的主要手段，后者则比较依赖于广告、营业推广和人员推销。

（二）产品类型

产品类型不同，购买差异就很大，不同类型的产品应采用相应的促销策略。一般来说，消费品主要依靠广告，然后是营业推广、人员推销和宣传；生产资料主要依靠人员推销，然后是营业推广、广告和宣传(见图9-4)。

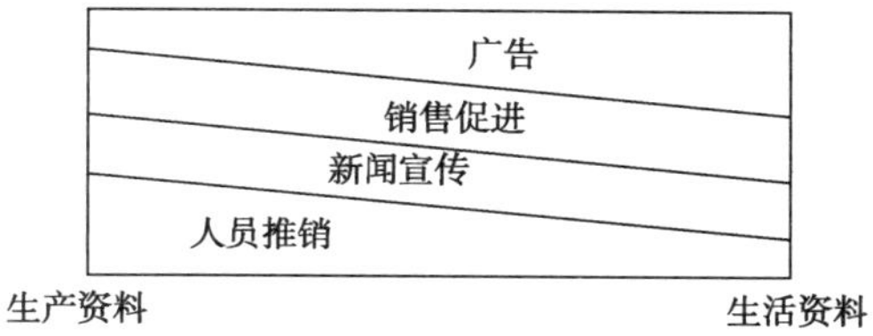

图9-4　不同产品类型各种促销方式的相对重要程度

(三) 产品生命周期

处在不同时期的产品，促销的重点目标不同，所以采用的促销方式也有所区别(见表9-2)。

表9-2　产品生命周期与促销方式

产品生命周期	促销的主要目的	促销主要方法
投入期	使消费者认识商品，使中间商愿意经营，建立产品知晓	介绍性广告，对中间商用人员推销
成长期	使消费者感兴趣，提高市场知名度和占有率	形象建立型广告
成熟期	提高产品美誉度，维持和扩大市场占有率	形象建立和强调型广告，公共关系，营业推广
衰退期	维持信任和偏好	适当的营业推广，辅之提示型广告，减价

从表9-2可以看出，在导入期和成熟期，促销活动十分重要，而在衰退期则可降低促销费用支出，缩小促销规模，以保证足够的利润收入。

(四) 市场状况

市场需求情况不同，企业应采取的促销组合也不同。一般来说，市场范围小，潜在顾客较少以及产品专用程度较高的市场，应以人员推销为主；而对于无差异市场，因其用户分散，范围广，则应以广告宣传为主。

第二节　人员推销

案例9.2　放手去做，一切皆有可能：乔·吉拉德给我们的启示！

乔·吉拉德——世界吉斯尼汽车销售冠军，是世界上最伟大的销售员，他连续12年荣登世界吉斯尼记录大全世界销售第一的宝座，他所保持的世界汽车销售纪录：连续12年平均每天销售6辆车，至今无人能破。乔·吉拉德，因售出13000多辆汽车创造了商品销售最高纪录而被载入吉尼斯大全。他曾经连续15年成为世界上售出新汽车最多的人，其中6年平均每年售出汽车1300辆。

乔·吉拉德也是全球最受欢迎的演讲大师，曾为众多世界500强企业精英传授他的宝贵经验，来自世界各地数以百万的人们被他的演讲所感动，被他的事迹所激励。

三十五岁以前，乔·吉拉德德是个全盘的失败者，他患有相当严重的口吃，换过40个工作仍一事无成，甚至曾经当过小偷，开过赌场；然而，谁能想象得到，这样一个谁都不看好，而且是背了一身债务几乎走投无路的人，竟然能够在短短三年内爬上世界第一，并被吉尼斯世界纪录称为“世界上最伟大的推销员”。

他是怎样做到的呢？虚心学习、努力执着、注重服务与真诚分享是乔·吉拉德四个最重要的成功关键。

一、人员推销的含义与特点

人员推销是一种传统的促销方式，可在现代企业市场营销活动中仍起着十分重要的作用。国内外许多企业在人员推销方面的费用支出要远远大于在其他促销方面的费用支出。实践表明，人员销售与其他促销手段相比具有不可替代的作用。

（一）人员推销含义

人员推销是指企业派出推销人员直接与顾客接触、洽谈、宣传商品，以达到促进销售目的的活动过程。人员推销不仅存在于工商企业中，而且存在于各种非营利组织及各种活动中。西方营销专家认为，今天的世界是一个需要推销的世界，大家都在以不同形式进行推销，人人都是推销人员。科研单位在推销技术，医生在推销医术，教师推销知识，孔子周游列国去推销他的仁政思想，企业的人事主管也在朋友圈里推销自己企业的产品，可见推销无时不在，无处不在，现代企业其实都在全员推销。

思考与讨论：“每一个人都是推销员，大家都在以不同的形式进行推销。”你是如何理解这句话的？

企业可以采取种种形式开展人员推销：

（1）可以建立自己的销售队伍，使用本企业的销售人员来推销产品。推销队伍中的成员又称推销员、销售代表、业务经理、销售工程师。他们又可分为两类：一类是内部销售人员，另一类是外勤推销人员。

（2）可以使用合同销售人员，按其销售额付给佣金。

（二）人员销售的特点

与广告、营业推广等促销方式相比，人员销售有其特有的优势。

1. 亲切感强

推销人员深深知道，满足顾客需要是保证销售达成的关键。因此，推销人员总愿意在许多方面为顾客提供服务，帮助他们解决问题。因此，推销人员通过同顾客面对面交流，消除疑惑，加强沟通。同时，双方在交流过程中可能建立起信任和友谊关系。

案例 9.3　女装品牌销售员如何与顾客成为朋友的

作为一名女装品牌的销售人员，我经常反思，现在的我们拥有一流的购物环境，但我们具有一流的服务吗？面对着顾客期盼的眼神，传达给我的不仅仅是他们对环境的赞许、更多的是对我们服务的期望。

用自己的真心付出，证明着“用心服务”就是永远从心底里去关爱他人，帮助他人。

记得7月份的一个大热天，一位60多岁的女顾客手里拎着满满一袋子的苹果从商场的扶梯上下来，刚走到百货区通道，“嘭”的一声袋子碎了，苹果滚了一地，看着地上到处都是的苹果，顾客又气又急，嘴里嘟囔着：“什么购物袋一点也不结实”，一边拾着滚落的苹果。

当我看到这一场景时，马上从柜台上拿了一个包装袋，快速地跑过去帮着顾客把苹果收拾在一起。然后，让满头大汗的顾客在柜台的休息凳上坐一会休息休息。

这时顾客还是在不断地埋怨着购物袋的问题，同时不断地向我表示感谢。我们的沟通就从这个购物袋开始了，让我意想不到的是第二天下午，这名顾客带着朋友又来了，买了好几件衣服，就这样我们保持着良好朋友关系，节假日的祝福、季节变化的温馨提示、实惠购物的参考意见，现在这名顾客朋友成为我的一名忠实的顾客。

一个购物袋、简单的几句话建立了我与顾客的友谊，缩短了我们之间的距离。一个小小的手提袋，包裹着我的热情与细心，一个小小的手提袋顾客带走的是对企业的信任与温馨。

认可、信任、支持，原来做起来比我们想象的要简单得多，只要你有一颗火热的心、一份真诚的情。

2. 说服力强

推销人员通过现场示范，介绍商品功能，回答顾客问题，可以立即获知顾客的反应，并据此适时调整自己的推销策略和方法，容易使顾客信服。

3. 针对性强

广告所面对的范围广泛，其中有相当一部分根本不可能成为企业的顾客。而人员推销总是带有一定的倾向性访问顾客，目标明确，往往可以直达顾客。因而，无效劳动较少。

思考与讨论：电商迅速发展的今天，线下实体店遭遇了前所未有的冲击，线上销售固然有着明显的优点，那线下实体店里的人员推销又具备哪些优势呢？

4. 竞争性强

各个推销人员之间很容易产生竞争，在一定物质利益机制驱动下，会促使这一工作做得更好。

尽管人员推销有上述优点，但并不意味着在所有的场合都适合采用这一方式。人员推销成本费用较高，在市场范围广泛，而买主又较分散的状态下，显然不宜采用此方法；相反，市场密集度高，买主集中(如有些生产资料市场)，人员销售则可扮演重要角色。由于人员销售可以提供较详细的资料，还可以配合顾客需求情况，提供其他服务，所以它最适于推销那些技术性较强的产品或新产品；而一般标准化产品则不必利用人员销售，以免增加不必要的支出。

二、人员推销管理

根据企业外部环境和内部资源条件，对销售队伍规模、销售区域等进行设计和管理，这是人员推销管理的主要内容。

(一) 销售队伍规模

销售人员是企业最重要的资产，也是花费最多的资产，销售人员的规模与销售量和成本具有密切关系。因此，确定销售队伍规模是人员推销管理中的一个重要问题。销售队伍规模的确定有以下方法：

1. 分解法

这种方法首先决定预测的销售额，然后估计每位销售员每年的销售额，销售人员规模可将预测的销售额除以销售员的销售额而得。

2. 工作量法

工作量法分为五个步骤：

(1) 按年销售量的大小将顾客分类；

(2) 确定每类顾客所需要的访问次数；

(3) 每类顾客的数量乘以各自所需的访问次数就是整个地区的访问工作量；

(4) 确定一个销售代表每年可进行的平均访问数；

(5) 将总的年访问次数除以每个销售代表的平均年访问数即得出销售人员规模。

3. 销售百分比法

企业根据历史资料计算出销售队伍的各种耗费占销售额的百分比以及销售人员的平均成本，然后对未来销售额进行预测，从而确定销售人员的数量。

(二) 销售队伍组织结构

销售队伍组织结构设计关系到推销工作的效率和资源最佳利用问题。销售队伍组织结构可按照市场区域、产品、顾客以及这三个因素的结合进行调整和组织。

1. 按地区结构设计

这是最简单的推销人员结构(见图 9-5)。这种组织结构好处是：第一，结构清晰 便于整体部署。第二，销售人员的活动范围与责任边界明确，有利于管理与调整销售力量 能鼓励推销员努力工作。第三，有利于推销员与当地商界及其他公共部门建立良好关系。第四，相对节省往返旅途费用。

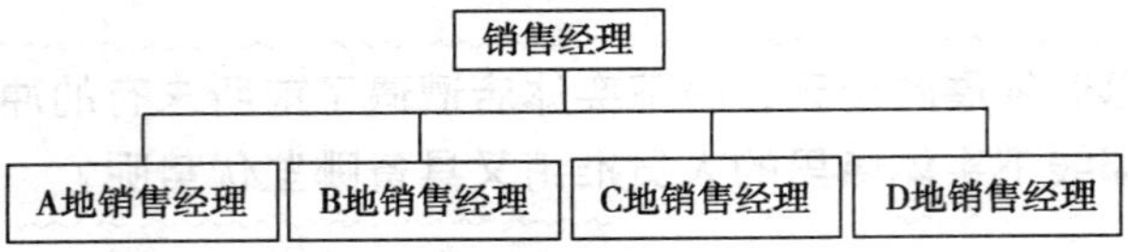

图 9-5 地区销售组织

当区域环境的高度差异性，技术非例行性，而区域又需要较全的功能支撑时，这种结构是最有效的。企业在规划地理区域时，要充分考虑地理区域的某些特征：各区域是否易于管理，各区域销售潜力是否易于估计，他们用于推销的全部时间可否缩短等等。

案例 9.4 苹果公司的区域销售组织结构

下面以苹果计算机公司的例子来说明区域性的组织结构图。20 世纪 80 年代晚期，苹果计算机公司在 John Sculley 的领导下，以基于地理分布的区域式组织结构来代替原来的职能式结构，以便于生产和销售一系列的计算机给世界范围内的广大客户。下图所示的是部分组织结构，说明了苹果公司的区域性扩展。苹果公司常用这种结构来将管理者和员工集中在专门的区域性消费者和销售目标上。

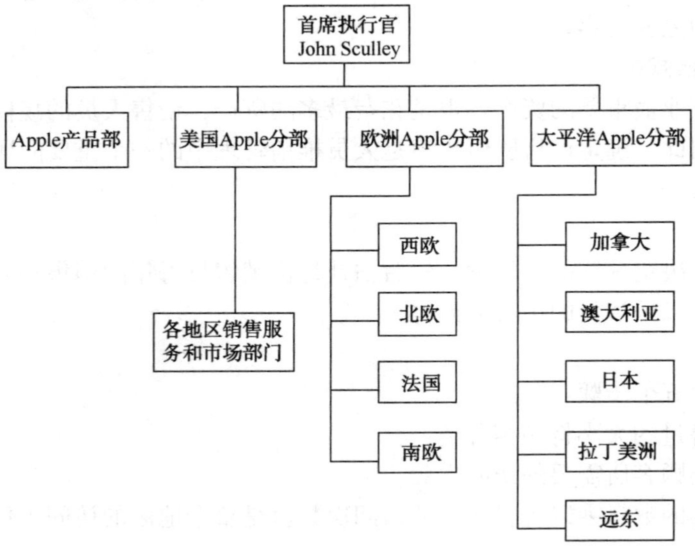

2. 按产品结构设计

这是按产品线来设计的推销结构，推销员负责一种或一类产品的推销工作(见图 9-6)。

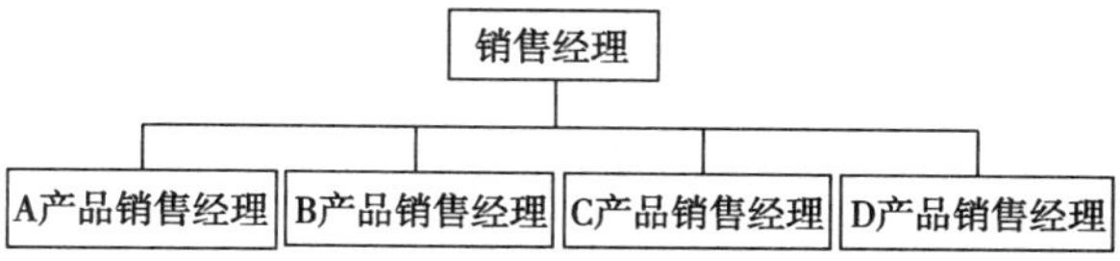

图 9-6　产品销售组织

这种设计一般适合以下情况：

(1) 产品技术性强，生产工艺复杂，不同产品线的推销员应有专门知识，否则很难有效地推销。

(2) 企业产品种类繁多。

这种类型的组织设计的优点主要有：第一，产品经理能够实现产品的最佳营销组合。第二，产品能较快地成长起来。第三，能够对市场出现的问题及市场状况的变化迅速作出反应。

当然，这种组织也存在一些问题：第一，缺乏整体观念。在产品型组织中，各个产品经理相互独立，他们会为保持各自产品的利益而发生摩擦。第二，部门冲突。产品经理的工作未必能获得广告、生产、财务等方面的理解和支持。第三，多头领导。由于权责划分不清楚，具体推销人员可能会得到多方面的指令。

案例 9.5　IBM 公司的产品结构式

IBM 公司是按产品划分销售部门的典范，分别有一支负责销售电脑的销售队伍和负责办公设备的销售队伍。这些产品差别很大，需要专业人员来负责。比如产品分为 PC、伺服器、软件等事业部，每个产品大类有每个产品大类的销售经理。

思考：IBM 公司为何要按产品结构来设计销售组织？

3. 按顾客结构设计

按顾客结构设计推销组织，要先把产品的推销对象或按规模或按行业或按顾客职业阶层等标准来划分成若干类，然后再由每一个推销人员负责某一家、某一类或几类顾客的产品推销。这种方式较适合于产品品种单一、规格多、用途广的企业(见图 9-7)。

这种组织结构的优点有：(1)有利于推销人员掌握客户的购买特点和购买规律。(2)能及时地、针对性地满足客户的需求，并获得客户的信任，密切推销人员与客户的关系。(3)有利于掌握客户的需求动态变化情况，准确建立客户档案。

它的主要不足在于：(1)增大推销成本，重复推销，由此引起浪费；(2)内部推销人员为了争夺市场引起互相排挤，以致降低整体的竞争力。

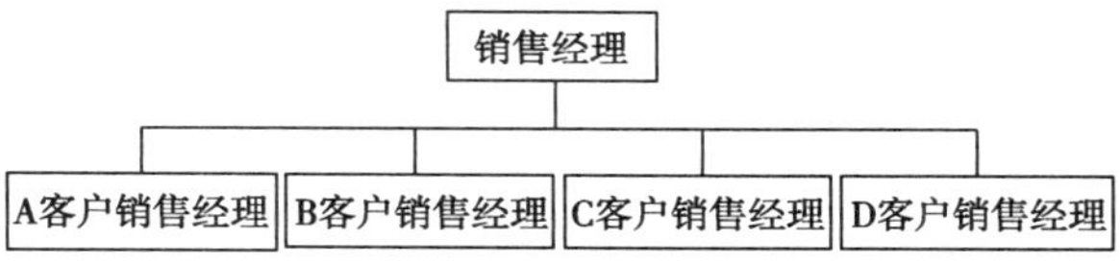

图 9-7　客户销售组织

三、销售人员的条件

一个理想的销售员应该具有何种特征呢？其基本条件主要有以下几点。

（一）健康的心理

世界卫生组织对“健康”的定义是“不仅仅是未患疾病，还包括心理和社交活动正常”。心理和社交活动正常对推销人员很重要，这包括：

1. 对现实与他人的认识趋于准确客观

心理健康者对现实世界及他人的认识是客观的、如实的，很少受主观偏见的影响，这样才能根据正确的信息采取行动。

2. 对事实持现实的态度

心理健康者是现实的，他们往往能承受各种挫折，对人也不会过分苛刻。

3. 广泛而深厚的人际关系

推销人员善于与他人接近，能和大多数人和睦相处，经常表现出友善、耐心和合作的愿望。

（二）坚强的意志

意志是人自觉地确定目的，并根据目的来支配调节自己的行动，克服各种困难，从而实现目的心理过程。意志的作用在于自觉努力去保证意识目的的实现，并使主体克服各种障碍，并服从前进的目标。

1. 明确自己的责任

在市场经济条件下，推销员工作十分重要，有人称之为“火车头”。推销员工作上去了，企业整体发展也有了保证。为此，推销员要有强烈的责任感。

2. 深知工作性质

推销人员就是和不同的顾客打交道。从了解顾客、上门、与顾客接洽、直到成交，每一关都是荆棘丛生，没有平坦大道可走。面对困难，坦然相迎。同时，推销员将公众利益、企业利益结合起来，所以应该理直气壮，为此感到自豪，不卑不亢，无惧无畏。

3. 以勤为径，百折不挠

美国推销协会的一项调查表明，48%的推销员在第一次拜访用户后便放弃了继续推销的意志；25%的推销员在第二次拜访用户后放弃了继续推销的意志；12%的推销员在第三次拜访用户后放弃了继续推销的意志；5%的推销员在第四次拜访用户后放弃了继续推销的意志。只有10%的推销员锲而不舍，而他们的业绩占了全部销售额的80%。

（三）复合的个人特性

一个理想的销售员应该具有何种特性呢？有人认为销售员应该是外向的和精力充沛的，然而有许多成功的推销员却是内向的和态度温和的。其实，销售员的个人特性是由他们的责任决定的（见表9-3）。

销售员的责任	有关个人特性
挖掘潜在顾客的需要	主动、机智、多谋、富有想象力、具有分析能力
宣传产品	知识丰富、热诚、富有语言天分、有个性
说服顾客	具说服力、具持久力、机智多谋
答辩	有自信心、知识丰富、机智、有远见

续表

销售员的责任	有关个人特性
成交	具有持久性、有冲劲、有自信心
日常访问报告、计划和访问编排	有条不紊、诚实、留意小节
以服务建立企业信誉	友善、有礼貌、乐于助人

案例 9.6

被日本人称为“推销之神”的原一平，身高 1.45 米，可他连续 15 年推销额全国第一。当他 69 岁时应邀演讲，有人问他成功的秘诀，他脱掉袜子请人摸他的脚底板，一层厚厚的脚茧。又有人问他，在几十年推销生涯中是否受过污辱，他回答：“我曾十几次被人从楼梯上踹下来，五十多次手被门夹痛，可我从未受过污辱”。他每月用掉 1000 张名片，一定要访问几十位客户，从未间断。

四、销售人员的激励

激励是一种精神的和物质的力量或状态，起加强、激发和推动作用，并指导和引导行为指向目标。事实上，组织中的任何成员都需要激励，销售人员亦不例外。

（一）销售人员的激励

销售人员的激励方法和措施可以有多种，一般可以分为精神激励和物质激励两种。精神激励通常有表彰、庆祝、晋升、培训等，物质奖励主要体现在工资之外的提成报酬、旅游等。

（二）销售人员的报酬方式

1. 纯薪金制

在这种制度下，销售员能得到固定薪金和完成各项任务所需要的费用。

这种方法的优点是：

（1）在管理层调整销售员的工作时，不会遭到销售员的强烈反对。

（2）易于理解，也易于管理。

（3）由于收入稳定，能保持较高的积极性。

这种方法的主要缺点是：

（1）缺少刺激作用，不利于鼓励他们去做比平均销售水平更好的工作。

（2）给管理、评估和奖励销售员的工作带来困难。

（3）业务下降时，薪金制因缺少灵活性，会使销售费用成为沉重负担；而业务好转时，薪金又不能起到激发销售员的作用。

（4）由于工资固定等因素，企业较难吸引和留住有进取心的推销员。

2. 纯佣金制

这是按销售额或利润额的大小给予销售员的固定或按情况可调整比率的报酬。

这种方法有三大优点：

（1）能鼓励销售员尽最大努力工作。

（2）使销售费用与现行收益紧密相联。

（3）管理人员可根据不同产品、不同工作给予不同的佣金，从而可以对推销员如何支配他们的时间施加影响。

这种方法的主要缺点是：

(1) 如果管理层安排销售员做一些不能立即获得效益的工作，往往会遭到他们的拒绝。

(2) 由于推销业绩与推销员利益直接有关，利益的驱动可能会使他们在推销时做出一些有损企业信誉的事情来。

(3) 纯佣金制的管理费用较高，工作上缺乏安全感，特别是由于不可控因素导致销售量下降时，会导致他们的积极性下降。

3. 混合制

绝大部分企业采用薪金和佣金混合的制度，以期保留两者各自的优点而又避免其缺点。这种制度适用于销售额大小与销售员努力密切相关，和管理部门希望适当控制销售员非销售职责的情况。采用混合制，在业务下降时，企业不会因销售成本固定不变的束缚而不能动弹，销售员也不会失去他们的全部收入。

销售人员是直接为企业创造效益的中坚力量，也是企业中人员流动较为频繁的群体。"底薪+提成"是目前被绝大多数企业广泛采用的业务人员的薪资结构。在实际操作中，"底薪+提成"模式应该在不同企业、不同阶段加以调整，在变幻莫测的商海中，为销售人员度身订制的周全而严密的薪资结构将有效地巩固企业的前方阵地。

案例 9.7　一个鱼钩与 30 万美元

一个乡下来的小伙子去应聘应"世界最大"的"应有尽有"百货公司的销售员。老板问他："你以前做过销售员吗?"他回答说："我以前是村里挨家挨户推销的小贩子。"老板喜欢他的机灵："你明天可以来上班了。等下班的时候，我会来看一下。"

一天的光阴对这个乡下来的穷小子来说太长了，而且还有些难熬。但是青年人还是熬到了 5 点，差不多该下班了。老板真的来了，问他说："你今天做了几单买卖?""一单。"年轻人回答说。"只有一单?"老板很吃惊地说："我们这儿的销售员一天基本上可以完成 20 到 30 单生意呢。你卖了多少钱?""30 万美元。"年轻人回答道。"你怎么卖到那么多钱的?"目瞪口呆了半晌才回过神来的老板问道。"是这样的。"乡下来的年轻人说，"一个男士进来买东西，我先卖给他一个小号的鱼钩，然后中号的鱼钩，最后大号的鱼钩。接着，我卖给他小号的渔线，中号的渔线，最后是大号的渔线。我问他上哪儿钓鱼，他说海边。我建议他买条船，所以我带他到卖船的专柜，卖给他长 20 英尺有两个发动机的纵帆船。然后他说他的大众牌汽车可能拖不动这么大的船。我于是带他去汽车销售区，卖给他一辆丰田新款豪华型"巡洋舰"。"

老板后退两步，几乎难以置信地问道："一个顾客仅仅来买一个鱼钩，你就能卖给他这么多东西?""不是的。"乡下来的年轻售货员回答道，"他是来给妻子买卫生棉的。"我就告诉他："你的周末算是毁了，干吗不去钓鱼呢?"

思考与讨论：这个案例给你怎样的启示?

第三节　广　　告

案例 9.8　"娃哈哈"的媒体组合

"娃哈哈"是一种家喻户晓的儿童营养液，在江浙一带几乎已深入到每一个家庭，然而其在北京的市场占有率并不高。如何使北京人也喜爱娃哈哈呢？聪明的企业家决定使用广告媒体组合的方式打破这个缺口。

“娃哈哈”首先选择报纸媒体进行“巷战”。因为“娃哈哈”是一种营养型口服液，而市场上口服液品种繁多，消费者所需要的是科学性的指导和解说，而报纸应该是首选。他们选择的主要报纸有：北京日报、北京晚报、北京广播电视报、健康报、医药报、妇女报、少年儿童报，中国科技日报、经济日报。整个活动以北京晚报为主，这个媒介在北京拥有读者最多，是最理想的发布媒介。

在消费者对“娃哈哈”有一定了解后，“娃哈哈”把重点放在了电视广告上。他们选择了北京电视台作为主要媒介，其理由是北京市民对市电视台在一定程度上要比其他台有亲近感，收视率高，另外经济合算，收费适中。电视广告播出后，引起强烈反响，收到了预期的效果。

“娃哈哈”对广播媒体也不放过。北京市民收听广播的习惯一直较好，因此可以借助广播电台的力量为我所用。广告分为两则，一则以抒情诉求方式为主，另一则以产品告示诉求方式为主，都取得了良好的效果。

另外，“娃哈哈”还联系了几个地段，树立路牌，做起了户外广告，扩大了产品的影响。

“娃哈哈”的广告媒体组合策略为企业和产品树立了良好的形象，赢得了广大消费者的青睐，“娃哈哈”可以说是隔着门缝吹喇叭——名声在外了。

广告是商品经济的产物，并随着社会的发展，商品生产和商品交换的发展而不断发展。在现代营销活动中，广告具有十分重要的地位和作用。

广告具有悠久的历史。自从人类社会出现产品交换和市场以来，广告就产生了。商品经济初期，社会分工使剩余产品进一步增加，交易日益增多，生产者和中间商为了广为招徕，就已开始利用一些比较原始的手段进行促销活动，广告便应运而生，如街头叫卖、悬挂招牌等。随着产品经济和科学技术的发展，广告形式也日益丰富。

一、广告的概念

广告的定义随着时代的发展而变迁。早期人们通常把凡是以说服方式(包括口头方式和文字、图画)、有助于产品和劳务销售的公开宣传，都称为广告。这是广告的广义概念。但是，随着社会的发展，人们逐步把广告的概念作了进一步的界定，形成狭义的广告，或是营销活动中的广告这一概念。

广告一词源自于拉丁语，原意有“注意”“诱导”之意。在市场营销中，广告是指广告主以付费的方式，通过一定的媒介，向一定的目标群体传递信息，以实现销售商品或服务的传播活动。这个概念包含以下含义：

(1) 广告应有特定的广告主并由其付给一定的费用。市场营销活动中所指广告需要有特定的广告主，并为其所做的广告付费。这是广告与其他宣传形式的根本区别。企业为了扩大其知名度，推广其产品，都需要利用一定的大众传播媒介，如果由传播媒介本身组织的宣传报道，则无须付费；而由企业组织的宣传，则要向传媒付费。

(2) 广告是市场经济活动的一种传播手段。广告本身不是一个独立的实体，广告是市场营销活动的组成部分，它的真正目标是为增加销售作有效的传播。因而广告的最后效果在于修正消费者的态度和行为。

(3) 广告是以非人员方式有计划地进行的促销活动。它是一种系列活动，包括市场调查、计划、设计、制作、准备和发布等。

(4) 产品广告的范围主要包括产品与劳务两大部分。通过广告活动，能唤起有关产品与劳务的需求，诱导和促进购买动机的产生。广告是以树立产品和劳务的观念为目标，最终仍是为了销售产品与劳务。

知识链接

世界广告史上有哪些第一？

在技术还未发展的原始社会，广告就在商业的催化下，以口头传播的形式存在了。《诗经》里有记载“箫管备举”，说的是西周时期，卖糖食的小贩就已经懂得用吹箫管之声招徕生意了。公元前4000年，古埃及的纸莎草制成的纸上出现了世界上最早的平面广告，在当时，广告是贵族阶层享有的特权。

北宋时期的济南“刘家功夫针铺”铜板是迄今为止发现的世界上最早的印刷广告实物，它比1473年英国最早印刷广告威廉·凯克斯顿销售祈祷书广告还早300左右。铜版一掌大小，长13.2厘米，宽12.4厘米。版面以双线为框，内分三层。第一层栏内，印刻楷书“济南刘家功夫针铺”八字；第二层栏内中部是白兔持杵捣药图案，两侧分别刻有四个楷书阳文，连起来为“认门前白兔儿为记”；第三栏内则是七列楷书阳文，每行四字，从右往左，全文为：“收买上等钢条，造功夫细针，不误宅院使用，转卖兴贩，别有加饶，请记白”。其上的“白兔儿”是中国最早的商标。

1650年，英国《新闻周报》上刊登了一则寻马悬赏启事，它是世界上第一个报纸广告。1902年广播试验成功，人类的通讯史迎来了广播时代。

1920年，美国匹兹堡西屋公司的工程师弗朗克·康拉德建立KDKA电台，成为举世公认的历史上第一个广播电台。同年9月29日，在此电台播出了第一支广播广告，内容是推销收音机。

1926年，宝路华“At the tone，it's eight o'clock，B-U-L-O-V-A Watch Time.”(刚才最后一响，是宝路华手表时间八点整)的广播广告被数以百万计的民众听到。美国第一支全国性的电台广告诞生。

1941年7月1日凌晨2点29分，纽约全国广播公司(NBC)旗下的“WNBC”电视台在棒球赛前播出了一条10秒钟的宝路华广告。画面中美国地图之上放置着一只宝路华手表，画面下方是旁白：“AMERICA RUNS ON BULOVA TIME(美国按宝路华时间运行!)”，世界营销史正式迎来电视广告时代。

1994年10月，在AT&T公司的赞助下，乔马克坎伯利(Joe McCambley)在HotWired.com上发布了世界上首个网络广告——黑色背景上用彩色文字写着“你用鼠标点过这儿吗？你会的”。就是这个banner(横幅)，开启了一个新的互动广告时代。

来源：网络　作者：李光斗　2018年11月22日

二、广告的作用

广告作为促销的一种重要形式，对于迅速、广泛地传播信息、沟通产销联系发挥了重要的作用。广告主要具有以下几方面的作用。

（一）传递信息，激发需求

传递信息是广告活动的基本功能。在市场经济条件下，产品的制造与最终消费者很少直接见面，广告则起了沟通产需双方的桥梁作用。广告通过信息的传播，一方面使消费者知晓企业的产品，了解产品的供求信息，知道该产品已经上市或即将上市，为消费者购买提供了方便，另一方面，广告传递的信息不同于一般产品信息，常带有劝诱性和激励性。它通过强化潜在顾客对产品的印象，起着诱发刺激的作用，激发了他们对产品的需求，此外，广告激发需求功能的发挥，还可起到创造流行、建立新的消费习惯的作用。事实上，许多流行产品的出现和新的消费者模式的建立，与广告的宣传是分不开的。

（二）指导消费，扩大销售

认知产品是购买产品的前提，只有消费者充分地认识和了解产品之后，才能作出购买决定。现代市场上，新产品层出不穷，琳琅满目，如果不借助广告的宣传，消费者就很难找到自己需要的产品和其他服务项目。广告指导消费购买，扩大了产品的销售。

（三）有利于竞争，稳定市场

广告是企业在竞争激烈的现代市场上取胜的一个重要工具。企业通过广告这一有力武器，能加深消费者对企业的良好印象，建立信誉，使消费者相信本企业的产品优于其他竞争品，从而为企业开拓市场、巩固市场创造条件。

三、广告的特点

（一）广泛性

广告一般通过报纸、杂志、广播、电视、网络等大众传播媒体进行信息的传递，是一种高度大众化的信息传递方式，涉及面广、影响力大。尤其是伴随着互联网、移动互联网的迅速发展，广告的媒体发生变化，广泛性更强。

（二）快速性

随着各种媒体传播速度与传播质量的日益提高，借助媒体进行宣传的商业广告也能在很短的时间内传递到各个角落，使消费者第一时间了解有关企业和商品的信息。

（三）单向性

广告不像人员推销那样可以与顾客面对面进行交流，一般为广告主借助一定的媒体发布信息，刺激需求，是单向性信息的发布者，不能取得反馈信息。

（四）感染性

广告可以通过声音、图像、色彩、音乐等表现手法，将信息传递给目标消费者，是一种极富感染力和表现力的信息传递方式。有大量的广告作品就如同艺术作品一样，具有很高的欣赏价值。

思考与讨论：哪个广告给你留下了特别的印象，或是极富创意，或是令人感动，请和同学们一起分享。

四、广告决策

（一）广告目标确定

决定广告策略，首先要考虑的因素是广告欲达成的目标。依据对增加销售和利润的重要程度，广告目标有以下四种：

（1）显现。目标在于通过广告把商标、企业名称传送给社会，要让大家知道这家企业的存在，有利于推销人员去拜访时，脑子里事先就有印象。

（2）认识。企业在目标顾客已看到或听到其广告后，进一步要通过广告让顾客充分认识企业和产品，记住产品的性能、品质特点。

(3) 态度。目标在于增进目标顾客对企业和产品的喜爱程度，希望通过广告改变人们的态度和思考方式，更倾向于本企业的产品。

(4) 销售。一切广告的最终目的都在于增加销售，但广告本身很可能并不会达成其一交易。以销售为目标的广告，重点放在宣传现在就买的理由。

由于广告目标的差别，可将广告分为两类：一是企业广告，目的在于提高企业的名望，属于品牌宣传性广告，可间接加强产品的推广；二是产品广告，目的在于提供产品信息，增进产品销售。产品广告又分为：开拓性广告和竞争性广告。前者目的在于唤起初级需求，适用于产品初期推广阶段；后者的目的在于唤起选择性需求，适用于市场成长阶段及成熟阶段的宣传。

企业究竟选择什么样的广告目标，需要具体分析以下三个因素：

(1) 企业的市场发展总策略，广告目标必须与之相协调。

(2) 产品的市场销售生命周期，处于不同阶段的产品，广告目标也必然不同。

(3) 消费者特征及所处的行为程序阶段。消费者对不同的产品有不同的购买特点，在购买过程中也有不同阶段的行为特征，广告必然要针对具体的情况和要求选择相应的目标。

案例 9.9　优秀的品牌广告赏析

1. Timberland 鞋子——“踢不烂，用一辈子去完成”
2. 玉兰油——CHINA OLAY“中国式美丽”
3. 薇风面膜——“你很了不起”
4. 秘鲁电信广告——“CONNECTED”
5. iPhone 手机系列广告—“三分钟”“一个桶”“女儿”等。
6. 百事贺岁广告——“把乐带回家”等。

任务：请同学们通过网络资源欣赏这些优秀的品牌广告，并跟同学们分享心得体会。

(二) 广告预算

广告预算从财务上决定了企业广告宣传的规模和进程。广告预算大，企业可以从事许多种类的广告，也可选择一些花费高昂的广告，反之则可能受到限制。

影响广告预算的因素主要有：产品新颖程度，产品的差别性，产品竞争力，目标市场的大小，竞争对手的强弱等。当然，最根本的是企业自身的实力如何。企业的实力雄厚，财务状况良好，预算的额度就可能大一些。

广告预算的主要方法有：

(1) 量力而行法。企业根据其财力情况来决定广告开支多少。但是，广告是企业的一种重要促销手段，企业做广告的根本目的在于促进销售。因此，企业做广告预算时要充分考虑企业需要花多少广告费才能完成销售指标。所以，严格说来，量力而行法在某种程度上存在着片面性。

(2) 倾力投资法。在企业实力雄厚的情况下，广告预算采取广告费用能支付多少就定多少的办法。这种方法的优点在于有利于大力宣传企业的产品，易于迅速扩大知名度。缺点是广告费用支出不一定符合市场开发的需要，可能出现浪费。

(3) 销售百分比法。即企业按销售额的一定百分比确定预算。其中因销售额的选择不同，如可选上年的销售额，本年计划的销售额，以及上年与本年平均的销售额等，可能有不同的销售百分比。这种方法的优点是：广告费与销售挂钩，使企业的每一笔广告费支出都与企业盈亏息息相关。缺点是倒果为因，把销售额的变动作为广告费变动的原因而不是结果，由于不区分市场情况，常依过去的经验采用同一百分比，缺乏机动性。

（4）竞争对等法。即企业以竞争对手的广告支出作为参照来确定企业的广告预算。其假定是竞争对手的支出行为在本行业中有一定代表性，同时本企业有能力赶上竞争对手的广告努力。这种方法的优点是有利于企业竞争，缺点是竞争对手的广告费用不易确定，并且在很多方面难于模仿。

（5）目标任务法。在确定广告预算时主要考虑企业广告所要达到的目标。首先尽可能地明确广告的目标；其次确定这些目标所要从事的工作；最后估计每项工作所需的成本，各项成本相加即广告预算。这种方法的优点是逻辑上合理，使企业的特定目标与企业广告联系起来。缺点是广告目标不易确定，预算也就不易控制。

（三）广告媒体的选择

广告所发出的各种信息，必须通过或负载到一定的媒介载体上才能传达到消费者。广告媒体是在广告主与广告接受者之间起媒介作用的物体。广告所运用的媒体有报纸、杂志、广播、电视、电影、幻灯片、户外张贴、广告牌、霓虹灯、样本、传单、书刊和包装物等。其中最常用的四大传统媒体是报纸、杂志、广播、电视。由于不同的广告媒体有不同的特点，起不同的作用，各有其优缺点，在广告活动中应根据实际情况择善而行。就四大传统媒体来说，其优缺点主要表现在以下方面：

（1）报纸广告。优点是读者的广泛性；有较大的伸缩性，可选择某类报纸，且不论精读和泛读；有较高的可信性。缺点是不易保存；各报费用差异大。

（2）杂志广告。优点是针对性强；有较长的时效性，可以反复阅读、过期阅读。比报纸在色彩、造型方面有创新的良好条件。缺点是因专业性强，传播范围有限。

（3）广播广告。优点是传播速度快；传播范围广；费用比电视广告便宜。缺点是较难保存；听众过于分散；相对电视来说创新形式有所限制，只闻其声，不见其形。

（4）电视广告。优点是具有直观性，有听觉、视觉的综合效果；具有传播的广泛性，深入千家万户；具有趣味性。缺点是针对性不强；竞争者较多，价格昂贵。

网络媒体作为一种新兴的广告媒体，具有互动性、传播速度快、范围广、个性化等传统媒体无法比拟的优点。

根据各种媒体客观上存在的优缺点，在选择时应着重考虑以下因素：

（1）产品的性质。生产资料或生活资料，高技术性能产品和一般性产品，应分别选用不同的媒体。如玩具广告，重要的是显示其式样、颜色，最好在电视和杂志上用彩色画面做广告，可以增加吸引力；高技术性能的机构电子产品，则宜用样本做广告，可详细说明其性能。

（2）消费者的媒体习惯。不同媒体可将广告传播到不同的市场，而不同的消费者对杂志报纸、广播、电视等媒体有不同的阅读、收视习惯和偏好。广告媒体的选择要符合消费者的这些习惯和偏好才能成功。如学龄前儿童广告，最好的媒体是电视。

（3）传播信息类型。例如，宣布明日的购销活动，必须在电台或报纸上做广告；而如果广告信息中会有大量的技术资料，则须在专业杂志上做广告。

（4）媒体的成本。广告活动应考虑企业的经济负担能力，力求在一定的预算条件下，达到一定的覆盖、冲击与持续。电视是最昂贵的媒体，而报纸则较便宜。不过，最重要的不是绝对成本数字的差异，而是目标沟通对象的人数构成与成本之间的相对关系。如果用每千人成本来计算，可能会表明：在电视上做广告比在报纸上做广告更便宜。

（四）广告的步骤与方法

为使广告活动取得预期效果，除认真研究各种主客观因素，选择广告媒体，拟定广告预算外，还必须精心设计和制作广告，好的广告必须先有好的广告稿本。创作良好的广告稿本应遵照以下四个步骤：

（1）引起注意。只有引起顾客的注意，才能达到广告宣传的目的。因此，制作广告首先要使消费者对宣传的事物产生注意力，通过各种方式吸引消费者。从心理学角度说，注意分为无意注意和有意注意。在现实生活中，大部分的注意都是无意注意。广告的制作，要求使顾客由无意注意转化为有意注意。广告制作中引起注意的方法一般有：增强刺激，扩大地位，加强对比，突出目标等。

（2）把握兴趣。在引起注意的基础上，要进一步诱发顾客兴趣。强调产品利益，可以引起顾客的关注和好奇心，这是把握兴趣的关键。此外，由于消费者的文化、职业、年龄的不同，兴趣各异，应针对具体情况，从广告语言、氛围、造型等方面适应消费者的不同需要。

（3）形成愿望。在拟定广告稿本时，应运用心理学、社会学的技巧，以理智和情感动机，触动消费者对某一产品产生需求，诱发其购买动机。

（4）诱导行为。必须使消费者深信产品确实满足其个人需求，并使其态度倾向于广告提示。由于消费者需求不同，故应区别异质产品、区分潜在市场，并分别作提示，建立商标印象，促进诱导工作的完成。

五、广告效果评估

企业对广告效果进行评估，评估的内容很多，但主要应抓住两个方面：一是信息传递效果；二是促进销售的效果。

（1）信息传递效果的评估。就是评估广告是否将信息有效地传递给目标听（观）众。这种评估在事前和事后都应进行。事前可邀请顾客代表对已经准备好的广告进行评估，了解他们是否喜欢这则广告，广告信息中存在哪些问题，事后企业可再邀请一些目标顾客，向他们了解是否见到或听到过这一广告，是否还能回忆起广告内容等等。此外，还可利用一些现代科学手段进行测试。

（2）促进销售的效果评估。就是评估广告使消费额增长了多少。一般来说，广告的销售效果要比信息传递效果难于测定。最容易测定的广告效果是邮购广告的销售效果，最难测定的是树立品牌或企业形象的广告的销售效果。测定广告的销售效果，可通过两种方法进行。一是历史资料分析法，这是由企业营销人员利用最小平方回归法求得企业过去的销售额与企业过去广告支出二者之间关系的一种测量方法。二是实验设计法，这是可选择不同地区，在其中某些地区进行比平均水平广告强50%的广告活动，在另一些地区进行比平均水平弱50%的广告活动，这样从150%、100%、50%三类广告水平的地区的销售记录，就可以看出广告活动对企业销售究竟有多大影响。

案例9.10 “活力28”广告策划（广东市场）

一、市场分析

1. 竞争对手分析

在广东地区“活力28”主要竞争对手是广州浪奇的“高富力”洗衣粉。“高富力”的优势为：产品质量较好；本地产品、长期经营；广告活动经过整体、细致的策划；许多企业常年把它作为劳保品奉送。

"高富力"缺陷是：高富力超浓缩洗衣粉比普通洗衣粉的浓度高数倍，比"活力28"高四倍；未做到真正"速溶"；包装略逊于"活力28"。

"高富力"广告效果调查：看过其广告的71.8%；喜欢其广告的50%，一般占48%，不喜欢占2%；信息来源67%通过珠江电视台，53%的人在报纸上见过"高富力"广告。

"高富力"产品使用情况调查：使用过该产品的占56.6%。

2. 消费者分析

一般由家庭主妇在住家附近购买，购买随意性强，价格对其选择的影响不大；广东地区消费者一般认为洗衣粉泡愈多愈干净，对无泡产品存在冲突。

3. 市场潜量分析

广东地区人均收入高、消费能力强；广东高温期持续时间长、洗涤用品消耗量特别大；高富力虽为一方之主，但仍有很大的市场空缺。

二、广告定位

1. 市场定位

以广州市为中心，向珠江三角洲辐射。

2. 商品定位

高品质、高价位的新一代洗涤用品。

3. 广告对象定位

年轻的、未婚的上班族，25~45岁的家庭主妇。

三、广告策略

1. 广告目的

经过一年的广告攻势，在珠江三角洲消费者心目中，树立起"活力28"的知名度和好感度，在广东市场站稳脚跟，与"高富力"分割市场。

2. 广告诉求点

高品质，超浓缩，超强去污，无泡去污；静态去污；柔顺作用；省时、省力、省水、省电，一比四。

3. 广告分期

(1) 扩销期(××××年5~6月)。主要任务是吸引消费者对"活力28"的注意；培养零售店主的推荐率，初步树立产品形象。

(2) 强销期(7~10月)。深度引导消费者，塑造对产品的信赖感与好感。

(3) 补充期(11月~春节)。以各种软性活动，在淡期维持产品的热销。

4. 策略建议

(1) 系列报纸广告，常年登载。广告标题"真正实力派，不会放气泡"，"洁净来自一小撮"，"懒人新招"，"多出来的时间"。

(2) 设计POP广告，在店头悬挂、招贴和摆设。

(3) 重视广告歌曲，在各电台播放。

(4) 重新拍摄电视广告，强化"超浓缩"概念。

四、其他促销手段配合

1. 选择一些重点地区派发，附"生活小窍门"手册，介绍产品优势。

2. 举办"活力28联谊会"，邀请零售商参加，协调关系。

3. 规定一些对零售商的奖励制度。

第四节　公共关系

一、公共关系的含义

公共关系是促销组合的另一个重要组成部分。什么是公共关系？在国内外学者中都有许多不尽相同的解释和定义。这里按照菲利普·科特勒的定义，作为一种促销手段的公共关系是指这样一些活动：争取对企业有利的宣传报道，协助企业与有关的各界公众建立和保持良好关系，建立和保持良好的“企业形象”，以及消除和处理对企业不利的谣言、传说和事件。

知识链接

危机公关

危机公关是指应对危机的有关机制。具体是指机构或企业为避免或者减轻危机所带来的严重损害和威胁，从而有组织、有计划地学习、制定和实施一系列管理措施和应对策略，包括危机的规避、控制、解决以及危机解决后的复兴等不断学习和适应的动态过程。危机公关对于国家、企业、个人等等都具有重要的作用。

案例 9.12　老罗直播的危机公关

2020 年 5 月 20 日情人节当天，微博上不少人反映在罗永浩直播间购买的花点时间玫瑰花品相不佳，花瓣都是枯萎的、烂了。为此罗永浩连发 30 几条微博转发网友评论并做出回应称，影响了大家节日心情，我们非常非常非常抱歉。正在严肃追究责任(事先有协议约束)，如果他们不及时给大家一个交代，我们也会给，请放心。5 月 20 日当天再次微博公开道歉，并提出了补救措施：在花点时间 100%原价退款以及同等现金赔偿的基础上，罗永浩团队提供一份额外的原价现金赔偿，总价值约 100 多万。网友评价厚道、体面、三观正，挑不出毛病，尽管 100 多万的现金赔偿让人觉得肉疼，但罗永浩用实际行动让大家看到了他的诚意，维护了老罗作为带货主播的个人信誉，什么才是好的危机公关，罗永浩给了答案!

案例 9.13　知错能改海底捞

伴随着疫情的向好发展，网红海底捞恢复营业后餐品涨价，血旺半份从 16 元涨到 23 元，8 小片；半份土豆片 13 元，合一片土豆 1.5 元，自助调料 10 元一位；米饭 7 元一碗；小酥肉 50 元一盘。这一行为迅速将海底捞推向舆论风口，海底捞随后就发布了致歉信，并恢复到 2020 年 1 月 26 日门店停业前标准。虽然引起热议，但舆论环境并不负面，果断采取行动，重新赢回了大众的信任。相关部门借势就进行公关处理，变相为自提业务打广告，话题不但冲上微博热搜，且赢得不少网友的好评，知错能改，才是最好的公关策略。

公共关系不限于企业与顾客之间的关系，更不限于买卖关系，而是一种以长期目标为主的间接的促销手段，而且其意义不仅仅限于促销。过去把市场营销的公共关系称为“宣传报道”，即以非付费方式通过各种大众传播媒介来宣传企业及其产品，以达到促销的目的。公共关系则除了宣传报道外，还包括许多其他活动。企业的公共关系部门一般通过以下手段从事公关活动：

1. 新闻报道

把有新闻价值的信息传递给新闻媒介，用以吸引公众对某人、某种产品或服务的注意力。

2. 产品的宣传报道

即具体宣传报道某种产品，尤其是新产品的及时报道。

3. 信息沟通

开展内部和外部的信息交流，以促进本企业与其他企事业单位之间的理解。

4. 游说

通过游说处理好企业与立法者和政府官员之间的关系，以促进立法和规章方面通过对企业有利的条款，排除其中对企业不利的条款。

5. 咨询

对企业管理提供有关公众事务及企业定位和形象等方面问题的咨询。

总之，公共关系的活动主要是利用信息沟通的原理和方法，宣传企业及其产品，搞好公共关系，最终达到促销的目的。它比广告的成本少得多，而其结果往往能比广告产生更大的轰动效应，企业如果提供一个有趣的活动，几种不同的传播媒介就会争相报道，企业还不用付费。因此，公共关系是一种重要的促销手段。在西方，有些企业利用公共关系重新激发顾客对某些产品已经减弱的购买欲望。例如，美国纽约市为了振兴旅游业，开展了一个“我爱纽约”的活动，扭转了纽约的“城市形象”，取得了很好的效果，为纽约市带来了几百万的游客。同样，许多发展中国家也开展公共关系活动，以吸引外资和争取国际组织的支援。

二、公共关系的特点

公共关系作为四大促销手段之一，与其他三种促销手段有着明显的区别，主要体现在：

(1) 公共关系不是针对某一具体的产品进行信息传递，它考虑的是整个企业与外界之间的信息传递。

(2) 公共关系作用的对象相当广泛，既有顾客、供应商、中间商、竞争对手、社会团体，还有政府机构、新闻媒介以及企业内部员工。

(3) 改善公共关系的目的在于树立良好的企业形象和产品形象，因此公共关系活动以能否得到公众的认可和信赖为主要决策依据。

(4) 公共关系传播手段多样，既可以通过媒体进行信息传播，又可以通过口碑形式进行传播，而且某种程度上，口碑传播的效果胜过媒体传播。

三、公共关系的职能

公共关系的职能是公共关系在组织中所应发挥的作用和应承担的职责。我们认为公关的职能从广义上讲，就是调动一切可以调动的力量，运用各种手段，塑造良好的组织形象，赢得良好的生存环境，促进组织的生存与发展，使组织在激烈的竞争中获胜。

当然，在企业内部人们对公共关系职能的认识并不相同，尤其是企业的公共关系人员与营销经理会有不同的认识，营销经理面向基层，重点考虑的是如何进行产品促销，而公共关系人员则倾向于长期效益，注重塑造企业的良好形象。许多企业要求它们的公共关系部门开展各种活动都要着眼于改善企业的促销工作，有些企业还建立了专门的“营销公共关系”部门，直接支持企业和产品的促销及形象的树立。据美国对市场营销经理的一项最新调查表明：有75%的被调查者宣称在他们的公司开展了营销公关活动，这对于建立品牌知名度和提高顾客对新产品的认识十分有效，而且比广告所花的成本少得多。

四、公共关系的主要方法

企业开展营销公关活动，主要可采用以下几种方法：

（一）创造和利用新闻

公共关系部门可编写有关企业、产品和雇员的新闻；或举行活动创造机会以吸引新闻界和公众的注意，扩大影响，提高知名度。例如，剧院为残疾人举行义演，酒店开展拯救大熊猫的义卖活动等等。

（二）借助某一事件

是指企业利用近期发生的、社会关注度较高某一热点事件来进行产品、品牌的宣传。

案例 9.14　涪陵榨菜：借势营销

2019 年夏天，被中国台湾“名嘴”黄世聪嘲讽大陆人吃不起的涪陵榨菜，借势营销大火了一把。视频传到大陆之后，迅速登上微博热搜，不到两天，微博的话题阅读量就接近 7 亿。网友们纷纷以“吃不起榨菜”和“吃榨菜炫富”为主题，开始了自己的创作。

当事件已经发酵到白热化的阶段之后，涪陵榨菜出来表态，晒出快递截图，称已在 8 月 11 日将两箱“贵重”榨菜寄往台北，并称“感谢您以幽默、诙谐、自嘲的方式教授了汉语‘涪’的读音。我们吃得起，也能让《关键时刻》节目组人人吃得上。再次对您为中国千年榨菜文化的普及、汉语言文化的推广作出的贡献表示感谢！”

（三）开展各项活动

除以上列举的活动外，企业还可举行产品和技术方面的展览会或研讨会、有奖比赛、多种纪念会和开幕式或闭幕式等。这些活动都可起到吸引公众，提高企业及产品声誉的作用。

（四）撰写书面材料

书面材料包括公司的年度报告、业务通讯、期刊以及论文和小册子等。这些材料可影响目标市场，加深顾客对企业的认识。

（五）录制音像材料

当前越来越多的企业编制了有关企业和产品的录音带、录像带、幻灯片或电影等宣传材料，这类材料由于声像俱全，效果倍增。

（六）参与社会活动

通过参与社会活动可扩大企业在社会上的影响，树立良好形象。例如，美国多尔顿图书公司在四年中为扫盲运动捐献了 300 多万美元；我国大陆和海外的许多企业赞助 1990 年北京亚运会等。

案例 9.15　2020 年“新冠”疫情下的企业责任

五菱：人民需要什么，五菱就造什么

2020 年最感人的一句话：“人民需要什么，五菱就造什么”。为了加入抗击疫情，大量生产口罩，五菱将广西德福特集团原有生产车间改建为了 2000 平方米无尘车间，共设置 14 条口罩生产线，其中 4 条生产 N95 口罩，10 条生产普通医用口罩，从想法提出到第一批口罩下线，仅用时 3 天，又一次刷新了五菱速度。五菱口罩让世界见证了中国速度，也见证了民族企业的担当。有付出就会有回报，上汽通用五菱为抗击疫情作出的努力与贡献，也使其收获了满满的人气和口碑，五菱宏光也是民族之光。

京东：大受好评

京东奇迹般仅用一天时间就将100台由钟南山院士团队通过广东省钟南山医学基金会捐赠给武汉汉口医院的制氧机运送到了武汉，引发网友一片赞誉。早一分钟送达，可能就可以挽救一些生命，让疫情扩散得更慢。京东物流为驰援武汉等地开通了专用通道，让物资能够快速送到。钟南山在这次疫情中，成为人们心中的中流砥柱，是一个正能量满满的个体，他做过的每件事，说过的每句话都让网友们信服。所以，当钟南山写道：感谢京东心系医疗援助一线，以最快的速度将急需医疗物资送达武汉。京东毫无意外地就被网友们刷屏称赞了。

（七）组织参观

企业通过组织消费者实地考察、体验，让消费者产生直观感觉和深刻印象，以更全面地了解企业的产品、企业文化。近年来这种形式的公关活动越来越受到企业的重视。

案例 9.16　农夫山泉的工业旅游

农夫山泉从1996年成立伊始就选择依水建厂、罐装的生产模式，先后在全国范围内建成了浙江千岛湖、吉林长白山、湖北丹江口、广东万绿湖、陕西太白山、新疆玛纳斯、四川峨眉山、贵州武陵山八大水源地。摩梯文旅研究发现，农夫山泉发展工业旅游的意识从品牌创立之初便植根于决策者的头脑中，最初是邀请消费者到工厂和水源地进行参观，2014年下半年开始在集团层面发力进行工业旅游的开发建设，2015年则进一步推广到了全国所有水源地。

农夫山泉在工业旅游的开发方面极具前瞻性，每一个水源地及工厂在建设初期，就联合国外专业的团队规划设计了参观步道、展示厅、交互中心等区域，并成立了专门的工业旅游部，负责工业旅游项目从前期开发，到讲解员培训，再到营销推广的全部工作。长期的发展让农夫山泉在工业旅游开发方面积累了丰富的经验。目前，各水源地及工厂的工业旅游项目基本也与各自所处景区相对独立，新项目还是以自主规划、沿用既定流程为主，但也正在积极学习先进的国内外案例，并与业内同仁广泛交流，希望不断完善，提供互动感更佳的内容。

农夫山泉多年来克服万难，坚持"大自然的搬运工"这一定位，秉承"水源地建厂、水源地生产"的经营理念，不仅是对其承诺的贯彻与践行，同时也反哺了其工业旅游的开展，造就了独一无二的竞争优势——不同于其他众多工业旅游项目几乎将注意力悉数集中于工业科技、企业产品的展示，农夫山泉旅游项目堪称工业与自然的完美结合。

来源：搜狐网　摩梯文旅　2018年5月24日

（八）其他

为了树立企业形象，加深它在公众心目中的印象，还可采用以下几种方法：制定鲜明易记并具有代表性的产品名称，如美国的肯德基家乡炸鸡；印制企业专用的信笺；设计企业的标志、名片；制造或装修有特色的办公楼、厂房、宿舍、员工制服；使用带有企业标志的班车及送货车等。这些方法，都可起到潜移默化的宣传作用。

思考与讨论：当今社会，几乎所有的企业都有意识要树立自己独特的企业文化，就连街边的小型餐厅、水果店可能都有统一的服装，有晨会、夕会等制度。请你说说这些小店为何要这样做？

五、公共关系的实施步骤

企业公共关系的实施步骤包括四个方面：确定公关目标、选择公关内容和方法、实施公关计划和评估公关效果。

（一）确定公关目标

企业的公关决策，首先要确定公关目标。例如，美国一家造酒厂制定的公关目标是：宣传饮酒不仅是一种享受而且有利于健康。在这个目标指引下，酒厂撰写宣传自己产品的文章，并设法刊登在美国第一流的杂志《时代周刊》及主要报纸的有关专栏中，取得了理想的效果，扩大了市场占有率。

（二）选择公关内容和方法

确定了公关目标之后，还要选择达到这一目标的适当的公关内容和方式。可供选择的方式主要有：

1. 提供实证或间接证明

如我国某品牌电风扇在某大商场橱窗陈列中连续运转两年后，组织专门人员检查鉴定，质量正常；某品牌电视机被窃贼投进河里一年多，取出后稍加整理即恢复了正常功能等实例，经报道后，这些品牌声名大噪。

2. 对产品性能、成分进行科学论证

主要是聘请著名专家或权威机构对产品鉴定或推荐等。

3. 公关宣传

宣传产品特色或经营特色，介绍有关的厂史典故、民间传说、神话故事等。

4. 其他公关方式

举行报告会、纪念会、发布会，赞助或组织比赛，开展义卖等。所有这些，都可提高企业知名度，引起公众兴趣和注意，达到公关目标。

（三）实施公关计划

企业公关计划付诸实施时常遇到种种困难，如报纸杂志拒绝刊登已撰写好的公关稿件等。因此，需要公关人员与这些单位的有关人员建立良好的关系，以保证及时、不断地刊登宣传报道的文章。

（四）评估公关效果

对公关效果进行评估是很困难的，因为公关往往是和其他促销方式配合使用的，很难弄清公关从中究竟起了多大作用。如果公关是单独使用的，对其效果进行评估还比较容易。评估公关效果的最简单方法，是计算宣传报道在媒体上的显露次数和时间。例如，经过统计，某企业的稿件被登载在 12 种报刊上，共计 10000 字，约有 2000 万人读过；在 5 家电台合计广播了 45 分钟，约有 3000 万人听过；在 15 家电视台播出，收看人数约为 7500 万人。如果在上述媒体做广告，需花费一定的费用，而效果还不如宣传报道，则公关效果就是好的。

但上述评估方法的缺点是，不能说明人们是否认真收看或收听了这些宣传报道，也不能说明公众的反应如何。

案例 9.17　丹尼斯——营销的感觉是温馨

1999 年 5 月 1~14 日，郑州丹尼斯百货公司为庆祝“母亲节”，开展了一次公关促销活动，活动的全名是“温馨五月天，康乃馨，温暖妈妈的心”。活动的目的是在顾客心中形成一个“想到丹尼斯，就想到亲情”的感觉，使商场与顾客之间有情感的交流。这也体现了公司所倡导的理念———“爱，贴心、亲和力”。此次系列酬宾活动的主要内容有：(1)全店流行服饰惊喜1折起，超市除生鲜外，全面9折。(2)凡当天累积购物满200元，凭购物发票送精美礼品。(3)“母亲节”到来之际，您最想对妈妈说的话是什么？5月1日~14日，您可将最想对妈妈说的话填写在丹尼斯的“母亲节留言卡”上，贴于广场的留言板上，表达您对母亲的爱。(4)丹尼斯百货还将评选最相像的母子或母女，将有华丽的贴心礼物回馈。(5)5月14日，去“母亲河”———黄河游览。

事实证明，活动的影响是巨大的，效果是明显的，策划是较成功的。单从广场留言板上的“母亲节留言卡”来看，顾客对此活动甚为关注，已有百余张留言卡被贴上。从字体看，既有小孩的，又有成人的。而在丹尼斯百货商场内，前来购物的，给自己的母亲留言的，观看孩子给自己留言的，参加最相像母子或母女评选的，到黄河游览报名的，还有来看热闹的顾客和公众簇拥在一起，热闹的购物活动洋溢着亲情，温馨一片，弥漫在暖洋洋的空气中。针对以上案例请分析：

1. 丹尼斯百货公司“爱、贴心、亲和力”的企业宗旨有何独到之处？起到了什么作用？对此你有何体会？

2. 从丹尼斯公司为庆祝“母亲节”开展的公关活动看，你认为主要是以什么来维系买卖之间关系的？有何重要意义？

第五节　营业推广

案例 9.18　“康师傅”面霸 120，现金 5000 好运连环中

“康师傅”把奖项直接放在调味包里，打开即知是否中奖。奖项分别是：现金5000元现金120元再送一箱等，共30000个中奖机会。

此外，集2个面霸120空袋寄往指定地点，可以参加“现金5000大抽奖”，总共有40名获奖者。

此活动结束后，“康师傅”又推出“面霸”碗面同样的促销活动，奖项稍微降低，分别为电话卡100元、50元、20元及免费再来一碗，同时中奖机会高达40万个。

随着市场竞争的日益激烈，营业推广的使用越来越受到企业的重视。

十多年前，美国广告和营业推广的比例是60∶40，而近几年在许多美国日用消费品公司里，营业推广已占促销总预算的60%~70%。和广告每年7.6%的增长率相比，营业推广费用每年增长12%。

一、营业推广含义

营业推广也称销售促进，是指企业为了直接刺激消费者和中间商的购买需求，鼓励其购买行为，以促进企业销售迅速增长的非常规、非经常性使用的促销行为。

(1) 营业推广是非常规、非经常性的行为。与人员推销、广告等经常性促销手段相比，营业推广不能经常使用，只是用于解决一些短期的、具体的促销任务。

(2) 适合营业推广的品种有限。在大多数情况下，品牌声誉不高的产品采用营业推广的较多，而名牌产品则主要依靠品牌形象取胜，过多地使用营业推广可能降低其品牌声誉。同时，营业推广实质上表现为经济利益的让渡，所以对于价格弹性较大的产品比较适用，而价格弹性小、品质要求高的产品不宜过多使用营业推广手段。

（3）营业推广手段灵活多样。营业推广依据对象不同，可以分为三种类型，即：面向消费者营业推广、面向中间商营业推广、面向本企业推销员营业推广。这三种类型的营业推广都有一系列方式(见表9-4)。

表9-4　常用的营业推广方式

营业推广对象	营业推广方式
消费者	赠送样品、有奖销售、现场示范、廉价包装、免费品尝、折价券、展销会
中间商	销售津贴、列名广告、赠品、销售竞赛、招待会、培训、展销
企业内推销员	奖金、推销会议、推销竞赛、旅游

面向本企业推销员营业推广的面较窄，同时它又可以看作企业内部管理的范畴，所以营业推广主要指前两种类型。

（4）短期效应明显。人员推销和广告一般需要一个较长周期才能显示出效应，而营业推广只要选择得当，其效益能很快地体现出来。

即使营业推广有其局限性，但是现在在很多销售消费品的公司营业推广在整个营销费用中所占的比例越来越大，造成这种局面的因素主要有以下几个个方面：首先，从企业内部来看，销售经理能承受着较大的压力，他们想方设法地增加销量，而销售促进则是一种在短时间内就可以迅速增加销量的方法。其次，从企业外部来看，企业面临着越来越激烈的竞争，而各个品牌的差别越来越小。在这样的情况下，企业通过促销手段，使自己的产品和其他产品区别开来以期能赢得更多消费者的青睐。再次，企业的销售部门对顾客的引导越来越多，而零售商则越来越多地和制造商打交道。

二、营业推广手段

经过国内外企业的多年营销实践，以下一些营业推广的形式是富有实效的。

（一）对中间商的营业推广手段

对中间商的营业推广，目的是吸引他们经营本企业产品，维持较高水平的存货，抵制竞争对手的促销影响，获得他们更多的合作和支持。其主要营业推广方式有(图9-8)：

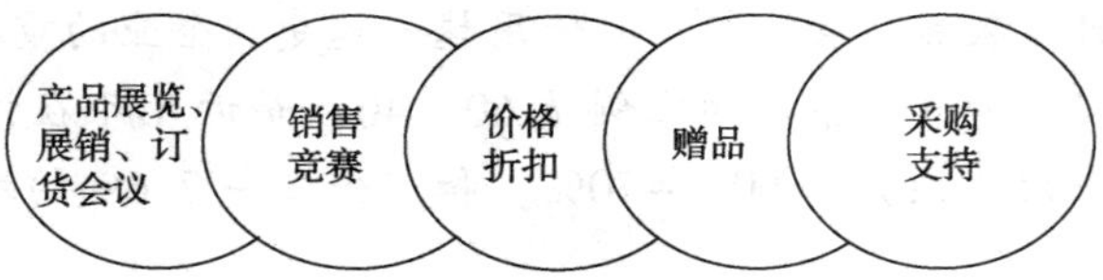

图9-8　对中间商的营业推广手段

1. *产品展览、展销、订货会议*

生产厂商，无论是消费品生产厂商还是工业品生产厂商，都可以利用产品展览、展销、订货会议等多种方式来陈列其产品并作示范操作。生产厂商的推销员可以在会上同前来参观的消费者、有购买影响力的客户代表以至高层决策者进行直接洽谈，接受询价，引导进一步消费行为。参加或发起主办这些展出的卖主可以由此获得多方面的利益，如招徕顾客，发展顾客，向准顾客与既有顾客介绍新产品，与老顾客加强联系并劝导他们购买更多的产品。

要有效地运用这一促销策略，使其实现生产厂商的预期目标，还有赖于生产厂商对参加展出的准备，包括布置展览摊位、介绍资料、印制产品宣传、利用传播媒体开展广告与公关宣传活动等。若是自己发起组织的展销会、订货会，则还要做好来客的迎送接待工作，任何细节方面的不妥都会影响促销效果。

2. 销售竞赛

生产厂商为了激励中间商竭尽全力推销其产品，规定一个具体的销售目标，凡在实现这一既定目标过程中的优胜者可以获得生产厂商的奖励。竞赛优劣通常以销售额、销售增长率、货款回笼速度、售后服务质量等一系列指标为标准，而奖励的形式也多种多样，除可获得生产厂商的财务支持、福利支持外，还可获得更多的促销支持。

生产厂商规定的竞赛目标对于中间商而言既要有一定的挑战性，又要现实合理，这样才能吸引尽可能多的中间商投入竞赛。因为，每一参赛者所实现的小幅度销售增长，汇总起来将是相当可观的，而生产厂商为竞赛所支付的促销费用相对来讲就可能微不足道。虽然，这一促销策略也难以有持续性效果，但它对于促进与改善生产厂商与中间商的合作关系却有不容忽视的作用。

3. 价格折扣

这是一种运用非常普遍的促进中间商大量进货的方法。包括制造商给予中间商数量折扣或职能折扣两种基本形式。前者是指购货者在一定时期内进货到达一定批量即可享受一定的价格折扣率，后者是指当中间商为产品作了广告宣传而给予其费用补偿或对中间商特意陈列产品而给予相应津贴。一般而言，对于作出同样贡献或提供同样服务和促销支持的中间商，应给予同样的待遇。执行统一的促销政策才能使中间商感知受尊重并受激励，由此而化为对产品的促销努力。

为了将一种新产品导入市场，或者鼓励中间商尝试推销其从未销售过的产品，或者为了吸引中间商加入制造商组织的整个地区的联合促销活动，价格折扣往往是不可避免的选择，只是数量折扣的效果相对具有持久性，可作为一种日常的促销手段，而职能折扣更具有瞬时性效果。

4. 赠品

赠品不仅是刺激消费者的有力工具，而且对于中间商来说，也是一种重要的刺激手段。首先，它表现为一种实际的利益；其次它又可表现为制造商对中间商的一种感恩情结，有利于增进与稳定合作关系。因此对中间商的赠品选择更加广泛，它可以是促销产品本身或样品，也可以是各种有价值的文具用品、日用品乃至纪念品，在这些赠品上篆刻上公司的名称或产品品牌是值得考虑的一项策略。

5. 采购支持

采购支持是指企业为了帮助中间商节约采购费用和库存成本等，而采取的一系列帮助采购的促销活动。它的具体形式有：

（1）库存支持系统。在这个体系中，企业一接到中间商的需求通知就立即送货。这种方法在库存如此重要的今天尤其被中间商看中。但这样企业可能开销太大，因此可根据情况对某些产品，在某段时间采用这种方式。

（2）自动订货系统。企业向中间商提供订购的各种表单，并通过计算机与中间商保持紧密的联系，一旦需要订货，企业马上提供。这种方式在计算机特别是网络技术普及的今天越来越受到重视。它的优点是联系性强，交货时减少了必要的沟通费用。但这个系统必须通过一定时期人员的感情联系才能正常运转。

（3）报销采购费用。企业对中间商人员到本单位提货的住宿费、差旅费、运输费均给予报销，以此来吸引中间商的采购人员。

（二）对消费者的营业推广手段

1. 产品陈列与示范

制造商在零售店占据有利位置进行橱窗陈列、柜台陈列或流动陈列，有时同时进行操作使用示范，以展示产品的性能与特长，打消顾客疑虑。这种方法在新产品进入市场，以及在食品业、家用电器、化妆品业等方面都有广泛应用。如有些化妆品制造商派专门的人员占据一些大商店的位置，为顾客测试皮肤性能，而后根据皮肤的不同，向顾客介绍相应护肤品及其使用方法，甚至让顾客试用来劝说顾客购买。

2. 样品赠送

向消费者免费赠送样品，通过他们了解效果、传播信息来争取扩大销量。如联合利华在推出其夏士莲产品时，推出了免费试用样品，包括黑芝麻洗发露、天然润白霜、润肤香皂等。这些产品在广告播放的同时，向居民家中派发样品以供试用。这些样品通常都是少量的试用品，其分量只够消费者认识该产品的利益所在，尽管如此，它仍是最为昂贵的促销工具之一。

样品赠送适用于价值低廉的日用消费品，那些易于小包装、差异明显，且目标客户群能区别的产品可以通过消费者亲身试用来提高接受度。该方法特别适用于新产品导入市场期，不少情况下是改变其他品牌忠实消费者的唯一方式。另外，样品赠送能提高入市速度。广告需反复诉求才能达到效果，但总不如“眼见为实”来得更有说服力，但开展样品赠送活动时，必须有足够的广告加以支持，这样才能达到预期的效果。

3. 附赠赠品

附赠赠品是顾客购买某种特定产品后，免费或以极低价格获得产品。它与样品赠送不同，前者是为有市场基础的产品而设的，主要为了争取竞争性产品的消费者转移到使用促销者的产品，也是为了防止竞争者侵入促销者的产品市场。因此，赠品必须让消费者有深刻的印象和一定的实用价值。赠品的优势是明显的，它可以创造产品的差异化、传达品牌概念、增加产品的使用频率和购买量。但不少附赠赠品失败的最主要原因是赠品太差，当赠品的吸引力不够、品质欠佳时，反而会使本想购买该产品的顾客打退堂鼓，从而导致销售量的下降。因此赠品的选择是非常重要的。

4. 折价券

折价券是持有人的一种凭证，在指定地点购买某种商品时，可免付一定金额的钱。这种方法一般用于已有一定品牌声望的商品当中，但这种产品应该是一次性使用、周期较短、顾客需经常购买或一次性购买量较大的产品。如果在购买率较低的产品上使用折价券，通常反应冷淡。在实际操作过程中，企业应慎重考虑兑换率的问题，因为它影响到促销的预算及其分配。另外应注意不要过于频繁地使用折价券以免影响品牌形象。

折价券可以邮寄或附在其他商品中，或在广告中附送，但一般是由制造商发出的，因此该策略要取得预期效果，必须得到零售商的支持、配合，并要给他们以适当的补偿。

5. 退款优惠

退款优惠运用的方式非常简单，通常指厂商在消费者购买商品后，消费者邮寄特定产品的购买证明，可以得到部分全额或超额退款的一种促销方式。该产品主要用于鼓励试用新产品。

这种促销方法投资成本低，有利于收集客户资料，而且能刺激消费者购买一些不易销售的高价位商品。但是邮寄购买证明费时费力，因此消费者真正利用此项优惠的比率往往很小，回收兑换率低，自然会影响到促销效果。

6. 特价包装

制造商对其产品的正常零售价格给以一定的折扣优惠，并把原正常价格与限定的优惠价标明在商品包装或标签上。特价包装的形式，可以是将同种商品包装起来减价出售，如“强生”沐浴露产品的促销包装，不论外形、款式都与平时的相似，但容量更大了一点，包装瓶上清楚地标明“加送 200 毫升”。包装也可以采取组合包装的形式，将两件或多件相关商品包装在一起，如“白猫”将其系列产品(佳美洗衣粉、洗洁精、百洁布、卫生纸等)组合销售，原价为 43 元，活动期间消费者只需 25 元就可买到。

特价包装用于非耐用消费品、购买频繁、价格较低的商品。对于短期促销它比折价券更能刺激消费者。这种方法操作简易，容易控制，并能塑造“消费者能以较低的花费买到较大、较高价值的产品”的印象。

7. 竞赛与抽奖

竞赛就是让消费者按照竞赛要求，运用其知识技能来赢得现金、实物或旅游奖励，这种竞赛不完全依靠一个人的本领，还需要借助运气，而竞赛题目或内容又总与主办者自身特征或多或少地联系或结合。

抽奖是指消费者凭其资格证明，如购物发票或以此换取的对奖券，所使用的商品标记，如包装纸、瓶盖等，向主办者申请获奖机会。而主办者根据事先公布的准则、程序，以一定比例从参加者中抽取获奖者，向其颁发奖金或奖品。

竞赛和抽奖的诱惑力还是很高的，它有助于增强广告吸引力，强化品牌形象。但竞赛活动参加率低，无法普及，设计创新的难度也较大；抽奖虽然普及面高一些，但它通常需要大量的媒体经费进行宣传才能达到一定的效果，而且很难事先对活动效果进行完善的效益评估。

8. 会员营销

会员营销又叫俱乐部营销，它是指企业以某项利益或服务为主题，将各种消费者组成俱乐部形式，开展宣传、促销和销售活动。加入俱乐部的形式多种多样，可以是交纳一定的会费，也可以将产品与特定消费者联系起来。

会员营销易培养消费者的品牌忠诚度，缩短厂商与消费者之间的距离，加强营销竞争力。另外，由于这种促销直接与消费者接触，是“暗中”进行的，企业的一举一动不易被竞争者察觉。但会员营销的回报结果较慢，费用较高，而且由于俱乐部的服务是否真正受欢迎，只有看俱乐部运转一段时间后的效果，因此其效果是难以预计的。

9. 联合促销

联合促销是指两个或两个以上的公司合作开展促销活动，推销他们的产品或服务，以扩大活动的影响力。这种方法的最大好处是可以使联合体内的各成员以较少的费用，获得最大的促销效果(图 9-9)。

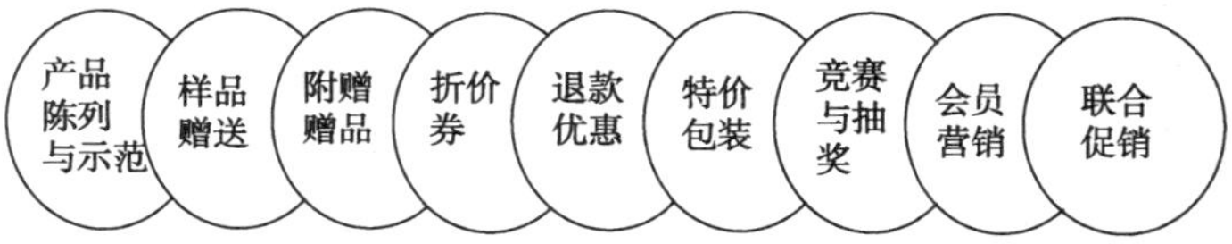

图 9-9　对消费者的营业推广手段

案例 9.19　可口可乐的联合促销

“可口可乐”在1999年一二月间，选择中国新年的大好时机，在上海开展了号称可能是上海有史以来最大型的联合促销活动：消费者只要购买可口可乐公司的饮料至规定数量，即可获赠红包1个及贺年礼品1份。礼品包括“酷极”糖果、“台丰”花生、或“奇巧”巧克力。

红包中印有幸运号码，可参加每周连环大抽奖，赢取现金压岁钱，最高为5000元。另外，在此红包中还有至少7张优惠券，包括吃穿玩乐等多种休闲娱乐项目，如四驱车游戏券、卡丁车游戏券、游乐园门票、电影票、保健品优惠券、服装优惠券、麦当劳快餐优惠券、新年糖果优惠券等。

在之后的3~4月间，活动进一步举办，主题改为“吃喝玩乐送不停”，并且购买标准降低一半，兑奖凭证由收集外箱包装改为收集产品包装，礼品改为轻便相架或记事本或玻璃杯，红包内优待券由原来的至少7张改为4张，凭红包号码继续可以抽奖。

联合促销最大的好处在于降低促销成本，促销活动中的广告费、赠品等各项成本均可由联合各方分摊，大大降低了各自的促销投资。另外，选择目标顾客已接受的品牌作为联合促销的合作伙伴，可使本产品快速接触到目标消费者，加快本产品的推进速度。

当然，联合促销需估计到合作各方的利益，协调有一定困难；而且促销中多品牌的出现可能影响本企业产品形象的突出，因此，联合促销中的新产品尤其要注意配合相应的独立广告，以补充说明产品的利益点。

案例 9.20　奥利奥×故宫：联合营销

107岁的奥利奥与600岁故宫两个超级IP的强强联合，不仅以“一饼融尽天下味”为主题，推出6种不同口味的宫廷御点，定制奥利奥玉玺、茶宴套装、古风歌曲音乐盒等故宫特色新品。

奥利奥还用时26天，为此拍了一部“史诗级”的广告片，将10600块饼干搭建一座史上最美味的故宫，上线3天已经近300万观看人次。在微博上，#奥利奥进宫了#的话题引发热议，话题阅读量突破12.9亿。

奥利奥在此次营销中，不光在产品和包装上下足功夫，在传播上也足够有新意和话题性；并成功借势故宫IP的流量体质，吸引众多消费者，向他们传递出奥利奥好吃更好玩的理念。产品首发当日日销即超76万件，较去年增长了32%，店铺增粉26万。

思考与讨论：在现实市场中，针对消费者的销售促进活动五花八门，且越来越有创意，除了以上营业推广的手段，你还能讲一讲你在市场上看到的独具特色的营业推广活动吗？

（三）对推销人员的营业推广手段

对销售人员的激励手段，长期以来最有效的莫过于销售提成，广泛的事实证明，销售人员的报酬与其销售实绩挂钩总比销售人员只享有固定工资更有激励性，销售人员会更主动、积极地工作，销售实绩会不断体现销售人员的潜力。只是制造商对其自己的销售人员易实行提成制，而要沿用于中间商的推销人员则难度较大。

销售竞赛既可以一年评比一次，也可以配合一阶段的促销活动而进行，无论对制造商还是中间商的推销人员，只要宣传深入、目标明确、评选公平、奖励富有吸引力，都是可行的。给予推销人员的奖励一般只是其创造的额外收益的一小部分。

制造商的推销人员会更多地重视培训机会——这将证明他受肯定、受重视以及富有发展潜力——为此，他们可以付出更多的努力，争取更多的销售实绩。制造商有计划地设置培训课程、确立培训目标，并将此与推销人员的职位、薪水收入有机结合，可以焕发起推销人员极大的工作热情，不仅可以由此发现与培养优秀推销员，而且也会给企业带来实际业务增长与稳定的客户关系。

三、营业推广的实施

营业推广活动的实施必须进行精心地策划，具体包括以下几个方面：

（一）营业推广目标的确定

首先，企业要确定营业推广的对象，是消费者还是中间商或者是推销人员，其次要确定通过营业推广达到什么目标。就消费者而言，目标包括鼓励消费者更多地购买使用商品，争取未使用者使用或是吸引竞争者品牌的使用者。就中间商而言，目标包括进行经营新的商品品种和维持较高水平的存货，获得进入新的零售网点的机会等等。

（二）营业推广手段的选择

营业推广手段在前文已有详细描述，在选择具体手段时要注意促销目标的影响。如将一项新产品引入市场与对一项已进入成熟期或衰退期、市场竞争极其激烈的产品进行推广时，前者会倾向于选择产品陈列、展销、对中间商和消费者赠送样品、有奖销售、向中间商提供职能折扣等，后者则倾向于发放折价券、奖券、给中间商以较大的数量折扣等。

不同的促销对象，应选择的激励手段也会不同，对中间商提供的价格折扣中会有职能折扣这一重要因素，这比向消费者提供折扣更富有目的性，而推销培训只是适用于对推销人员的激励，对于消费者则是大可不必的。

不同的促销效果(如希望短期内创造很高的市场需求、营业额迅速增大，或希望长时间内保持稳定、可观的销售记录)要求所选择的促销策略会明显不同。一般来说，对推销人员展开的推广活动时效性很长，而对消费者的刺激一般只能帮助实现阶段性目标。企业一般要根据目标对象的接受习惯和产品特点、目标市场状况、竞争者情况来选择营业推广的手段。

案例 9.21　营业推广手段的选取和调整

成都思红服务公司推出一种新产品，预计半年内赢得四川 20%的市场占有率，其初购率是 50%，再购率是 29%。该公司决定增加再购率。

公司分析得出：产品的知名度不大，公司以服务产品为主，竞争者众多，销售力量有限，增加预算的可能性不大。

基于此，企业决定选取附有优惠券的包装进行促销。

如果附有优惠券的包装效果在 30 天内不佳，可改为产品保证促销。如果附有优惠券促销效果好，可采用邮寄优惠券的促销形式。

（三）营业推广时间的确定

营业推广时间应有一定的持续性，但要恰当：持续时间太短，一些顾客将由于无法及时重新购买而失去享受优惠的机会，由此会导致其今后购买重复率降低；持续时间太长，则促销的号召力逐步递减，起不到刺激消费者马上购买的作用。如赠品促销一般维持在 8～12 周，优惠券维持 6~8 周，抽奖以 2~4 个月为宜。安排促销时间，应考虑选择一个理想的起始日，并保持一个合适的持续时间，同时，它应置于整体营销策略之中来筹划，以求与整体营销活动相协调，创造一个预期的销售高潮。

时机的选择对促销效果来说也是很重要的，不同的促销方式选择的促销时机各不相同。样品理想的运用时机是旺季来临前，且商品的铺货率到达 50%以上；优惠券促销选择在旺季或旺季来临前，有时企业为维持淡季的生产任务，在淡季也加以使用。

知识链接

促销时机的选择

一年当中，促销的时机选择会涉及季节、月份、日期、小时等，一个优秀的促销计划应该选择合适的时机，顺应周遭的变化并与之相融合，才能达到预期的效果。

季节：季节的更替会给门店带来不同的销售重点以及促销品。比如每个季节新品是销售重点，但换季过渡期的促销也能帮助门店减少库存的堆积，快速回笼资金。

月份：大多数行业商品的销售都会有淡、旺季之分。在旺季应该做到合理储备、保证库存，在淡季则要通过调整季节价差、唤醒顾客在淡季消费的欲望等手段来促进销售。

日期：就每个月而言，一般来说，顾客在月初的购买力明显高于月底，特别是大学生群体；周末的顾客流量及购买力会强于工作日；法定节假日尤其是“黄金周”以及一些传统习俗的节假日，顾客的购买力会呈“指数增长”。这些日期都是商家需要把握的销售机会点。

临时性事件：是指各种社会时事，如重大政策出台、大型展览或活动等最好能事前掌握，规划好时间来安排促销活动，确保能收到良好的促销效果。

（四）推广媒体的确定

以怎样的途径来传递促销信息、实施促销手段，这对促销的效率起着至关重要的作用。一种新型食品上市期间优惠5%的折价券，可以放在零售商处分发，可以邮寄，可以放在包装袋里，也可以附在报纸、广告上。显然，每一种分发方法的效率和成本都各不相同：以包装为媒体，只能刺激曾经消费过的顾客，零售店宣传资料可以烘托促销气氛，影响力却只局限于该零售店内的顾客，邮寄可以达到特定的顾客，用得过滥或顾客消费意识成熟，反应就可能不理想，广告有利于大范围快速传播，影响大但成本高。

案例 9.22　大白兔：复古营销

作为国货焕新的代表，大白兔奶糖在不断顺应年轻化潮流中焕发新姿，“大白兔蛋糕卷”“大白兔香水”“大白兔冰激凌”“大白兔奶茶”……一系列的跨界营销接踵而来。60岁高龄的大白兔，正在进行着一场全新的品牌年轻化运动。

六一节前夕，60岁的国民奶糖大白兔持续神操作，先是与气味图书馆联名在天猫推出——“大白兔奶糖味”快乐童年香氛系列产品，随后又与快乐柠檬在线下开起了大白兔奶茶快闪店。这一波跨界联名，在抖音和朋友圈掀起了童年回忆的怀旧潮。吸引了具有怀旧情结的消费者，也吸引了喜欢猎奇的消费者。

（五）促销预算的确定

1. 预算方法

促销方案的制定最终要落实到预算上，常用的预算方法有三种。

（1）参照上期费用来测算本期费用。这种方法简便易行，在促销对象、手段、预期效果都不变的情况下可以采用，但许多主观因素和客观因素都在不断变化，故运用这种方法必须考虑对一些费用构成予以调整。

（2）比例法。根据一定的比例从沟通费用中提取促销费用的额度，再将它按不同百分比分配到各个产品或品牌上。对不同的产品、不同品牌的促销，在不同市场上的促销，其费用预算的百分率是不同的，而且还要受到产品生命周期的不同阶段及该市场上竞争者的促销投入的影响。如果一个公司的某种产品有若干个品牌，则哪种品牌需要促销，哪种不需要，应该很好地统筹与协调，在预算上也必然反映为不同的百分比。

（3）总和法。即先确定每一个促销项目费用，然后汇总得出该次促销成本总预算。促销各项目的费用主要包括：优惠成本，如免费赠送样品、奖品成本、折价券折让成本等，运作成本，如广告费、印刷费、邮寄费等管理费用。显然，在预算制定过程中，对促销期间可能售出的预算数量的估计是必不可少的。

2. 预算应注意的问题

进行促销预算时特别要注意量力而行、留有余地，要做到这一点，应对以下两点加以注意。

（1）切忌赌徒心理。有的公司在市场上碰到困难时往往只想通过组织一两次促销活动来解决公司面临的问题，从而把"宝"完全压在促销上，这样做会导致公司将大量资金投入在促销上，而一旦促销未到达效果，不仅原有问题没解决，还会使公司背上新的财务包袱。另外，在赌徒心态下，公司决策者必然会被焦躁心理所支配，这很容易失去"平常心"，作出种种错误判断。

（2）事先对资金的安排作出周密计划。在活动开始之前，公司应清楚自己投入的资金回报如何。如果是增加销售额，那么增加多大，公司投入的资金才能取得可接受的回报。因此，公司就必须确定一个切实可行的目标，根据目标调整资金投入的数量。

案例 9.23　斯沃琪的胜利

20 世纪 80 年代初，瑞士表在廉价的"西铁城""精工"和"卡西欧"等品牌的冲击下，在中低档品市场上国土尽失。为了重振瑞士表的雄风，1981 年，瑞士最大手表公司的子公司 ETA 开始推出了著名的斯沃琪手表。

为了推销斯沃琪手表，他们做出了一个惊人的举动，设计了一个巨大的斯沃琪手表，500 英尺长，悬挂在德国商业银行总部大楼，显示如下扼要的信息："斯沃琪瑞士 60 德国马克"。德国商业银行是法兰克福最高的一幢摩天大厦。该举动即刻引起了轰动，德国新闻界为斯沃琪免费做了许多广告。在接下来的两个星期内，每个德国人都知道了斯沃琪。斯沃琪还打破人们"便宜没好货"的传统观念。价格虽然只有 40 美元到 100 美元不等，但它具备瑞士表的高质量、重量轻、能防水防震、电子模拟的优点，表带是多种颜色的塑料带，各种颜色都很鲜艳，很适合运动。

斯沃琪另类营销还体现在独特的促销技巧——维护高品位低价位的品牌形象，需要非常的促销技巧。低价位和高品位似乎难以调和，但斯沃琪却别有一套功夫。所有的斯沃琪手表在推出 5 个月后将停止生产，因此即使最便宜的手表都将是有收藏价值的。而且斯沃琪公司每年分两次推出数目极为有限的时髦手表设计版本。斯沃琪手表的收藏家有特权参与投标，购买其中的一种设计版本。问题是公司可能只生产 4 万只手表，而收藏家的订单却有 10 万份甚至更多。公司只好举行抽签活动来决定可以购买手表的 4 万位幸运收藏家。克里斯蒂拍卖行对以前的斯沃琪手表定期举行拍卖。有位收藏家为一只为数不多的斯沃琪手表花了 6 万美元。

斯沃琪的另类营销很快收到高回报，1983 年开始实施的企业设计，使斯沃琪的价值有了巨大增长。到 1992 年，斯沃琪公司的销售额达到 20 亿美元，利润为 2.8 亿美元，公司的市场价值超过了 38 亿美元。

本章小结

促销是企业市场营销中不可缺少的组织部分，尤其在供大于求的市场态势中，促销策略和促销组合越发重要。

推式策略、拉式策略和推拉结合策略核心是处理生产者、中间商和消费者三者的关系。具体采用哪种组合，应综合考虑产品类型、产品生命周期、市场状况等因素。

人员推销以其特有的优势，在促销组合中起着不可替代的作用，加强对推销人员的培养和管理已变得越来越重要。

广告策略包括确定广告目标、广告预算、选择广告媒体、广告效果评价等内容，它们既是相对独立的环节，又是总系统中的一个有机组成部分。

营业推广以其形式多样、短期效果明显而受到众多企业的重视。但由于急功近利，往往陷入误区，有悖营业推广的原理。

公共关系不限于企业与顾客之间的关系，更不限于买卖关系，而是一种以长期目标为主的间接的促销手段，而且其意义不仅仅限于促销。对于树立企业良好的品牌形象有很大的意义。

课后习题

一、单选选择题

1. 1995 年，宝洁公司在贵阳举办了“汰渍”洗衣粉派送活动，具体做法是：营销人员将“汰渍”试用装洗衣粉派送到每个普通家庭。这属于(　　)

A. 广告促销　　B. 人员推销　　C. 公共关系　　D. 营业推广

2. 促销的实质是(　　)。

A. 促进销售　　B. 信息沟通

C. 转让商品的所有权　　D. 促使消费者作出购买决策

3. 长虹彩电公司提出“产业报国，以民族昌盛为己任”口号被全国各大报纸争相报道，这属于促销组合构成要素中的(　　)

A. 广告　　B. 销售促进　　C. 人员推销　　D. 公共关系

4. 企业针对最后消费者展开促销攻势，使消费者产生需求，进而向零售商要求购买该产品，零售商则向批发商要求购买该产品，批发商最后向企业购买该产品额定策略是(　　)

A. 推式策略　　B. 拉式策略　　C. 营业策略　　D. 公关策略

5. 可以使消费者产生强烈的、即时的反应，从而提高产品的销售量的促销方式是(　　)

A. 营业推广　　B. 广告　　C. 人员推销　　D. 公共关系

6. 赠送这一促销工具针对的是(　　)

A. 中间商　　B. 消费者　　C. 推销人员　　D. 零售商

7. 以下哪个是报纸媒体的优点？(　　)

A. 形象生动逼真、感染力强　　B. 专业性强、针对性强

C. 简洁灵活、制作方便、费用低廉　　D. 表现手法多样、艺术性强

8. 销售促进是一种(　　)的促销方式

A. 常规性　　B. 辅助性　　C. 经常性　　D. 连续性

二、简答题

1. 什么是促销？促销与销售促进是什么关系？
2. 广告与公共关系有什么区别？
3. 什么是促销组合？
4. 针对消费者的营业推广手段有哪些？

实训九　促销组合运用

一、实训目的

通过实训，了解四种促销方式的含义、特点，理解四种促销方式的内涵，并能在实际市场中合理运用。

二、实训资料

西施豆腐的销售招数

在一个小区的门口，来了一个卖豆腐的中年妇女。小区门口本来是严禁商贩摆摊的，但女人一开始就和小区的保安套近乎，她首先送上两碗冰冷的豆腐花，然后诉说自己的凄凉处境。她说自己是下岗女工，丈夫靠打零工赚钱，女儿又刚上大学，现在唯有摆个小摊帮补一下生计，话听了，豆花也吃了，保安只好勉强答应女人在上下班时分在门口摆摊的请求。得到了"监察部门"的默许，女人决定大干一番，她不知从哪里找来一张半旧的印有"绿色标志"的海报，然后在上面歪歪斜斜地写上"绿色食品，营养健康"几个大字，但凡有带小孩的妇女经过，女人都会很热情地迎上去，笑嘻嘻地说道："小姐，给你小孩买豆花吧，这天气哪个小孩不喜欢喝凉的甜的？这豆花营养又健康，又不像雪糕饮料吃了喝了净长膘，常吃你娃儿日后肯定像你长得白白嫩嫩……"女人这样一恭维，有哪个客人能挡得住，加上女人又经常搞些买两杯豆花送一杯豆浆的促销活动，很快，这位中年女人的小摊就门庭若市，她也俨然成为风靡小区的"豆腐西施"。

思考：

三、实训内容及要求

(一) 分组阅读案例、分析案例。

(二) 思考以下问题：

1. 卖豆花的女人是如何借助促销手段取得豆花销售成功的？
2. 卖豆花的女人运用到了哪些促销手段？
3. 如果豆花是要在某一大型连锁超市里售卖，该如何运用四种手段进行促销？
4. 如果企业将豆花做成品牌大量生产和销售，该如何运用四种手段进行促销？

(三) 分组上台阐述各题答案及方案，重点阐述第四题。

(四) 教师点评。

(五) 实训时间

2 小时